中華文化思想叢書

先秦文藝思想史

第一冊

李春青　著

目次

第三編　禮樂制度與藝術精神

第三冊

緒論
對象與方法

　　先秦時期毫無疑問有著極為豐富的文學藝術作品以及相應的文藝思想。中國兩千多年的哲學史、學術思想史的源頭在此，中國兩千多年的文學藝術發展史、文藝思想史的源頭亦在此。因此「先秦文藝思想史」研究的意義與價值自不待言。然而作為一個研究課題，這卻真是一個極為難啃的骨頭。其難度不僅來自於文字資料的匱乏（特別是商以前的上古時期），而且更在於文藝思想言說的含混、模糊以及其文化內涵的複雜性。因此我們所能做的就是對紛繁複雜的材料進行分析、梳理與闡釋，從而對此期文藝思想從萌芽到成熟、從雜亂到有序的演變過程有一個大致的了解。在這篇「緒論」中，我們將對先秦文藝思想發生、發展的大致脈絡進行勾勒，對我們的研究方法以及研究特色予以闡明。

一

　　對於商代以前的文藝思想的研究是困難的，因為很難說這個時期有什麼訴諸文字記載的文藝思想可言。但是這一時期的藝術無疑又是極為發達的，從新石器時代磁山文化、裴李崗文化、老官臺文化、北辛文化、興隆窪文化、皂市文化、城背溪文化、河姆渡文化、仰韶文化、馬家窯文化、大汶口文化、紅山文化、良渚文化到殷商文化，從古樸的石器、陶器、玉器、骨器到絢爛多姿的青銅器，無不透露出遠

古初民的審美意識與藝術精神。因此儘管此期沒有什麼系統的、訴諸文字的文藝思想，但我們還是可以從這些器物中發掘出豐富的藝術精神來。

這裡有一個問題需要特別指出：這個時期的器物並不是作為純粹的審美對象而存在的。就其功能而言，它們大體可分為兩類：一是日常生活用品，例如大多數陶製的碗、罐、缽、壺、缶等，青銅的鼎、盆、盤、爵、尊等，都是日常所用之物。這類器物上的色彩與圖紋往往具有原始巫術意味，旨在辟邪與祈福等，後來才漸漸演化為純粹的紋飾。二是祭祀典禮用品，即所謂「禮器」，如鐘、鼎、磬、鬲、玉鉞、玉琮等。這類器物中蘊涵著古人對神靈的虔敬以及等級觀念、身份意識等複雜意義，也不是純粹的審美趣味。因此我們在分析此類器物的藝術精神時，就不能像對待後世的藝術品那樣僅僅從審美的角度立論，而是必須闡發其固有內涵，在充分理解其實用功能的基礎上進一步闡發其審美意義，換言之，我們是把「審美」理解為一個歷史性範疇，充分認識到在不同歷史條件下「審美」的不同意義與功能。

中國古代神話傳說本身就是藝術想像力的產物，神話中的主人公們，無論是由人變而為神，還是由神變而為人[1]，都蘊涵著上古初民極為豐富的想像與創造，體現著他們的美好願望，包含著最強烈的藝術精神，因此如果說那些原始時期的石器、陶器、玉器等器物是中國古代最早的造型藝術，那麼神話傳說就應該是中國古代最早的敘事藝術。由於中國古代神話大都保存在春秋戰國甚至秦漢時期的典籍中，不僅極為零散，而且是否真實記錄了上古神話傳說也是需要研究的，故而在討論神話傳說的藝術精神時，我們就不得不大量引證現代以來

1　關於神話傳說的發生，中國學界歷來有兩種相反的觀點，疑古派們認為神話傳說中的主人公原本都是部落圖騰，而後成為人格神的；信古派則認為神話傳說中的諸神原本是做出過重大貢獻的部落領袖，逐漸被神化的。

有關中國古代神話傳說的研究資料並進行必要的辨析。

行文至此，我們有必要對「藝術精神」這個在我們這部書中頻頻出現的提法進行簡單闡釋。「藝術精神」是一個比較含混的詞語，使用者甚眾，卻並沒有嚴格的定義，可謂言人人殊。然而我們在研究中發現，對於上古時期那些神話傳說，那些陶器、玉器、骨器、青銅器，以及周代貴族日常生活方式中顯現出來的那種超越於使用價值之上的風格、氣質、趣味來說，無論用什麼詞語，似乎都不如「藝術精神」來得恰當、貼切。這個詞語的含混性、不確定性正是這些器物與生活方式自身的特點。這就是我們不得不使用這一詞語的原因。既然我們使用了這個詞語，就必須對它有一個大致界定，至少應該對其含義有所說明。

在學術話語中，每當我們提到「精神」一詞，就很容易想到黑格爾。事實上，就這個詞的語義演變史而言，黑格爾的確是一個繞不過去的人物。我們知道，在黑格爾的語境中，「精神」具有極為特殊的地位，就其功能而言，它是世界的本原，一切的自然界、人類社會與人類歷史、人的創造性活動，都是精神自身運動的產物。就其性質而言，精神既變動不居，同時又是一種普遍性，它是自足的、永遠處於變動之中的普遍性。因此「精神」就有各種表現形式，從其普遍性來說，有「世界精神」之說[2]；從歷時性看，有「時代精神」之說[3]。從其共時性之分類來說則有「民族精神」、「東方精神」[4]、「倫理精

---

2 〔德〕黑格爾：《哲學史講演錄》第一卷，賀麟、王太慶譯，北京，商務印書館，1959，新1版，第9頁。

3 〔德〕黑格爾：《哲學史講演錄》第一卷，賀麟、王太慶譯，北京，商務印書館，1959，新1版，第3、56頁。

4 〔德〕黑格爾：《哲學史講演錄》第一卷，賀麟、王太慶譯，北京，商務印書館，1959，新1版，第97、69頁。

神」、「藝術精神」之說[5]。在《精神現象學》裡，黑格爾把藝術的發展分為「抽象的藝術品」、「有生命的藝術品」和「精神的藝術品」三類。在他的邏輯鏈條中，只有「精神的藝術品」才真正承擔起作為精神「自我復歸」一個重要環節的使命。他所說的「藝術的精神」是指蘊涵於藝術品之中的普遍精神，也就是「作為藝術的精神」，或者是「以感性形式存在的精神」。這是「精神」自我復歸過程一個較低的階段。「精神」只有發展到哲學階段時才算找到了自己固有的存在形式，從而完成了向著自身的復歸。

現代學人也經常使用「藝術精神」這個詞語，但是毫無疑問已經與黑格爾的含義相去甚遠了。例如，俄國畫家、藝術理論家瓦西里・康定斯基在一九一〇年曾寫過一本叫做《論藝術的精神》的書討論繪畫理論。他認為人的精神生活就像一個巨大的銳角三角形，上窄下寬，從上到下分為許多層級，每個精神層級上都有藝術家，所以藝術能夠滿足不同精神層級的需要。在他這裡所謂「藝術的精神」也就是藝術以其獨特方式表達出來的滿足著人們精神需求的那種東西，也就是「藝術所獨具的本質」。[6]

與康定斯基一樣，徐復觀的《中國藝術精神》一書也沒有給「藝術精神」下定義。書中，關於孔子的部分主要是討論其音樂思想以及與儒家人格理想之關係的；關於莊子部分則主要討論其「遊」的心靈自由狀態以及心齋、坐忘等體道工夫的。除此之外就是對中國古代畫論中最具特色的提法與見解進行闡述了。如此看來，徐復觀所謂「藝術精神」，一是指古人的藝術理想，二是指古代哲學思想中體現出來

---

5 〔德〕黑格爾：《精神現象學》下卷，賀麟、王玖興譯，北京，商務印書館，1979，第196、199頁。

6 〔俄〕瓦西里・康定斯基：《論藝術的精神》，查立譯，北京，中國社會科學出版社，1987，第20頁。

的心靈自由境界。就其根本而言，徐復觀心目中的「藝術精神」乃是一種超拔於凡俗之上的人格境界。其云：

> 莊子所體認出的藝術精神，與西方美學家最大不同之點，不僅在莊子所得的是全，一般美學家所得的是偏；而主要是這種全與偏之所由來，乃是莊子係由人生的修養工夫而得；在一般美學家，則多係由特定藝術對象、作品的體認，加以推演、擴大而來。因為所得到的都是藝術精神，所以在若干方面，有不期然而然的會歸。但西方的美學家，因為不是從人格根源之地所湧現、所轉化出來的，則其體認所到，對其整個人生而言，必有為其所不能到達之地，於是其所得者不能不偏……這若用我們傳統的觀念來說明，即是他們尚未能「見體」，未能見到藝術精神的主體。正因為如此，所以他們不僅在觀念、理論上表現而為多歧而為奇特；並且現在更墮入於「無意識」的幽暗、孤絕之中。這與莊子所呈現出的主體，恰成為一兩極的對照。[7]

因此，徐復觀的「中國藝術精神」之論，實質上乃是關於中國文化最精微處的辨析，確然從一個角度揭示了中西兩種文化系統在根本點上的差異。徐復觀進而認為，中國漢魏之後的文學藝術之發展史實際上正是在孔子和莊子那裡確立的「藝術精神」之表徵，這也是非常有深度的見解。考諸古代詩文書畫的實際，就主流而言，實為儒、道兩大文化系統之人格理想之感性顯現。

綜上所述，我們可以概括「藝術精神」的基本意義維度了：

一是普遍性，就是說「藝術精神」是指在某種文化系統中或某個

7　徐復觀：《中國藝術精神》，上海，華東師範大學出版社，2001，第79頁。

時代裡普遍存在的藝術特徵、藝術風格、審美趣味。如果說到「中國藝術精神」，那是指在中國文化系統中始終存在的那種審美趣味，與其它國家和地區文化系統中的「藝術精神」相區別；如果說到「唐代藝術精神」，則是指一個時期裡的藝術旨趣或審美趣味，與「六朝藝術精神」或「宋代藝術精神」等相區別。我們講周代貴族生活方式中的藝術精神，則是指在周人的日常生活中體現出來的審美趣味。因此，「藝術精神」本身並不就是文藝思想或文論觀念，但是它與文藝思想和文論觀念有著極為密切的關聯性。

二是超越性，就是說，「藝術精神」是指一種指向現實物質生活之外的精神旨趣。人首先是物質存在，有著種種物質生活需求；人又是精神的存在，具有精神生活需求。在上古時期那些日用的器物首先是滿足人們物質需要的，而那些祭祀典禮用的禮器則滿足著人們祈福、辟邪等原始宗教及意識形態需求。這兩種需求儘管有物質的與精神的區別，但都是具有實用性，都關涉到人們的生存利益。在這兩種實用性需求之外，那些器物以及神話傳說中還蘊涵著上古初民對美的理解與嚮往，因此具有某種超越性。我們這裡所說的「超越性」不是基督教意義上的由此岸到彼岸的超越，而是指從現實生活到無現實關懷的精神生活的超越。所謂「藝術精神」就是指這種對現實關懷的超越而言。在上古時代那些器物與神話傳說中這種超越性是隱含的，而且不佔據主導地位，但是它畢竟已經存在了。

三是審美性，就是說，在上古時代的器物與神話傳說中已然具有了審美意義，只不過這種審美意義具有鮮明的歷史特徵，而與後世純粹以審美為目的的對象有所區別而已。

總之，我們這裡所說的「藝術精神」是指那些具有實用目的的器物、神話傳說以及人們的日常生活中所具有的具有普遍性的、超越於實用目的之上的審美之維。「藝術精神」不是觀念系統，不具有話語

形式，因此還不是文藝思想，可以說是文藝思想的萌芽。只是到了西周時期，隨著禮樂文化的成熟與發展，真正意義上的文藝思想才產生出來了。

二

春秋戰國是中國歷史上一個重要轉折時期，西周以來的貴族等級制度遭到破壞，一種新的，更適合於富國強兵的政治體制誕生了，這就是君主專制官僚政體。「世卿世祿」之世襲制為獎勵耕戰、論功行賞、任人唯賢的選士任官制度所取代。社會第一次打破了階級壁壘，形成了上下流動的機制。在思想觀念方面，從王官之學到子學，先秦時期的精神文化在方方面面都發生了重要變化，而在中國古代文論發展史上，這也是第一次大轉折、大發展時期。在這裡我們來看看這一轉折究竟是怎樣的，它意味著什麼。

王官之學是指周代貴族等級制社會中的主流學術文化。西周建立起來的貴族等級制是中國古代第一個完備而嚴密的政治制度。大約是受到強大的商王朝瞬間崩潰的刺激，周代貴族在制度建設上可謂殫精竭慮。周初的「封土建君」與「制禮作樂」乃是政治體制建設的兩件至關重要的大事：「封土建君」的目的是「藩屏周」，其結果是建立起了一個以親疏遠近為次序的、上下一體的嚴密等級秩序。這個由分封而來的天子、諸侯、卿大夫、士的貴族等級秩序是西周政治制度的核心，同時也是周人精神文化的核心。勞思光嘗言：

> 蓋周以前，從無取土地而派遣某人為其地首長之事。各部落各據其地，皆非由「封」得來。周人先勝殷人，然後又作大規模戰爭，戰勝殷之同盟勢力，其後乃創「封土建君」之制度。周

王不僅為共主，而實成為統治天下之天子。換言之，自此制度
實行，中國始真有中央政府也。[8]

可知周人的「封土地，建諸侯」在政治上實在是一件史無前例的
重大事件，對此後中國三千年之政治制度產生了重要影響。

「制禮作樂」的實質是國家意識形態建設，目的是為貴族等級制
確立合法性依據。其直接的結果是建立起程序化的、無比繁複的貴族
文化系統，通過使貴族成為貴族——在感性和形式層面上培養起特殊
趣味——的方式確證了每位貴族身份的合法性，從而也就確證了整個
貴族體制的合法性。其間接的結果是為中國此後三千年精神文化的發
展奠定了基礎，在很大程度上決定了中國古代的重「文」傳統，這一
傳統具體表現為繁文縟節，含蓄、隱晦、迂迴的表達方式，華麗無比
的形式以至日常生活中的重面子等。韋政通指出：

禮在古代文化中有著極為複雜的含義與功能，它涉及政治、社
會、宗教、教育等各方面，它代表人與神、祖先、人與人之間
以及個體本身的基本秩序或規制……樂是在各種典禮儀式中輔
助禮的，足以增強心理的效果，運用在教育上其效果尤為明
顯。就文化的象徵意義看，周代的封建、宗法都可以化入禮樂
之中，所以後來在孔子心目中，禮樂崩壞就無異是整個周制
（周文）的崩潰。[9]

可知「制禮作樂」的實質乃是建構一整套文化制度，其內核為貴

---

8 勞思光：《新編中國哲學史》第一卷，桂林，廣西師範大學出版社，2005，第49頁。
9 韋政通：《中國思想史》上卷，上海，上海書店出版社，2003，第24頁。

族等級秩序，其形式為各種儀式、文化符號與話語系統，其功能則是溝通人與神、人與人之關係，使既有政治等級秩序獲得一個看上去莊嚴、肅穆、神聖的外在形式，從而對這種秩序起到鞏固、強化的作用。

王官之學就是在這樣的文化歷史語境中產生的。可以這樣來表述：王官之學就是西周禮樂文化的話語形態，是作為統治階層的西周貴族的意識形態話語系統，也是中國古代政治、哲學、道德倫理、宗教思想之源頭。在這套話語系統中還包含著豐富的文學藝術思想，因而也是中國古代文論的源頭所在。從這個意義上說，漢儒劉歆的「諸子出於王官」之說，如果改為「諸子出於王官之學」或許就不會受到胡適先生的批評了。在這裡我們無意對王官之學本身進行系統探討，我們感興趣的是王官之學對中國古代文論的發生、發展究竟產生了怎樣的影響，這主要包括下列幾個方面：

《易》或《周易》《易經》所代表的卜筮系統。今存《周易》之卦象及卦辭、爻辭可以肯定為西周時所作。《周易》除了其占卜吉凶禍福的工具性功能之外，的確包含著很豐富的哲學思想，其中最為重要者有二：一為對於宇宙秩序的理解。八卦，即乾、坤、震、巽、坎、離、艮、兌，分別代表天、地、雷、風、水、火、山、澤八種自然現象，其中「乾」、「坤」兩卦具有化生萬物的能力，是構成自然宇宙乃至人類社會的本源。這意味著，在周人眼中，自然宇宙並非混沌一片，也不是不可理解的自在之物，而是有著嚴密秩序的有機整體，在各個自然物之間存在著相互促動、相互轉化的關係。二為變化觀念。在理解自然萬物的存在形態及其關係時，《周易》之六十四卦及卦爻辭表現出三千多年前的中國古人傑出的概括、抽象能力。儘管卦爻辭都是對具體事物與事件的描述，並未出現陰陽、剛柔之類具有高度抽象性的詞語，但乾、坤二卦可以理解對天地、陰陽的高度概括，而陰陽二爻的排列組合則象徵了事物的發展變化，貫穿其中的的確是

周人對自然萬物及人類社會之變化規律的理解。作為一種高度抽象的符號，八卦是古人對天、地、人三大領域某些共通性的理解與概括，這是中國古代「天人合一」思想的早期表達，從這個意義上說，《周易》塑造了中國傳統文化的基本品格，當然也塑造了中國古代文論的基本品格。

《易傳》，即所謂《十翼》是戰國時期儒者對《周易》之卦爻辭的闡發，除了諸多政治、道德方面的附會之外，基本上揭示出了《周易》所包含的豐富而深刻的哲學思想。可以作為理解《周易》之卦象、卦爻辭的重要參考。其有關陰陽、剛柔、通變、性命、時、中、幾、神等概念的概括的確符合《周易》根本精神，並對後世中國文化思想的發展演變產生了重要影響，其於文論思想也有極大影響。在南朝劉勰《文心雕龍》之《原道》《通變》等許多篇目中都體現出《周易》的精神。

《周易》對「象」的使用以及對「言、象、意」三者關係的理解是非常偉大的創造，開啟了中國古代言說方式之先河，對這種言說方式我們可以使用「比喻」、「象徵」、「類比」、「關聯性思維」、「具象思維」等概念來指稱，無論如何命名，這種言說方式以及與之緊密相關的思維方式在中國古代的確是源遠流長的、獨特的，是中國傳統文化的基本特徵之一。在中國古代文論的話語系統中，這種思維方式與言說方式得到了最充分的體現。

《書》或《尚書》《書經》是西周王室官方檔及部分從往代傳承下來的重要文獻之彙編，集中體現了西周貴族階層的政治觀念。其中最可重視者，除了「天聰明，自我民聰明；天明畏，自我民明畏」（《皋陶謨》）的民本思想之萌芽外，便是對「德」的高度重視。諸如「寬而栗，柔而立，願而恭，亂而敬」等「九德」（《皋陶謨》），「正直」、「剛克」、「柔克」等「三德」（《洪範》），「明德慎罰」（《康

誥》），「小大德」、「中德」、「元德」（《酒誥》），「明德」（《梓材》）等，不勝枚舉。其它如「敬」與「慎」的觀念亦隨處可見。這就意味著，周人雖然是憑藉武力推翻殷商統治，但是他們卻很清楚不能靠武力來進行治理的道理。上引之「德」的概念主要是指統治者的道德品質而言，而「敬」、「慎」則是指執政者自身的自我戒懼、自我約束而言，這就是說，周代貴族統治者試圖奉行「以德治國」的政治路線，通過個人道德品質的自我改造、自我提升而達到治國平天下的目的，這正是後世儒家極力宣揚的政治路線。

　　「以德治國」是中國三千年以來一直宣揚的政治理念，其在具體政治實踐中究竟在怎樣的程度上被貫徹是另外一回事，在這裡我們感興趣的是這種政治理念對文學思想產生了怎樣的影響。概括說來，這裡的文化邏輯是這樣的：西周貴族對道德品質之於治理國家之首要意義的竭力強調開啟了後世儒家「內聖外王」——即所謂「三綱領」（明明德、新民、止於至善）、「八條目」（格物、致知、正心、誠意、修身、齊家、治國、平天下）——政治路線之先河。在儒家的文化語境中，無論是政治問題還是審美問題，往往都被還原為倫理道德問題。故而中國古代文論的主要價值取向之一正是道德批評，即從倫理道德角度評價詩文，把善與惡、正與邪、雅與鄭作為基本評價標準。這種表現於詩文批評中的價值取向可以說與西周貴族文化一脈相承。

　　《詩》或《詩三百》《詩經》是周王室搜集、整理的詩歌集，入樂之後，主要用於各種祭祀、典禮儀式的樂歌以及房中之樂。《詩》的作品大抵為不同階層的貴族所作，其中蘊涵了非常豐富的歷史材料以及政治、哲學、倫理、文藝等方面的思想。後世儒家把《詩》奉為經典，通過各種傳注，闡發出系統的儒家思想，並且形成一種獨特的詩學闡釋學傳統，對中國古代文學藝術的發展產生了重要影響。《詩經》本身包含的批評思想可以用「美刺」與「諷喻」這兩個詞語來概

括。諸如「維是褊心，是以為刺」(《魏風・葛屨》、「夫也不良，歌以訊之」(《陳風・墓門》)、「家父作誦，以究王訩」(《小雅・節南山》)、「吉甫作誦，其詩孔碩，其風肆好，以贈申伯」(《大雅・崧高》)、「吉甫作誦，穆如清風」(《大雅・烝民》) 等，或美或刺，不一而足。蓋「詩」作為一種特殊的言說方式，原本是古人用來溝通人與天，或人與神的特殊話語形式，其起源應該是卜筮之辭。到了西周時期，詩被貴族統治者用於各種禮儀形式中，已經開始從人神關係泛化到人與人——例如天子與諸侯、諸侯與諸侯、諸侯與卿大夫、卿大夫之間等——的關係中。而且由於禮樂是貴族教育的核心內容，而詩又是禮樂系統的核心內容，於是久而久之，詩就演變為一種貴族教養，成為識別貴族身份的重要標誌之一。[10] 又由於這是一種隱晦、含蓄、迂迴的表達方式，不僅顯示出言說者的優雅、高貴，而且很適合於表達某些不便直言的想法和意見，特別是評價性的觀點，於是詩就獲得了「美刺」、「諷喻」之功能，成為在身份和權力方面處於弱勢地位的貴族向處於優勢地位的貴族表達意見的手段。後來經由儒家的經典化、神聖化過程，《詩》在中國文學史上的源頭與範本地位進一步確定，於是「美刺」、「諷喻」也就自然而然地成為中國古代文學思想中最重要的內容。

「禮」是「王官之學」的重要內容，今存所謂「三禮」——《周禮》《儀禮》《禮記》在漢代以後均被奉為儒家經典。然而自古以來，對於「三禮」的成書年代就存在爭論，即使是儒家內部的意見也是大相徑庭。好在有一點是可以成為共識的，那就是：「三禮」中至少部分地記錄了西周時期的禮樂制度、禮儀形式。從「三禮」的這些記載

10 這一點有些像拉丁語之於歐洲中世紀的貴族與教士階層、法語之於十九世紀的俄國貴族、英語之於二十世紀前半期的中國的上流社會一樣，是一種特殊的交流方式，這種與眾不同的言說方式確證著貴族身份的特殊性。

中我們可以窺見西周文化的一大特徵，那就是對於形式的高度重視（後世稱之為繁文縟節）。所謂「形式」，用先秦時期通用的說法就是「文」。孔子說「周監於二代，郁郁乎文哉！」即是對周代禮樂文化的充分肯定與讚揚。蓋貴族之所以為貴族並不僅僅靠政治與經濟上的特權，他們要成為一個在社會上受到普遍敬仰的特殊階層，需要高於一般人的文化教養與迥然不同的生活方式。從某種意義上說，「禮樂」的主要功能就在於「正名」，也就是使貴族成為貴族，並且在貴族內部進行身份分層，使天子成為天子、諸侯成為諸侯、大夫成為大夫、士成為士。通過「正名」而使事實上的貴族等級制獲得合法性形式，並且使等級觀念、身份意識深入到人們的感性活動層面，從而成為一種生活方式。通過禮樂的這種「正名」，嚴酷無情的貴族等級制就被看上去莊重典雅、溫情脈脈的儀式所包裹，變得「郁郁乎文哉」了。西周貴族這種對「文」的重視與其用道德修養的方式進行統治的政治策略是相輔相成、互為表裡的。由此而形成的重「文」的文化慣習對於中國春秋戰國以降兩千多年的文學藝術的發展演變起到了莫大的影響作用，中國古代的所謂「文統」觀念即由此而成。

從以上闡述中可以看出，中國古代文論的基本精神，從思維方式、言說方式到主要價值取向，無不淵源於春秋之前的所謂「王官之學」。

三

戰國時期，百家爭鳴，諸子之學大盛於時，成為中國學術思想史上最為輝煌的時代。然而，諸子之學並非憑空而生，其與王官之學有著極為緊密的聯繫。清儒章學誠嘗言：

周衰文弊，六藝道息，而諸子爭鳴。蓋至戰國而文章之變盡，
至戰國而著述之事專，至戰國而後世之文體備，故論文於戰
國，而陞降盛衰之故可知也……
戰國之文，其源皆出於六藝，何謂也？曰：道體無所不該，六
藝足以盡之。諸子之為書，其持之有故而言之成理者，必有得
於道體之一端，而後乃能恣肆其說，以成一家之言也。所謂一
端者，無非六藝之所該，故推之而皆得其所本，非謂諸子果能
服六藝之教而出辭必衷於是也。[11]

章氏所論，其要有三，試分述之：一則至戰國而後有專門著述之
事，換言之，前此之學術概為王官之學，無私人著述[12]。此論成立。
蓋在貴族等級制尚未崩壞之時，一切文化思想、知識話語均為貴族階
層所統攝，從而構成「王官之學」，社會上並無游離於政治體制以及
相應的文化體制之外的知識人，故而不可能出現私人著述。二則諸子
之學乃源於王官之學，並非憑空而生者。此論亦可成立。「諸子出於
王官」之說古已有之，劉歆發起端，班固繼其後，遂為成說。至近世
章太炎亦承此說。只是到了胡適，於留美期間撰成《論九流出於王官
之謬說》（後改為《諸子不出王官論》）一文，其說始遭質疑。胡適的
質疑自然有其道理，劉歆、班固等以「九流」之一家出於周時之某一
官守，如「法家者流，蓋出於理官」、「縱橫家者流，蓋出於行人之
官」云云，的確令人難於信從。然而這並不足以推翻「諸子之學乃出

11 〔清〕章學誠著、倉修良編：《文史通義新編 · 詩教上》，上海，上海古籍出版
　　社，1993，第21頁

12 近人羅根澤先生嘗撰《戰國前無私家著作說》一文，既考證戰國前無私家書之
　　實，復闡述戰國前無私家著述之原因，洋洋灑灑，足堪參考。見羅根澤：《羅根澤
　　說諸子》，上海，上海古籍出版社，2001，第17-76頁。

於王官之學」的說法，章學誠之「戰國之文，其源皆出於六藝」說，是不容辯駁的，因為至少從我們今天看到的文獻資料而言，諸子勃興之前，除「六藝」外，並沒有其它成規模的知識系統了。而「六藝」正是所謂「王官之學」的主體。如果從文化史演變之大勢言之，則戰國時期的士人文化實為此前之貴族文化演變的產物，從這個意義上說，即使諸子除儒家之外並非自覺繼承了王官之學，但諸子之學出於王官之學亦足以成立。三則言「道體」備於「六藝」，諸子各取一端而恣肆其說，此則不能成立。蓋諸子之學雖承王官之學而來，但由於諸子所面臨的社會問題已然大異於貴族階層所面臨的問題，二者在價值取向、政治訴求乃至社會理想諸方面都已經大異其趣，完全是兩種不同的話語形態。這種既繼承又斷裂的現象在文化發展史上並不鮮見，甚至可以說是常態，譬如兩漢經學乃於先秦諸子基礎上發展而來，而經學迥異於諸子；宋代詩歌乃唐詩演變的結果，而宋詩與唐詩判然有別，此類例證，不勝枚舉。章學誠以為諸子之學為王官之學的「分蘗」蔓延，一方面是囿於劉歆、班固舊說，一方面大約是受到《莊子・天下》「道術將為天下裂」、「天下多得一察焉以自好」、「不該不遍，一曲之士也」的觀點影響，把「六藝」所代表的周代貴族文化想像為完美無缺的「道術」整體，以為諸子之學不過是就其一端而發揮之，這其實正是在中國古代居於主導地位「退化論」文化史觀之顯現。

諸子之學從王官之學發展演變而來是毋庸置疑的，章學誠所謂「戰國之文章，先王禮樂之變也」[13]並非無根之言。但是這僅僅意味著王官學是諸子學的思想資源，並非說諸子學直覺地直接繼承了王官

---

13 章學誠著、倉修良編：《文史通義新編・詩教上》，上海，上海古籍出版社，1993，第25頁。

學的精神旨趣與價值訴求。二者的差異無疑是巨大的。概而言之，有下列數端：

首先，王官學是官方意識形態，諸子學是知識階層的烏托邦[14]。作為官方意識形態，王官學根本旨歸在於穩定貴族等級制，為其嚴酷的統治與不平等披上一層優美華麗的外衣。王官學的核心是禮樂文化符號系統，「樂合同，禮別異」（《荀子‧樂論》）乃先秦儒家對禮樂文化之功能的精確概括——在貴族階層這一社會共同體中，「樂」是用來在情感上彼此溝通，形成共識的；「禮」則是用來區分尊卑上下，使等級合法化的。二者統一，則構成既等級森嚴又溫情脈脈的貴族社會政治秩序。作為烏托邦的諸子之學則大異於是。由於春秋時期諸侯爭霸，王綱解紐，從而導致「周文疲敝」，官方意識形態失去合法性，禮樂系統的種種文化符號成為任人擺弄的玩偶，許多往日的規範都成為人們不屑一顧的東西，此時的知識階層所面對的是價值失範、物欲橫流的社會現實，因此諸子百家之學都具有強烈的社會批評性，也都帶有某種烏托邦精神。可以說，九流十家，各有各的社會理想與人生理想，其中對當時和後世影響最大的當屬儒、道、墨、法四家。儒家的「仁政」、「王道」、「大同」、「小康」是烏托邦，道家的小國寡民、安時處順、自然無為也是烏托邦；墨家的「兼愛」、「尚同」是烏托邦，法家的「不別親屬，不殊貴賤，一斷於法」（司馬談《論六家要旨》，語見《史記‧太史公自序》）實質上同樣帶有烏托邦性質。王官學與諸子學這種差異根源於二者言說者之迥然不同的社會身份，王

14　「意識形態」與「烏托邦」都是含義複雜、歧義迭出的概念，我們這裏所說的「官方意識形態」是指已經獲得政權的統治者和既得利益集團為了使自己的統治與特權獲得合法性並得到鞏固和不斷強化而製造出來的觀念系統，具體到西周至春秋時期，就是周代貴族創制的禮樂文化系統。「烏托邦」一般是指由那些對社會現實強烈不滿的社會階層或個人提出來的具有否定性與批判性的思想觀念，一般都會描繪一個想像中的美好社會藍圖。具體到戰國時期，就是指儒、道、墨等諸子思想體系。

官學的主體是貴族統治者，他們既是政治權力的占有者，又是文化權力的掌控者，因此在他們的話語建構中，政治與文化是一體兩面的事情，二者之間了無間隔；「諸子」這個詞語原本指周代的一種官職，職掌是管理、教育「國子」，即公卿大夫子弟。後世用這個詞語來指稱春秋末直至漢初那些獨立著書立說的人。從今天的眼光看，諸子是當時的思想家，是新興的知識階層——士人的思想代表。與王官學的建構者不同，諸子的基本身份是「民」，他們的話語建構是民間行為而非官方行為，是「體制外」的而非「體制內」的，因而是「自由」的而非「遵命」的。

其次，王官學是一家獨大，諸子學是眾聲喧嘩。作為官方意識形態，王官學不允許出現多元共存現象，在價值取向上只能是一個嚴密的整體。諸子學則是在競爭中存在，在競爭中發展的，因此天然地就是「各道其所道」的。「道」這個詞在王官學語境中並沒有形而上色彩，除了「道路」、「言說」等自然義項外，只是指技藝、方法而言，只有在諸子學語境中，這個語詞才被賦予形而上意蘊，從而被用來指涉宇宙人世之總體規律、法則、治國理念、總體價值觀等宏大範疇。諸如「老莊之道」、「孔孟之道」、「道可道，非常道」之道、「天下有道則見」之道，等等。這意味著，在諸子學語境中，「道」其實成為一家之說的總名，成了一種標誌性文化符號。從士人階層整體言之，「道」則成為「知識」、「價值觀」、「文化」、「思想系統」、「精神領域」的別名，成為士人階層存在合法性的標誌性符號，與代表現實權力系統的「勢」構成某種緊張關係。

最後，諸子學之中與王官學最為相近的莫過於儒家之學，然而儒家之學與王官學亦有根本性差異。毫無疑問，儒家是以秉承周人的禮樂文化為己任的，所謂「周監於二代，郁郁乎文哉，吾從周」以及「克己復禮」之謂都說明孔子對周文化的仰慕與自覺繼承。儘管如

此，儒家之學與王官之學並不是一以貫之的同一學說，而是完全不同
的兩種思想系統。除了上述王官學與諸子學兩種一般性差異之外，儒
學與作為王官學「六藝」系統還有著諸多不同，撮其要言之，有下列
數端：其一，漢代儒家把「六藝」奉為經典，並敷衍出「經學」系
統，與孔孟等先秦儒家對待「六藝」的態度不可同日而語。蓋在先秦
儒家看來，「六藝」之屬作為往代文化遺存應該保持足夠的敬意，可
以從中汲取有用的資源，卻從來不囿於其說而立言。孔、孟、荀各自
均為具有原創性的話語系統，孔子以「仁」為核心的倫理道德系統、
以「有教無類」為原則的文化教育思想、孟子以「仁政」為核心的政
治理想、以「性善」為核心的心性之學、荀子「化性起偽」、「積善成
德」的人格修養路向、禮與法並重的治國方略都是王官學中未曾有
的。漢儒侷促於「六藝」，或恪守章句，或探賾索隱，雖然號稱「尊
儒術」，實際上卻距離孔、孟、荀甚遠。作為王官學的「六藝」並非
儒學，只有孔、孟、荀等先秦諸子所創之學說方為儒學。宋儒有見於
此，標舉「四書」，洵屬高明之舉。其二，就其旨歸而言，王官學是
為已然存在的貴族等級制確立合法性，處處與既有社會秩序相契合，
因此歸根結底是一種「制度化」話語系統，或者說近似於一種「傳統
理論」；先秦儒學則是呼籲不存在的社會理想，是想借助於話語建構
來實現社會現實的改造，根本上是一種創造性想像，或者說近似於一
種「批判理論」[15]。其三，作為諸子之學的儒學是一種活潑的、有生

15　「傳統理論」、「批評理論」之說是德國法蘭克福學派早期重要人物麥克斯‧霍克
　　海默於二十世紀三〇年代提出的。「傳統理論」是指從一定社會關係中產生出來，
　　借助於繼承下來的概念和評價標準，對現實社會秩序起著肯定的、鞏固作用的話
　　語系統；批評理論則相反，是產生於一定社會關係，但卻對這種社會關係持批判
　　的、否定的態度，它是指向未來的。「傳統理論」近於我們所說的意識形態，「批
　　判理論」近於我們所說的烏托邦。參見〔德〕霍克海默：《批判理論》，李小兵等
　　譯，重慶，重慶出版社，1989，第181-238頁。

命、有個性的思想系統，作為王官之學的「六藝」則是一種程序化的規則、規定、約束與要求。在《六藝》之中，《詩》是個特例，從今天的眼光看，《詩》的作品中充滿了情感、個性、感性體驗之類，似乎是純粹的「個人話語」，實則不然。就其產生而言，「詩三百」或許有一部分是從「民間」[16]採集而來，但即使這部分作品也必定經過有關史官、樂師們的加工。而且更重要的是，所有《詩三百》作品，無論其創作本意如何，一旦被納入禮樂文化系統之後就承擔起特殊的官方意識形態功能，而不再是具有個性和情感的言說。在貴族的「禮樂」系統中，「詩」不是個性的呈現，不是情感的抒發，更不是審美對象，「詩」是一種特殊的言說方式，具有莊嚴、神聖、委婉、高貴等特性，是貴族所特有的交流方式。我們只要看一看《左傳》《國語》中記載的那些諸侯與卿大夫們在聘問交接之際「賦詩言志」以及在言談中隨口引詩的情形就不難明瞭，「詩」在當時的主要功能乃是增強交流的有效性而不是審美愉悅。這樣一來，作為「六藝」之一的《詩》也就不再是個性化的言說了。相比之下，我們可以從《論語》《孟子》《荀子》等文本中清楚地感受到言說者的個性氣質、情感體驗與獨特思想。

四

在王官之學語境中形成的文論思想經過諸子的繼承、重構而獲得新的意義；而在諸子之學語境中又根據新的社會需要提出若干新的文藝思想。那麼諸子學在文論方面究竟有哪些獨特貢獻呢？這需要做一

---

16 這個「民間」未必就是真正的下層社會，根據多年來《詩經》學研究成果，那些被視為民歌民謠的作品很可能是「國人」——生活在都城中的下層貴族和自由民——所為，不是真正意義上的民歌、民謠。

番清理工作。

　　「詩言志」之說甚為古老，但它究竟產生於何時，就目前的文獻資料來看，卻很難做出準確判斷。根據對相關文獻資料的分析，我們似乎可以得出這樣一種結論：「詩言志」之說的產生並非一蹴而就的，而是有一個過程，這一過程正好契合了從王官之學向諸子之學的轉變，換言之，「詩言志」之說的產生是王官之學向諸子之學轉變過程的產物。理由如下：其一，先秦諸子中多有把「詩」與「志」相聯繫的例證，如「詩亡隱志」（孔子）、「以意逆志」（孟子）、「詩以道志」（莊子）、「詩言是，其志也」（荀子）等，這說明「詩」與「志」有緊密關聯乃是諸子們的共識。我們知道，諸子百家，各道其所道，不肯接受他人成說，故而他們的這一共識必然基於某種共同的先前的文獻資料，換言之，在諸子學出現之前應該已經有與「詩言志」近似的說法了。其二，記載春秋史實的《左傳》《國語》等典籍載有大量「賦詩言志」的實例。諸侯君主、卿大夫在交接聘問之際，常常會賦詩，以表達或感謝、或讚揚、或批評、或警告、或祈求之類的意見。他們自己稱這種行為為「詩以言志」[17]。因此，春秋時期的「詩以言志」或「賦詩言志」之說，就是上引戰國時期諸子們關於「詩」與「志」關係的各種說法的共同的思想資源。其三，「詩」在王官學中占據重要位置，是禮樂文化系統之重要組成部分，因此也是儒家思想的主要來源之一。儒家在傳授、整理、傳注「六藝」之時，往往要對其各自的功能予以概括，例如「樂合同，禮別異」、「《書》言是，其事也」之類。「詩言志」也正是這樣一種概括。儒家思想家對《詩》的這種概括一方面包含著他們對此前人們關於《詩》的觀點的繼承，一方面也包含著他們對《詩》的獨特理解與價值賦予。

---

17 《左傳・襄公二十七年》：「卒享，文子告叔向曰：『伯有將為戮矣！詩以言志，志誣其上，而公怨之，以為賓榮，其能久乎？幸而後亡。』」

　　由以上分析我們可以得出這樣一個結論：作為王官學之一的「詩」曾經是禮樂文化系統的重要組成部分，後來通過貴族教育漸漸成為貴族子弟必備的文化修養，人人都爛熟於心，因此至遲在春秋時期，「詩」就脫離開典禮儀式而演變為一種貴族之間的特殊言說方式，於是出現「賦詩言志」的普遍現象，在此基礎上產生出「詩以言志」這樣的概括。由於春秋時期雖然西周建立的禮樂制度遭到很大程度的破壞，但社會制度依然是貴族等級制，主流社會文化則是受到破壞的禮樂文化，因而此時關於「詩」的理解依然是屬於王官之學範疇。到了春秋之末乃至戰國時期，諸子學發展起來，諸子秉承春秋貴族們關於「詩」的使用和理解這種文化慣習，依然把「詩」與「志」相聯繫，然而此時那種有教養的貴族階層已經瓦解，代之而起的是有本事而無教養的新興的官僚階層，於是春秋時期的那種溫文爾雅的「賦詩言志」行為也就成為歷史。由於缺少了現實的參照，「詩以言志」之說的含義就漸漸發生了變化：原本那種指通過「賦詩」表達「意見」的含義漸漸隱匿不見了，「詩」與「志」都在一般的意義上被使用了，於是某位儒家思想家，在整理《尚書》時，就把「詩言志」之說加入到根據傳說或支離破碎的古代文獻而編成的《堯典》之中。從「詩以言志」到「詩言志」，這個命題由對一種現象的特指，變為一般性的詩學命題，這裡也昭示著貴族時代的王官之學向產生於「禮崩樂壞」時期的諸子之學的轉變軌跡。作為這一轉變過程，孔子的「詩亡隱志」以及其它相關於詩的觀點，可以說是一個「中介」或者「過渡」。

　　孔子的「詩亡隱志」之說見於上海博物館館藏楚竹書之《孔子詩論》。其中「隱」字之釋文諸家多有出入，今從李學勤先生之說[18]。其

---

18 李學勤：《詩論的體裁和作者》，上海大學古代文明研究中心、清華大學思想文化研究所編：《上博館藏戰國楚竹書研究》，上海，上海書店出版社，2002，第52頁。

完整的句子為：「孔子曰：『詩亡隱志，樂亡隱情，文亡隱意』。」我
們知道，正如「詩」與「志」一樣，以「樂」與「情」、「文」與
「意」相連屬乃是從王官學到諸子學普遍存在的現象。這裡的關鍵是
如何理解孔子心目中的「詩」與「志」之關係。聯繫孔子在《論語》
中的相關論述，我們以為，在這個問題上，孔子恰好是從王官學到諸
子學轉換的中介。何以見得呢？請看《論語》的記載：

> ……鯉趨而過庭。曰：「學詩乎？」對曰：「未也。」「不學
> 詩，無以言。」鯉退而學詩。他日又獨立，鯉趨而過庭。曰：
> 「學禮乎？」對曰：「未也。」「不學禮，無以立。」鯉退而學
> 禮。（《季氏》）
> 子曰：「誦《詩》三百，授之以政，不達；使於四方，不能專
> 對；雖多，亦奚以為？」（《子路》）

　　從孔子的話中可以看出，在他心目中，「詩」的基本功能是用來
交流的。所謂「無以言」，所謂「專對」都是在「賦詩言志」的意義
上說的。蓋孔子去古未遠，對貴族們的文采風流有所見，有所聞，並
心嚮往之，故而要求弟子們學詩，以獲得貴族式的特殊交流方式。實
際上根據《左傳》《國語》等史籍記載，到了孔子生活的春秋之末，
「賦詩言志」的事情雖然已經很少有了，但畢竟還存在著[19]，故而孔
子要求弟子們學詩以獲得「專對」能力，也還算是有現實的基礎。然
而，詩的其它功能似乎更加受到孔子重視，其云：

---

19 在《左傳》中，最後一次關於「賦詩」的記載大約是昭公十七年（前525年）的事
　　情，其時孔子已經二十六歲。

　　小子何莫學夫詩？詩，可以興，可以觀，可以群，可以怨。邇
　　之事父，遠之事君，多識鳥獸草木之名。(《陽貨》)
　　興於詩，立於禮，成於樂。(《泰伯》)

　　「興觀群怨」之謂顯然已經不是「賦詩言志」所能包容的。這裡
所強調的已經不是詩歌的「專對」功能，而是其對於個人修養與個人
情感表達的意義。換言之，在孔子這裡，詩歌開始具有個體心性價
值，被當做人格自我改造、提升的方式來理解了。其它如「《關雎》
樂而不淫，哀而不傷」(《八佾》)說、「《詩》三百，一言以蔽之曰：
思無邪」(《為政》)之說，都是從個體道德角度講的。這說明，對於
以孔子為代表的士人階層來說，作為西周文化遺存的《詩》已經被賦
予新的意義與價值，而不再是貴族階層的標誌性文化符號。此後孟子
之以「誦詩」為「尚友」之途徑、荀子以及漢代經生之以《詩》為聖
人志向之表達等見解，均為孔子思想之發展。因此，從古代文論發
展、演變的角度看，孔子是從王官學向諸子學轉變的「中介」與過
渡。在孔子身上交匯著周代貴族與戰國士大夫之雙重精神。
　　在王官學語境中，詩歌、音樂、舞蹈藝術形式以及各種儀式、器
物等文化符號是對秩序與集體精神的肯定與張揚，個人情感、個體精
神在這裡是被壓制與遮蔽的。相比之下，在諸子學語境中，個人情感
與個體精神得到一定程度的彰顯。孟子說：「故說詩者，不以文害
辭，不以辭害志。以意逆志，是為得之。」(《孟子·萬章上》)按照
孟子的意思，「說詩」的根本目的在於把握到詩人所欲表達的情感與
意念，即「志」。這裡的「志」與春秋「賦詩言志」之「志」顯然有
著迥然不同的含義。在孟子這裡，「志」是個人之情志，近於漢儒
「在心為志，發言為詩。情動於中而行於言」(《毛詩序》)之謂。換
言之，在孟子看來，每首詩都有一個作為個體的「作者」在那裡，因

此就包含著個體精神與情感。後世之人學古人之詩，目的是為了「尚友」，即與古人交朋友，向古人學習做人的道理，故而關鍵就在於了解詩人的個體精神與情感，借助詩的中介，達到今人與古人精神世界的溝通與交流。而春秋貴族的「賦詩言志」之「志」則並非個人之情志，而經常是指某種政治性的觀點、意見、評價、希望等，其背後隱含不是「個體主體」，而是「集體主體」。「詩」在貴族階層心目中並不是個體精神與情感的體現，而是一套特殊的語言表達方式，是貴族教養的表現，是公共話語，這裡絲毫沒有個體性、私人性存在的空間。

老莊之徒基於其否定文化話語建構的整體思想傾向，對詩文鮮有論及，然則從其隻言片語中亦可窺見諸子學特點之一斑。《莊子》云：

> 世之所貴道者，書也。書不過語，語有貴也。語之所貴者，意也，意有所隨。意之所隨者，不可以言傳也，而世因貴言傳書。世雖貴之，我猶不足貴也，為其貴非其貴也。故視而可見者，形與色也；聽而可聞者，名與聲也。悲夫！世人以形色名聲為足以得彼之情。夫形色名聲，果不足以得彼之情，則知者不言，言者不知，而世豈識之哉！（《天道》）

這裡闡述了「書」、「語」、「意」、「言」以及「不可以言傳」者之間的關係。首先，莊子認為被書寫下來的東西是語言，語言之所以值得書寫是因為它表達了人的意念或意見，這就意味著，莊子是把書寫，當然包括詩歌的書寫，理解為人的意念或意見的表達，而不是某種程序化、儀式化的文化符號，這顯然是諸子學語境的言說，而非貴族話語。其次，莊子認為人的意念或意見亦非書寫之最終根據，它的背後還隱含著更加深層的根據，而這個根據是不可以用語言來表達的。我們當然有充分的理由把這個「不可以言傳」之物理解為

「道」。這個在老莊語境中「維恍維惚」、「維惚維恍」的「道」在中國古代哲學史、思想史、政治文化史上具有極為重要的地位，在中國古代文論史上也有著深遠影響。完全可以說，離開了「道」，中國傳統文化學術將完全是另外一個樣子。老莊標舉這個形而上的「道」作為天地宇宙與人世間萬事萬物之根本、一切價值之本源，對中國文化是莫大的貢獻，同時也是諸子學根本特徵之一。這主要表現在下列三個方面：其一，如果說「禮樂」或者「文」是以王官之學為代表的貴族文化的標誌性符號，那麼「道」就是以諸子學為代表的士人文化的標誌性符號。其二，在王官之學的話語系統中，「天」、「上帝」、「神明」、「天命」等具有至高無上的、神聖的性質，它們構成了現實周王朝貴族等級秩序的最終合法性依據。在諸子學的話語系統中，「道」取代了「天」、「天命」、「上帝」、「神」的地位[20]，成為諸子話語系統的最終價值依據。其三，「道」的提出有其重要的現實需求，這種需求是來自於「通過話語建構來實現改造社會之目的」的諸子學之普遍政治策略。諸子之學都是「紙上談兵」，都是試圖先建構完備的、具有吸引力的話語系統，再進而使之落實為現實的價值秩序。諸子百家在根本上無非是一個個美妙的社會理想藍圖，都是針對混亂不堪的現實社會狀況立言的。因此，「道」的確具有明顯的烏托邦色彩，本質上是對戰亂頻仍、價值失範的現實社會的批判與超越。

　　「道」被諸子打造為一切存在、一切價值的最終根據與本源，於是如何「體道」，即接近、了解、守護、把握這個「道」便成為諸子學之最高學術追求。老子說：「道常無為而無不為，侯王若能守之，萬物將自化。」（《老子·三十七章》）孔子說：「朝聞道，夕死可

---

20 在儒家話語系統中，往往混雜了大量貴族文化因素，因此諸如「天」、「天命」之類的詞語也常常被使用，在儒家這裏，它們其實就是「道」的別名

矣！」(《論語・里仁》)莊子說：「夫體道者，天下之君子所繫焉。」
(《莊子・外篇・知北遊》)孟子說：「得道者多助，失道者寡助。」
(《孟子・公孫丑下》)這裡所謂「守」、「聞」、「體」、「得」都是把握
「道」的方式。先秦諸子正是在思考如何把握「道」的方法、路徑的
過程中確定了中國古代學術文化的基本特徵，同時也就確定了中國古
代文論的基本特徵。這種運思方式的本質就是「自得」[21]，也就是自
行進入到「道」之中，使自身精神成為「道」之狀態。這種「自得」
既是中國古代哲學的基本運思方式，也是古代文論的基本運思方式。
何以見得呢？

　　中國古代文論與西方文論之根本差異不在於價值觀的不同，系
統、體系之有無以及關注點之別，而在於運思方式之迥異。蓋西方文
論自柏拉圖、亞里斯多德始，就建立起比較成熟的「對象性思維」的
運思模式，把所談論的文學（史詩、悲劇、抒情詩等）視為一種客觀
存在物，在主客體二元對立的認知框架下，運用以歸納和推理為基本
方式的邏輯思維對對象進行分析，做出判斷，得出結論。中國古代文
論則大異於是。在「體道」、「自得」的運思方式影響下，古代文論從
來就不把所言說之物視為「對象化」的客觀存在，而是當做自身有待
進入的境界或狀態。在言說過程中總是把自身置於其中，成為「參與
者」而非「看客」。例如，陸機對詩文創作的描述與其說是總結、概
括一般的創作規律，毋寧說是在談論自己的創作體驗；劉勰對「風

---

21 《孟子・離婁下》：「君子深造之以道，欲其自得之也。自得之，則居之安；居之
　　安，則資之深；資之深，則取之左右逢其原，故君子欲其自得之也。」朱熹注云：
　　「言君子務於深造而必以其道者，欲其有所持循，以俟夫默識心通，自然而得之
　　於己也。自得於己，則所以處之者安固而不搖；處之安固，則所藉者深遠而無
　　盡；所藉者深，則日用之間取之至近，無所往而不值其所資之本也。」可知「自
　　得」即是自然而得，自己而得，非由外鑠。換言之，就是通過自我提升而使自己
　　達於道之境界。

骨」、「神思」的論述也無疑是個人感受與體會的昇華。在古代文論的言說中處處有個「我」在那裡。讀者閱讀古代文論的文字也不是要得到這些文字所給出的客觀知識，而是根據其所描繪的情境使自身進入其中，在心中產生近似於文論作者在寫作時所具有的精神狀態。這有些近似於禪家所謂「以心傳心」——不執著於概念的清晰、定義的確切、論證的嚴密、結論的明確，而是使讀者進入到一種情境之中，從而完全領會、體悟到作者所欲傳達的意指。所謂「不著一字，盡得風流」（司空圖）、「但見性情，不睹文字」（皎然）、「妙悟」（嚴羽）云云，都是這個意思。

由此觀之，諸子學之於後世中國古代文論發展的影響是決定性的，不僅規定了其價值取向，而且確定了其思考方式。從王官之學到諸子之學是中國古代文化思想演變史上的一大轉捩點，同時也是中國古代文論發展史上一大轉捩點，後來古代文論的發展演變的歷史以及基本特徵、基本觀點都可以從這次轉折中尋覓到源頭。

五

在研究方法上我們力求實踐一種有中國特色的「文化詩學」方法，其要點如下：

第一，確立一種「對話」的態度。

我們為什麼要研究古代文學思想？究竟是要獲得知識還是獲得意義？這個看上去再簡單不過的問題實際上並未得到很好的解決。如前所述，許多研究者看不出古代詩學研究對現代生活究竟存在著什麼意義，於是就認同一種實證主義態度：研究就是求真。揭示古代詩學話語中可以驗證的內容就構成這種研究唯一合法性依據。這種研究強調以事實為根據，以考據、檢索、梳理為主要方式，以清楚揭示某種術

語或提法的發生演變軌跡為目的，這當然是真正意義上的研究，可以解決許多問題，也完全可以成為一個學者畢生從事的事業。但是這種研究也有明顯的局限性：大大限制了闡釋的空間。古代文論話語無疑是一套知識話語系統，具有不容置疑的客觀性。但同時它又是一個意義和價值系統，具有不斷被再闡釋的無限豐富的可能性。對知識系統的研究可以採取實證性方法以揭示其客觀性；對意義系統則只能採取現代闡釋學的方法，以達成某種「視界融合」，構成「效果歷史」。「效果歷史」的特點在於它不是純粹的客觀性，而是「對話」的產物：既顯示著對象原本具有的意義，又顯示著對象對闡釋者可能具有當下意義。正是這兩方面意義所構成的張力關係使「效果歷史」儘管不具備純粹的客觀性，卻也不會流於相對主義。例如，我們研究「樂而不淫，哀而不傷」這個古代儒家文學思想的重要觀念，實證性的研究只能夠揭示其產生和演變的線索，列出一系列的人名、書名和語例，對其所蘊涵的意義與價值以及文化心理和意識形態因素，就無能為力了。「樂而不淫，哀而不傷」作為一個標示著中國傳統審美趣味的重要觀念，是與儒家對人生理想的理解直接關聯的，可以說它就是一種人生旨趣的表徵。作為現代的闡釋者，對於這一觀念的這層文化蘊涵，我們只能從被我們所選擇的人生哲學的基礎上才能給出有意義的闡釋。這種闡釋實質上乃是一種選擇，即對古人開出的、對於我們依然具有意義的精神空間予以認同和闡揚。這才是真正的「轉型」，才是對人類文化遺產的繼承。對於這樣的任務純粹實證主義的研究方式顯然是無力承當的。不僅要梳理知識生成演變的客觀邏輯，而且要尋求意義系統的當下合法性──這應該是中國古代文學思想研究的基本出發點。

將古代文學思想話語當做一種知識系統還是當做一種意義系統可以說是完全不同的兩種研究立場。前者是科學主義精神的體現，後者

是人本主義精神的體現。本來科學主義精神與人本主義精神是西方現代性的兩個基本維度，前者張揚客觀探索的可能性，後者探討人生的意義與價值。然而，對理性的絕對信賴所導致的那種無休無止的探索精神在自然科學領域所取得的巨大成功，使人們誤以為以客觀性為特徵的科學主義精神乃是理性的全部內涵，甚至也是人本主義精神的基本特徵。於是出現了科學主義的立場、方法、思維方式向人文社會科學領域大舉入侵的狀況，甚至在人文社會科學領域也出現了對實證精神的呼喚，好像那些無法實證的形而上學的、烏托邦式的、浪漫的、詩意的、帶有神秘色彩的言說都是毫無意義的夢囈。在這種科學主義精神的影響下，人文社會科學的研究也越來越學科化、知識化、實證化。這樣人類追求意義與價值的天性就受到極大的壓制，人也就越來越成為缺乏詩意、想像力與超越性的機器。例如，先秦文學思想話語，如雅、和、溫柔敦厚、文質彬彬等所負載的本來是古人的審美趣味與人生體驗，是最靈動鮮活的精神存在，然而它們一旦被確定為客觀知識，並被一種科學主義態度所審視時，就完全失去了它的固有特性，成為沒有生命的軀殼。如果我們在承認古代文論話語的知識性的基礎上還將其視為一個意義系統，通過有效的闡發而使其還原為一種活的精神，那麼我們就與古人達成了真正的溝通，「效果歷史」就產生了：古人的意義也成為我們的意義，而這才是任何人文社會學科研究的真正價值所在。

第二，將研究對象置於具體文化歷史語境中。

闡釋學的理論只是為我們的古代文論研究提供了一種基本態度。至於具體的研究方法則應該在不斷的理論反思與研究實踐中獲得。如前所述，關注各種學術文化話語系統對於文論話語的影響現在已經成為研究者的共識。但是這裡依然存在著有待解決的問題：從話語到話語、從文本到文本的闡釋真的能夠揭示古代文學思想的文化底蘊嗎？

那種在不同話語系統的聯繫中確立的闡釋向度當然較之過去那種封閉式的闡釋方式具有更廣闊的意義生成空間，但是，這也僅僅能夠揭示一種不同話語系統之間的某種「互文性」關係，尚不足以發現更深層的學理邏輯。我們認為，在文本與歷史之間存在的複雜關係應該是古代文學思想話語意義系統的又一個重要的生長點。在這裡我們不同意某些後現代主義歷史觀將歷史等同於文本的主張。歷史的確需要借助文本來現身，但它並不是文本本身。歷史作為已然逝去事件系列的確不會再重新恢復，但通過對各種歷史遺留（主要是各種文本）的辨析、鑑別與比較人們還是能夠大體上確定大多數歷史事件的大致輪廓。也就是說，人們無法復原歷史，卻可以借助於種種中介而趨近歷史。通過文本的歷史去接近實際的歷史——這正是那些優秀的歷史學家們畢生致力的事業。實際的歷史就像康德的「自在之物」、佛洛德的「無意識」以及拉康的「真實界」一樣從不以真面目示人，它因此也就具有某種神秘性，對這種神秘性的理解恰恰提供了意義生成的廣闊空間。毫無疑問，這個來自歷史闡釋的意義空間應該作為理解古代文學思想意義系統的基礎來看待。在這方面我們的研究還很不夠。

而且文本是各種各樣的，有些文本屬於歷史敘事，有些文本則是思想觀念與精神趣味的記錄。文論話語屬於後者，而歷代的史書、雜記屬於前者。相比之下，作為歷史敘事的文本較之文論文本就更接近實際發生過的歷史事件。所以古文論的研究要關注歷史之維就不能不將這些歷史敘事納入自己的視野之中。這裡的關鍵在於，只有將一種文論話語置放在具體的歷史聯繫中才有可能對其進行準確的把握。這裡的所謂「準確」不意味著純粹的客觀性，對於現代闡釋學來說這種客觀性只能是一種無意義的假設。「準確」真正含義是符合闡釋學的基本規則，即任何闡釋行為首先必須儘量包容闡釋對象能夠提供在我們面前的意義，也就是說，闡釋行為首先是理解，然後才是闡發。所

謂「視界融合」的前提應該是對對象所呈現的意義視界的充分尊重。如果將「視界融合」與「效果歷史」理解為對對象的任意言說就是對現代闡釋學的極大誤解。就古代文學思想研究而言，要尊重其話語自身的意義視界，就不能僅僅停留在文學思想話語本身的範圍之內，就不能不引進歷史的維度。離開文化歷史語境，闡釋者就根本無法真正把握對象的意義視界，而所謂闡釋也就只能是單方面的任意言說了。例如，「詩言志」這個古老的說法對我們來說似乎是沒有任何理解障礙的。但實際上依然有許多問題值得追問。諸如：在詩與禮樂密不可分、文學遠不是作為文學而存在的歷史語境中這個頗與現代文學觀念相合提法究竟是如何被提出來的？在個性基本上被忽視的宗法制社會中，「志」是否是後人所理解的情感與思想？這些問題都涉及一個歷史語境問題：詩是在怎樣的範圍內生成與傳播的，促使它產生與傳播的動因是什麼。這些問題都得到解決了嗎？顯然沒有。又如，在古代文論的話語系統中「作者」或「讀者」概念是何時出現的？它們的出現意味著什麼？要回答這些問題也同樣必須進入歷史的聯繫中不可。

以上分析說明，離開對其它文化學術話語與文論話語的「互文性」關係的關注，就無法揭示古代文學思想話語的文化底蘊；而離開了對歷史關係網絡的梳理，就不可能揭示一種文論話語生成演變的真正軌跡。

第三，以西方理論與方法為參照。

研究的視點是任何研究活動的首要問題。所謂研究視點也就是發現問題、提出問題的眼光或角度。研究視點當然與專業學術知識的積累程度有關：一般說學識越豐富就越是能夠發現問題。但是也有這樣的情況：雖然滿腹經綸，卻提不出任何有意義的問題。可見僅僅擁有專業知識尚不足以形成有效的研究視點。那麼對於我們的古代文學思想研究來說應該如何形成有效的研究視點呢？

　　在這裡我們的古代文論研究存在著一個很大的誤區：既然是中國古代文學思想的研究就根本無須關注西方人的研究成果。這是極為狹隘的研究態度。在這裡任何民族主義的、後殖民主義的言說立場都應該擯棄：我們必須誠心誠意地承認西方人在人文社會科學領域一如他們在自然科學領域一樣都取得了巨大的成績，為全人類創造了寶貴的精神財富。西方文化傳統中有一種極為難能可貴的精神，那就是反思與超越。正是在不斷的反思與超越中西方人不斷將思想與學術推向深入。他們的許多研究成果都可以啟發我們形成有效的研究視點。例如結構主義儘管存在著許多片面之處，但這種研究並不是像有些批評所認為的那樣僅僅是一種形式主義的技巧，這種研究所探索的是人類某種思維方式如何顯現於文本之中的。這是極有意義的探索，如果我們將對思維方式的理解置於具體的歷史語境中，就會發現結構主義方法可以說明我們發現許多有意義的問題。例如我們可以在古代詩歌文本中發現古人的思維特徵，可以在古代敘事文本中發現存在於古人心靈深處的意義生成模式，這對於探索古代文化與文論的深層蘊涵都是十分有益的。又如，哈貝馬斯的「公共領域」和「文學公共領域」的理論也可以啟發我們對中國古代文人的交往方式予以關注，從而揭示某種古代文學觀念或審美意識產生和演變的歷史軌跡。再如，布林迪厄的「場域」理論也可以啟發我們對古代文學領域的權威話語和評價規則的形成與特徵進行探討。而吉登斯的「雙重闡釋學」觀點也有助於我們對古代文學思想話語生成的複雜性的關注，等等。

　　就詩意的追求而言，西方學術也同樣具有重要的啟發性。十九世紀以前的「詩化哲學」不用說了，即如二十世紀以來存在主義者對「詩意的棲居」（海德格爾）、「生存」（雅斯貝爾斯）、「自由」（薩特）的追問，人本主義心理學對「自我實現的人」的張揚，法蘭克福學派對「愛欲」、「自為的人」與「人道主義倫理學」的呼喚，乃至後

現代主義對「自我技術」的設想無不體現著一種知識分子的人文關懷，都具有某種詩性意味。這些都有助於我們重新審視中國古代文人的人生旨趣與審美追求。即使是俄國「白銀時代」思想家、文學家們關於人性與神性之關係的探討對我們也是極有啟發意義的。上述種種西方現代思想對於我們理解先秦時期的哲人們對「藝術精神」追求的現代意義有著極為重要的啟發作用。

我們借鑑西方人的學術見解並不是以它為標準來衡量我們的古代文學思想話語，也不是用我們的古代文學思想話語印證別人觀點的普適性。我們是要在異質文化的啟發下形成新的視點，以便發現新的意義空間。對意義的闡釋在很大程度上是取決於視點的選擇與確立。同樣是一堆材料，缺乏新的視點就不會發現任何新的問題，也就無法揭示新的意義。例如，對於《荀子・樂論》這樣一個古代文藝思想的經典文本，如果從現代西方馬克思主義的意識形態批評的視點切入，再聯繫具體歷史語境的分析就可以揭示出從春秋之末到戰國之末士人階層與君權系統關係的微妙變化，也可以揭示出士人階層複雜的文化心態。而沒有這樣的視點，我們就只能說這篇文章表現了儒家的倫理教化文學觀而已。從現代闡釋學的角度來看，欲使千百年前的文論話語歷久彌新，不斷提供新的意義，唯一的辦法就是尋求新的視點。一個時代有一個時代的文化觀念，也就有一個時代的新視點，只有把握了這種新視點，古代的文本才會向我們展示新的意義維度。在某種意義上說，人文社會科學的研究不是要一勞永逸地揭示什麼終極的真理或結論，而是要提供對於自己的時代所具有的意義。作為闡釋對象的文本中隱含著這種意義的潛質，新的研究視點使其生成為現實的意義。人類的文化精神就是在這樣連續不斷的闡釋過程中得以無限的豐富化的。

但是僅僅從西方學術研究成果中產生的研究視點也存在著一個明

顯的不足，即容易導致研究者的話語與研究對象的話語之間的錯位。
這還不僅僅是一個表述方式的問題，因為話語同時又是運思方式的顯
現。古代文藝思想的話語形式與現代漢語的表述方式的巨大差異絕不
僅僅是一個語言形式（文言文與語體文）的問題，這裡隱含著運思方
式上的根本性區別：運用現代漢語思考和表述的現代學者在運思方式
上接近於西方的邏輯思維，至少是在最基本的層面上是接受了西方形
式邏輯的基本規則的。古代文藝思想話語卻完全是按照中國古代特有
的思維習慣運思的（有人稱之為「類比邏輯」，有人稱為「無類邏
輯」，有人稱為「圓形思維」）。這種植根於不同思維方式的話語差異
就造成了某種闡釋與闡釋對象之間的嚴重錯位：闡釋常常根本無法進
入闡釋對象的內核中去。對西方學術研究方法的借鑑很容易加劇這種
錯位現象。於是對古代文論的研究就處於兩難之境了：借鑑西方學術
觀點、運用現代學術話語進行研究，就會導致嚴重誤讀（不是現代闡
釋學所謂的「合理誤讀」）；完全放棄現代學術話語和方法而運用古人
的運思方式和話語形式去研究，即使是可能的，也是無效的，因為這
種研究完全認同了研究對象，實際上已經失去了研究的品格。那麼如
何擺脫這種兩難境地呢？造成這種兩難境地的根本原因在於現代的研
究者對古人的運思方式和古代文藝思想的話語特徵不熟悉，所以在研
究中簡單地用從西方移植過來的名詞術語為古代文藝思想話語重新命
名。所以要擺脫這種兩難境地首先要做的是真正弄懂古人究竟是如何
思考和表述的，其與我們究竟有何差異，然後用描述的方式而不是命
名的方式盡可能地呈現古人本來要表述的意義。在此基礎上再運用我
們的思維方式與話語形式對其進行分析與闡發。也就是說要建立一種
中介，從而使古人的話語與現代話語貫通起來。

　　第四，確立全球化的理論視野。

　　隨著經濟全球化步伐的日益加速，不同國家、不同民族的文化間

的相互滲透、交融也越來越成為一個無法迴避的事實。不論「文化全球化」這樣的提法是否有這樣那樣的問題，在人文社會科學的學術研究領域一種人們能夠普遍接受的共同話語和研究範式即使尚未最終形成也的確是在形成的過程之中了。面對這樣一種業已發生巨大變化的文化語境，我們的一切學術研究都不能視而不見，都必須做出自己的回應。那麼，中國古代文論的研究應該如何面對這種文化語境的變化呢？

這是一個極為複雜的問題。這種複雜性根本上是由於中國文學以及與之相應的中國古代文學思想完全是一個自足自洽的、整齊完備的獨立系統，它的產生與發展都與西方文學與文論系統毫無關聯。然而清末民初以來，隨著中國政治經濟領域現代性工程的啟動，借用西方文學觀念來梳理中國文學，即按照西方的標準與範疇對中國古典文學重新命名、分類，漸漸成為古代文學研究的主流，傳統的泛文學觀念以及評點式、印象式、類比式的文學批評模式被拋棄了。事實上，中國古代的詩詞曲賦志怪話本之類的文類形式與西方的「文學」（即使是十八世紀以前的用法）概念無論在內涵還是外延上都具有巨大的差異，而我們的「文學思想」或「文論」與西方的藝術哲學、詩學、文學理論、批評理論無論是在運思方式還是在價值標準上都不可同日而語。所以在西方理論指導下的所謂「研究」在某種意義上實際上就是硬性重構，是宰割，是「六經注我」（當然，也不否認這種研究借助於西方理論視角揭示了古代文論話語某些新的意義層面）。

說到古代文學思想或古代文論，這個學科的產生亦如中國古典文學史一樣本身就是西方學術觀念的產物，所以從一開始就用西方的學術眼光對中國古代的文學觀念進行命名、歸類、評判。但是，由於這個學科的開創者們大都於中國古典文學浸潤極深，在骨子裡流淌著中國傳統文化精神的血液，所以儘管在學科形式上基本是西化的，但在

價值觀念，特別是審美趣味方面尚能接著中國古人的思路言說。而隨著中國現代文學越來越離開中國古代傳統而按照西方十八世紀以來逐漸確立起來的文學分類原則與體裁進行創作，中國古代文論話語也就越來越遠離當下的創作實際，漸漸成為一種文物古董式的存在物而為少數具有「考古癖」的人整理發掘。幾乎沒有誰還關注古代文論研究之於當下文學創作是否具有現實指導意義的問題。在研究方法上，由於以階級論為核心的意識形態的作用，我們幾十年來一直將馬克思主義視為我們自己的理論資源而與西方資產階級理論相區別，所以從來沒有出現過話語的焦慮。只是到了近年來，隨著總體性意識形態在學術研究領域的缺席以及現代西方學術話語的瘋狂進入，人們才感覺到一種「失語」的恐懼：我們的學術研究所使用的基本概念、範疇以及方法都是別人的，而且在與西方的文化交流中似乎出現了過大的「貿易逆差」：只見別人的進來，不見自己的出去。這真是令人恐懼的事情。

於是就出現了一個話題：古代文藝思想研究究竟有什麼用？這個問題的背後隱含著一種希冀：我們應該借助於古代文論研究建立起中國式的、具有鮮明民族特色並且可以令西方人瞠目結舌的文學理論話語體系，從而在國際學術交流的領域占有一席之地。於是就有了「古代文論的現代轉型」這樣的提法。要求古代文學思想研究從一個封閉的、考古式的研究模式中越出來，成為具有現實功用的學科一時間成為一種普遍的呼聲。我們究竟應該如何看待古代文論研究的目的性問題呢？

古代文藝思想研究的目的問題的確是極待解決的。這裡有一個簡單的道理：研究方法的選擇取決於研究對象的特性，而研究對象的特性又取決於研究者的闡釋立場（或曰研究目的）──你將研究對象看做是什麼。如果我們將古代文學思想當做一種文物古董來看，那研究對象就具有封閉的、靜態的特性，因此相應的研究方法也應該是純粹

的考古式的、實證主義的。這樣的研究也就是將古文論材料中只需識別而無需闡發和評價的那部分內容按照其固有邏輯梳理出來。換言之，其研究對象就應該確定在「那部分內容」上。對古代文學思想話語中的意義與價值層面這種試圖採取「價值中立」立場的研究是無效的。所以，不管怎樣來理解自己對這種闡釋立場的選擇，實際上都等於自覺放棄了對古文論意義與價值層面的言說權利。我們常常聽到古代文論的研究者們宣稱自己奉行客觀主義或歷史主義的闡釋立場，為研究而研究，至於有什麼用的問題，被認為是沒有意義的。實際上，這種態度背後隱含著一種無可奈何的心態：實在是找不出這種研究的實際用處。

如果我們不願意將古代文學思想材料僅僅當做文物古董，而是還將其視為一個意義系統或價值系統，而且還認為這個系統作為人類在特定歷史階段、特定條件下有幸實現出來的潛能對今天甚至未來人類的生存依然具有重要性（就像古希臘的精神對於現代人來說依然具有重要性一樣），那麼，考古式的或實證主義的研究顯然就遠遠不夠了。面對古人蘊涵於文學思想話語中的精神的或意義的空間，我們必須採取多元綜合的研究方法，就是說，除了對其知識層面進行客觀的梳理之外，還必須對其意義系統、價值系統予以闡發——依據今天人類的生存境況和精神困境，對前人開出的精神空間進行審視，以研究的方式求教於古人，藉以豐富我們日益枯萎的精神世界。如此則研究本身即是生成新的意義的過程，即是提升我們精神品位的過程，這樣的研究才是具有「生產性」的：它不獨具有知識論層面的意義，而且有生存論層面的意義。基於這樣的闡釋立場，我們的研究就必須將文論研究與整個古代文化的研究聯繫起來，將理論分析與體認涵泳結合起來，將對觀念形態的文論話語的關注與對古人生存狀態的考察統一起來。

　　古代文學思想的問題實質上乃是整個中國古代文化所面臨的共同問題。如果說中國古代文化中蘊涵著的許多生存智慧由於古人與今人在許多生存問題上面臨著相同或相近的問題故而至今依然具有重要意義，那麼，古代文論話語所蘊涵的那些與直接的功利目的相去甚遠的精神內涵，更應具有永久的魅力。事實上，現代中國人的審美趣味在很大程度上還是與古人一脈相承的。唐詩宋詞所呈現的意義維度依然在我們的精神世界中佔據重要位置。這就是傳統的力量。正是傳統的統合性使我們發掘古代文學思想話語的意義與價值層面不僅是可能的而且是必要的。

　　同樣，也正是因為古代文學思想是整個古代文化精神的結晶與昇華，也就決定了我們的古代文論研究不應該成為孤立的、封閉性的研究，而必須成為綜合性研究——在對古代文化學術的整體性考察中確定文論話語的意義。這裡的關鍵在於：不是簡單地將古代文學思想話語僅僅當做一種知識系統，而且更視為一種活的精神，一種生存智慧，即超越現實、提升心靈的方式。這樣的一種闡釋態度就要求古代文學思想研究不能夠僅僅停留在梳理史實的層面上，還要對其意義與價值進行闡發。當然，任何闡發都不可能是對文本原有意義的簡單再現，這裡的確有一個「視界融合」的問題。闡釋者依據自己所面對的生存問題對古代意義系統予以闡釋，這本身就是一個生成新的意義的過程。因此，我們完全沒有必要從一種簡單的實用主義的角度出發去要求古代文論研究具有什麼實際的用途，也沒有必要借助於古代文學思想話語建構什麼中國式的文學理論體系。只要不將自己的研究局限於實證主義的層面，只要關注意義與價值的闡發，那麼古人開創出的精神空間就會自然而然地得到傳承。從這個意義上說，研究的意義就在研究過程中存在。

　　在經濟與科學技術領域全球化進程似乎是不可逆轉的趨勢，而且

其速度日益增加著。但說到精神文化領域，情況就複雜多了。在這裡是否真的會出現全球化也還是值得探討的問題。如果從比較樂觀的角度看，則人類通過長期交往與合作，會漸漸形成越來越多的文化共識（如全球倫理之類），各民族文化彼此吸收、相互理解。在這一過程中，博大精深的中國傳統文化將扮演一種極為重要的角色，而古代文論也將隨之成為人類共有的、有意義的文化遺產。

第一編
史前時代的審美現象

第一章
彩陶時代的審美現象

　　在距今一萬年左右的時期，隨著全球氣溫的變暖，原始先民進入了新石器時代。新石器時代磨製石器取代了打製石器，開始出現原始農業、製陶業，出現了玉器、骨器以及金屬器的製造業，出現了城池邑落、開始使用文字等。

　　中國是世界上著名文明古國之一，地處歐亞大陸的東南部，地理位置特殊，自成一個獨立的地理單元。根據地質學的研究，從第四紀起，由於印度板塊與大陸板塊的相互擠壓，使得整個青藏高原不斷隆起，從而造成中國西高東低的三個階梯式的地貌格局。這樣「中國的地形就像一個大坐椅，背對歐亞大陸而面向海洋，它的四周為高山、大川、沙漠、海洋所環繞，從而形成了一個獨立的地理單元，在交通不發達的情況下，很難同境外發生文化交流，因而中國史前文化基本上是在本地起源和獨自發展的，文明的發生和早期發展也基本上是在沒有外界重大影響的條件下進行的。」[1]在這樣一個階梯式的結構中，史前各個區域的文明相繼發祥發展。

　　隨著考古發現數量增加和認識的深入，人們將新石器時代大致分成早期、中期、晚期和銅石並用四個時期。新石器時代早期，根據幾個遺址碳十四年代資料測定，其年代大約在西元前八千年上下，甚至更早。新石器時代中期的考古文化比較多，有磁山文化、裴李崗文化、老官臺文化、北辛文化、興隆窪文化、皂市文化、城背溪文化、

---

[1] 嚴文明：《中國文明起源問題的探索》，《中原文化》1996年第1期。

河姆渡文化等。根據碳十四測定，其大致年代約在西元前七千年至西元前五千年之間。新石器時代晚期發現最早的是仰韶文化，後來陸續發現了黃河上游的馬家窯文化，黃河下游的大汶口文化，遼河流域的紅山文化，長江中游的大溪文化和屈家嶺文化，長江下游的馬家浜文化和良渚文化以及南嶺一帶的石峽文化等。根據碳十四測定大致年代約在西元前五千年至西元前二五〇〇年之間。銅石並用時代的文化主要是指龍山、客省莊、齊家、石家河、陶寺、造律臺、王灣三期、後崗二期及老虎山等考古學文化或文化類型。銅石並用時代諸文化的共同特徵是已開始有了少量小型的銅質工具。根據碳十四測定，這個時期大約在西元前二五〇〇年至西元前二千年之間。

中國新石器時代持續時間長達七八千年之久，境內的考古文化遺址遍布各地。綜而觀之，主要有以下幾個區域：（一）分布於黃河中游地區，即包括在陝西、甘肅、山西與河南西部地區的從前仰韶文化時期的老官臺、裴李崗、磁山到仰韶文化、中原龍山文化各階段的系列。（二）分布在黃河下游山東、江蘇北部及河北一帶，以山東半島為中心的從北辛文化到後崗一期再到大汶口、龍山文化的系列。（三）分布於長江中游地區，從皀市（城背溪）、大溪、屈家嶺文化，再到石家河文化的系列。（四）分布於長江下游地區，從河姆渡文化到馬家浜文化、崧澤文化再到良渚文化的系列。（五）分布於甘肅、青海地區，從馬家窯文化到半山、馬廠文化再到齊家文化的系列。（六）分布在今內蒙古的東南部和遼河上游大凌河、西拉木倫河一帶的從興隆窪文化到紅山文化一帶。

黃河中游地區主要分布著仰韶文化。仰韶文化一般認為是從老官臺文化發展而來。老官臺文化，主要分布在今天渭水流域。老官臺文化和發現在河北的磁山、河南的裴李崗文化遺址被稱為「前仰韶文化」。在這個時段裡，近年來又有不少的發現，如在河北省徐水縣境

內發現的南莊頭遺址，在河南中部舞陽縣賈湖發現的與裴李崗文化類型比較接近的賈湖遺址，在河南新鄭唐戶發現的新石器時代遺址等。其中南莊頭遺址的時間距今一萬年上下，比磁山遺址時間還要早。「前仰韶文化」中的裴李崗文化是值得我們關注的。在裴李崗的文化遺跡中發現了大量的石器和骨器以及陶器，顯示了早期由舊石器向新石器時代的邁進。其中骨器裡發現的一批骨笛，不僅製作精良，也反映了古人較高的音樂才能。仰韶文化因其遺址最早發現於今天河南省澠池縣仰韶村而得名。仰韶文化又分為許多類型，比如半坡類型、廟底溝類型、秦王寨類型等。仰韶文化中典型的器物是彩陶，早期的陶器用泥塑或泥條盤築的方式，後來發展到慢輪製做法。主要以夾炭陶和夾砂陶為主。在陶器的表面繪有豐富的紋飾，顯示了原始先民早期的審美意識。其中人面魚紋彩陶盆、彩陶葫蘆瓶、鸛魚石斧彩陶缸等都是其中最具代表性的器物。

　　黃河下游地區最早的主要是北辛文化遺址。北辛文化之後是後崗文化，後崗文化遺址的時間與半坡類型相同。後崗一期在河南濮陽西水坡發現的龍虎蚌塑最引人關注。到後崗二期文化，遠古文明進入了大汶口文化、龍山文化時期。大汶口文化在陶器製作方面，除了繼承先前的陶器製作方式有不少彩陶之外，開始出現部分的黑陶製品。這個時期豆形器和擬形鬶是其中比較有特點的器物。大汶口文化還發現了一種鑲嵌松石的骨雕筒，顯示了原始先民裝飾意識的加強。大汶口文化發現的刻有特殊刻畫符的陶尊也引起了考古學界和語言學界的廣泛關注。陶尊上的類似「日月山」（「日鳥山」）的刻畫符被認為是較早的類似文字的符號，為理解後來的甲骨文提供了條件。整個黃河下游地區文化系列的高峰是龍山文化。龍山文化以發現在今天山東省章丘市龍山鎮城子崖而得名。龍山文化又分為河南龍山文化和山東龍山文化。典型的龍山文化分布在泰沂山地周圍。龍山文化時期最具有代

表性的器物就是黑陶製品，尤其是油光發亮的蛋殼陶。山東鄒平丁公龍山城址出土的陶字刻片也很重要，反映了原始先民從繪畫向文字邁進的步伐。

甘青地區的新石器時代文化也取得了輝煌的成就。其中最有代表性的是馬家窯文化。馬家窯在甘肅東部，此地是受仰韶彩陶文化影響的區域，彩陶藝術十分發達。在青海大通上孫家寨遺址出土的舞蹈紋彩陶盆和青海同德宗日遺址出土的彩陶盆是馬家窯文化的重要器物。除了動感的紋飾線條變化之外，其繪畫的舞蹈圖案最能表達歷史信息。馬家窯文化的後繼者是半山、馬廠文化，之後又發展為齊家文化。齊家文化最大的特點是發現了大量的青銅器製品，如銅鏡、銅指環、銅斧、銅鑽頭等，數量遠遠超過同期中國境內的其它所有考古遺址。二〇〇六年青海大通長寧遺址的發掘，為加深認知齊家文化提供了寶貴的資料參考。在齊家文化、辛店文化、寺窪文化中，各類骨質、玉質裝飾品的大量出現也是非常值得關注的一種現象。對裝飾品的偏好，也反映了這一文化區域的人群對美的追尋。

東北地區主要以紅山文化為代表。整個紅山文化的時間大體上與仰韶文化相當，並受到後者的影響。紅山文化前段，有趙寶溝文化、富河文化、上宅文化、新樂文化等七種類型。紅山文化以各種形制獨特的玉器和女神廟最為出名。已發現的幾處遺址共同的特徵是都有類似「壇」的祭祀建築，壇內或旁邊有墓葬現象，規模上大小不同。其中規模最大的是發現於遼河建平、淩源交界的牛河梁遺址，神廟、祭壇、積石冢三者齊備，以「女神廟」為中心，周邊數公里範圍內分布著多處積石冢。紅山文化中體現出的宗教意識相當明顯。

另外，屬於泛龍山文化範圍內的陶寺文化也是近年來發現的非常重要的史前文化。陶寺遺址發現了一大批重要的隨葬品，包括陶器、彩繪木器、玉石禮器、樂器、裝飾品和銅鈴等；在一塊陶器的殘片上

還發現了朱書文字。這些都向我們打開了一扇了解那個時代的大門。陶寺遺址中發掘出的迄今為止世界上最早的觀象臺最令人振奮，為我們了解那個時代的天文曆法的發展提供了重要的參考。

長江下游地區最早的考古文化發祥於杭州灣南北地區，杭州灣以南的浙江境內，有河姆渡遺址的發現；以北的江蘇太湖周圍，則有馬家浜、崧澤、良渚三個前後相繼的文化遺址的發現。河姆渡文化發現了稻穀遺跡，證明中國是世界稻作農業的起源地。河姆渡遺址出土的一個漆碗是最早漆器實物的材料，連體雙鳥太陽紋象牙蝶（鳥）形器的出土，反映了河姆渡先民在牙器方面的製作工藝，以及河姆渡先民的精神世界。良渚文化玉器精美絕倫，把玉器的製作技術推向了一個極高的境界。其中玉琮和玉璧等一些玉器上的獸面紋（也有人稱「饕餮紋」）對後來商代青銅器的紋飾影響深遠。良渚文化玉版上的文字同樣引起了考古學界的巨大關注。良渚文化和紅山文化在玉文化方面似乎存在某種關聯。近年來，浙江桐鄉姚家山的良渚文化貴族墓以及含山淩家灘遺址中發現了大量的玉器，更說明良渚文化在史前中國大地上的傳播。

下面就讓我們先從黃河流域的考古發現說起。

第一節　裴李崗的先聲

裴李崗文化因首次發現於河南省新鄭市裴李崗遺址而得名，這是二十世紀七〇年代在中原地區所發現的最早的一種考古學文化。

裴李崗文化的絕對年代最早在西元前六六八〇至西元前六四二〇年，距今約八六三〇至八三七〇年，最晚在西元前五三八〇年至西元前四九四〇年，距今七三三〇至六八九〇年，大約延續了一千年以上的時間。碳十四測定還表明，裴李崗文化的晚期絕對年代，與河南省

淅川縣下王崗遺址早期仰韶文化的絕對年代，即西元前五二一〇年至西元前四七二九年相銜接而又稍早於後者，其早期年代又比河北省徐水南莊頭早期新石器文化的絕對年代，即西元前七七四〇年要晚一些。裴李崗文化屬於中原地區新石器時代早期偏晚階段的遠古文化。

　裴李崗文化遺址出土的器物主要是陶器、石器和骨器。墓葬中出土的陶器以紅陶為主，灰陶和黑陶較少。根據 T305 出土陶片統計，泥質紅陶占陶片總數的67.89%，夾砂紅陶占29.36%，泥質灰陶占2.76%。器物胎質疏鬆，火候較低，有的陶片用手就可以捏碎，多數陶面為素面，有的經過打磨，少數飾有紋飾，紋樣比較簡單，多數隻飾劃紋、篦紋、乳丁紋、坑點紋和指甲紋，少數飾有拍印的繩紋，也有一些附加堆紋。在個別遺址內出土了少量的彩陶片，主要紋飾為彩帶。陶器的器型主要有小口雙耳壺、三足壺、敞口缽、三足缽、深腹罐、平底碗、杯和鼎等。器物種類少，而且形制比較簡單，尤其以小型器居多，只有少數較大型的器物，主要是一些較大的罐。製作技術水準也不是很高，一般為手製，小件用手捏塑而成，大件則採取了泥條盤築的方法。儘管這個時期的陶器製作技術還不高，但是對黏土的選擇、配料和加工、燒製，說明裴李崗人已經初步認識到黏土的本質，並懂得通過高溫化學變化改變它們的本質。如圖1-1、圖1-2、圖1-3所示器物，都是裴李崗出土的器物。

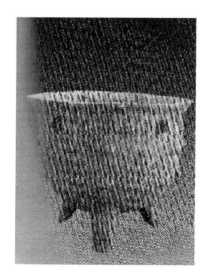

圖1-1　三足鼎（裴李崗遺址出土）

　這幾個器物中，圖1-1為三足鼎器，圖1-2為小口雙耳壺，圖1-3為

三足缽。它們的胎質比較疏鬆，除了第一個三足鼎裝飾有不規則的三排乳釘外，其它表面均為素色。從製作工藝來看古樸原始，真實再現了當時人的生活狀態。

圖1-2 雙耳壺
（裴李崗遺址出土）

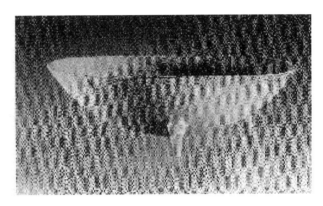

圖1-3 三足缽（裴李崗遺址出土）

裴李崗文化的骨器，在其晚期遺址有較多的發現。其中最具特色的器物是骨笛，在其它新石器文化中很少見。這類骨器，在汝州中山寨和舞陽賈湖遺址都有出土，其中賈湖出土尤多，共有二十五支。這些骨笛（圖1-4），很多為五孔、六孔、七孔和八孔。賈湖二十五支骨笛出土時均呈土黃色，原料為丹頂鶴類肢骨截去兩端骨關節，骨管形制中間微細而兩端微粗。一般骨壁比較薄，部分骨笛上還有刻符，是比較理想的發音管。在這些骨笛中，七音孔的骨笛多達十四件，其餘五音孔、六音孔和八音孔骨笛都各有一件。這些骨笛形制固定，製作規範，通體光滑，經常使用。經電子顯微鏡對標本 M344：五號骨笛音孔的孔壁碎片觀察，其孔徑由外及內，大小相近，孔壁陡直，孔壁上呈現的折紋非螺旋形，而是重疊的。可知當時的鑽孔方法，是用一種直徑大小一致的鑽頭來回摩擦而成的。這些骨笛不但能吹奏出完備的五聲音階，還能吹奏出六聲音階和七聲音階，顯示出了賈湖音樂文化的

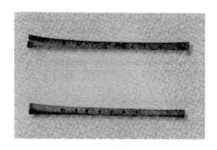

圖1-4　骨笛（賈湖遺址出土）

水準。這些被碳十四測定距今九千年的骨笛也震撼了音樂史學界。它們具有非凡的文明史、藝術史的價值。由骨笛可以推知有竹笛，有舞蹈，有宗教活動，有藝術生活和精神生活。這些骨笛出土的地區就是後來的鄭國。孔子說：「鄭風淫。」表明這裡是不同於傳統的新聲發源地。這些骨笛的外觀，表明鄭地音樂文化有著十分悠久的傳統。而且作為管樂的笛子，還與其它文化現象密切相關。

先秦時代的文獻經常談到「八音」、「八風」，而從《呂氏春秋》和《漢書・律曆志》等文獻中還可以看到，在度量衡的制定上，先民採取了聽從大自然的聲音的做法。《呂氏春秋・仲夏紀・古樂》篇載：「昔黃帝令伶倫作為律，伶倫自大夏之西，乃之阮隃之陰，取竹於嶰谿之谷，以生空竅厚均者，斷兩節間，其長三寸九分而吹之，以為黃鐘之宮，吹曰『舍少。』次製十二筒，以之阮隃之下，聽鳳皇之鳴，以別十二律，其雄鳴為六，雌鳴亦六，以比黃鐘之宮，適合黃鐘之宮皆可以生之，故曰黃鐘之宮，律呂之本。」意思是說黃帝時代，曾派樂官倫到崑崙山的某個特殊的地方取了竹子，作成律管。文中的「三寸九分」，據專家考證，應是九寸；[2]用這樣一段竹管吹音，再以鳳凰鳴叫之聲確定黃鐘律。雄鳥的叫聲為律，雌鳥的叫聲為呂。這樣的說法很神秘，因為鳳凰鳥現實中不存在。可是據音樂史家楊蔭瀏先生說，他曾在四川灌縣聽到過一種鳥的叫聲，可發出穩定的 G 調。[3]

2　陰法魯、許樹安：《中國古代文化史》第3冊，北京，北京大學出版社，1991，第70-71頁。

3　陰法魯、許樹安：《中國古代文化史》第3冊，北京，北京大學出版社，1991，第79頁。

可見《呂氏春秋》之說亦非純屬臆造。在一定的時令，因氣溫、氣壓等因素的不同，一個固定長度的律管吹出的聲高（音訊）也就不同，在中國的古代曾以此來確定時令。《國語‧周語上》有用瞽人聽協風以定春天節候之事，參之以《禮記‧月令》以宮、商、角、徵、羽五音定時的記載，可知有專業訓練的瞽人判定時節，就用的是吹律聽音的辦法。此即《律曆志》所謂：「天地之氣合以生風；天地之風氣正，十二律定。」一定時節的來到，空氣必然發生相應的變化，所以每年都可以用一個定長的律管判斷時令。反過來，一定的音訊音高，又可以決定律管的長度。《漢書‧律曆志》說：「度者，分、寸、尺、丈、引也，所以度長短也，本起於黃鐘之長。」就是這個意思。具體說，黃鐘律管九寸是標準長度，再加上一寸，即九分之一律管的長度，就是一尺。據《律曆志》，中國古代正是以律管長度為一尺下定義的，這很科學。現代的米制，即一公尺的長度的確定，是用光波在單位時間內的波長來確定的。中國古人用黃鐘律管確定一尺之度，雖不能做得像現代人這樣精準，卻深合科學原理。這裡的關鍵在於，古人為取得人間度制的最大客觀性，想到了在長度上取「法」於「天」。英國十二世紀曾以某王從鼻尖到手指尖的距離為長度單位，德國人曾以十六位先走出教堂的人的腳長之和的十六分之一為一尺（FOOT），與中國古人的相比，都顯得太主觀了。

　　竹管吹律，可以測定天時，可以確定長度，同樣，因竹管是空的，一尺之長的竹管可以為容積，這就是度量之量，《律曆志》所謂：「量者，龠、合、升、斗、斛也，所以量多少也。本起於黃鐘之龠，用度數審其容。」一段「黃鐘之龠」的容積，容以脫殼的黍粒，為一千二百粒。這一千二百粒的黍粒之重，重十二銖，兩個十二銖就是一兩，順次斤、均、石的權衡單位就得以建立了。這是何等精彩的度制觀念！現在，有考古發現，發現了時代古老的笛子，雖然兩者間

有骨製和竹製的區別（有學者認為，由骨笛可以推測那時就有竹笛），卻不足以否定中國古老的律曆制度是起源於吹風聽樂的，因為在那樣的時代，吹笛子是被當傳達上天聲音、神的聲音的巫術活動的。史書的記載說是竹製笛子，只是表明記載的晚出。考古的視野則使我們將追溯古老文化親緣的感觸，伸向了更為久遠的時代。

圖1-5　龜甲（賈湖遺址出土）

在裴李崗出土的文物中還有不少龜殼，也引起了人們的重視。（如圖1-5所示）有的龜殼的背甲和腹甲邊緣鑽有小孔，推測可能是用來懸掛的，龜殼裡邊還有石子、獸牙和雕刻骨器等，而置於死者脛骨之側。這些龜殼和石子的具體用途不清楚，但是推測它們與一定的巫術宗教儀式有關還是沒有問題的。《史記‧龜策列傳》說：「王者決定諸疑，參以卜筮，斷以蓍龜，不易之道也。」「王者發軍行將，必鑽龜廟堂之上，以決吉凶。」從以上記載可以推測這些龜骨上鑽的小孔，可能是曾經懸掛起來以此保祐人們出入順利之意。《周禮‧春官‧龜人》中也說「若有祭祀則奉龜以往，旅亦如之，喪亦如之。」足見龜甲用於占卜在中國古代已經有很久的淵源了，也可以推測把龜石看做通神之物並用來占卜這種習俗最早可以追溯到裴李崗時期。隨葬這些龜殼、石子的墓主，也應該是當時的巫師者流吧。

　　裴李崗文化各遺址中還出土了不少的石器，主要有打製、磨製和琢磨兼製三類。打製石器各個遺址都有出土，磨製和琢磨兼製石器是主要的。磨製石器一般比較精緻，多數通體磨光。

　　在石製的生活用具中，石磨盤及與其配套的石磨棒出土數量最多

（如圖1-6）。其特點是磨盤、
磨棒都是用矽質沙岩琢製而
成，平面上有故意擊鑿出的麻
坑，以增加摩擦力，利於穀物
的脫殼。兩端為圓弧狀，兩側
平直，腰部微凹，是由於長期
使用而磨損的結果。底部兩端
各有兩個對稱的柱足。磨盤的

圖1-6　石磨盤（裴李崗遺址出土）

大小，一般的長度在六十公分左右，寬三十公分，高十公分左右。磨
棒中間較粗，兩端較細，有的因使用而磨損，中間也略顯凹細。磨棒
的長短與其相配套的磨盤相應，一般的長度在三十公分左右，直徑五
公分左右。雖然這些石磨石棒是很實用的生活器具，沒有任何的點
綴，也沒有任何的擬象，一切出於好使好用，但仍散發出令人驚奇的
觀賞效果。首先是它的神秘。這種神秘倒不是因為它與什麼超自然有
關，而是看到它們就會驚奇：「它究竟是怎樣製作的？」在沒有任何
金屬工具的說明下，製作這樣精巧的器具，特別是那削磨出來的四
足，古人是如何做到的？其次是它的設計。平面與四足的結合顯示出
的安穩，橢圓的磨形，滾圓的石棒，平展展的磨面，為了保持穀物不
摻入沙塵而用四足增高磨面，整個製作工藝是這樣的合理，這樣的符
合生活，惹人愛惜，特別讓人有「試一試」的欲望。還有就是那因長
期使用而造成的磨損凹陷，更讓人發幽古之思。海德格爾因觀看凡·
高的「鞋子」而引發關於「大地」的深思，這磨損的石器，也讓人
思念起八千年前勞作的母親，還有她生活的大地、土壤和她手中侍弄
著的穀物。北方的中國文化是由粟餵養大的，粟是中國文化的母乳。
這件實用的器物所以具有藝術魅力，正在於它把我們引向了中國文化
的根源深處。

從大量的裴李崗時期的骨器和石器及陶器可以看出，處在原始狀態中的先民，儘管他們的生活處境不是很好，要面對來自自然界的不可預測的災難，但是他們依然灑脫自如。他們在勞動和生產中創造了音律、創造了形式、創作了自己的生活。他們用最原始最單純的方式表現著他們對自然的理解和對生活的熱愛。在他們手下任何一個骨頭、一個陶器，都鎔鑄著他們的審美感受。他們的石鏟、石磨盤等製作規整，磨製精細，既是很好的生產、生活工具，也是很好的藝術品，顯示出他們的精神及理性。他們的骨笛不僅製作水準高，而且風格洗練。他們的陶壺、陶罐、陶碗等形制規整，色彩均勻，表現出相當高的審美意識。隨著製陶技術的發展，裴李崗後來的陶器上裝飾紋也走向複雜和完善，由開始的單純的篦紋和篦點紋走向了「人」字紋和「之」字紋，甚至還出現了紅黃色的彩帶，足以展現他們的生活在不斷進步。

第二節　絢麗的彩陶世界

根據碳十四測定，仰韶文化略晚於裴李崗文化，大致經歷了兩千多年的時間。主要分布於黃河中下游一帶，以陝西渭河流域、山西西南部和河南西部的狹長地帶為中心，東至河北中部，南達漢水中上游，西及甘肅洮河流域，北抵內蒙古河套地區。在兩千多年的發展歷程中，仰韶文化的面貌不斷地發生著變化，在不同時間和地區呈現出明顯的地區差異。

仰韶文化對周圍的地區產生了深遠的影響。當黃河中游仰韶文化的彩陶藝術開始衰微時，黃河上游甘青地區的彩陶卻表現出絢爛多姿的風範，將中國史前的彩陶藝術推向了另一個高峰。甘青地區包括甘肅、寧夏、青海三省區，北與內蒙古自治區接壤，東鄰陝西省，南接

四川省，西連新疆維吾爾自治區，西南與西藏自治區為鄰，是通往中亞和西亞的必經之路。甘青地區的考古文化主要集中在甘肅東部和西部及青海東部。主要的遺址有東部地區的天水師趙村、西山坪和秦安大地灣遺址，西部地區的文化半山遺址、馬廠遺址和齊家文化遺址等。

　　新石器時期陶器的產生，翻開了人類用雙手、利用火創造自己的生活的嶄新一頁。從此一個更加絢爛、多彩的藝術世界出現了。陶器藝術在仰韶文化各個類型中都各有自己的紋飾母題和藝術風格。其中以半坡、廟底溝與大河村類型的彩陶藝術最具典型意義。

　　半坡類型的仰韶文化是在老官臺文化的基礎上發展而來的。半坡類型又分為前後兩段，其前段以臨潼姜寨村落為代表；其後段以「史家」類型為代表。在半坡類型中，最令我們驚豔的是彩陶。

　　這些盆的質地呈現磚紅色，陶面繪製有黑彩紋飾，紋飾的位置在盆沿、內壁或者外壁，而在另一些缽和細頸壺上，紋飾則多出現在腹部和肩部。紋飾的主題以魚居多，也有少量的鹿、鳥、蛙和人面紋。像圖1-7彩陶盆上的魚紋

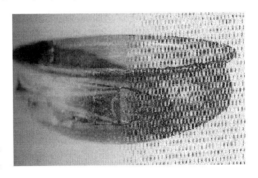

圖1-7　陝西西安半坡類型彩陶盆

飾就比較寫實，魚嘴微張，體態豐滿，尾巴舒展，顯得悠然自如，整個陶盆從質地到紋飾給人的感覺質樸親切。

　　「人面魚紋彩陶盆」（圖1-8）上魚的形象顯然是被抽象變形了。有人推測這裡可能是魚神的形象或者是人假扮魚神的象徵，也可能是與炎帝集團中一支魚氏族有關。當然，這都無法證實，但是，至少在這些簡單、純樸、活潑的藝術構圖中，我們發現魚是其中最主要的表現母題。

圖1-8　人面魚紋彩陶盆
（半坡遺址出土）

那麼，在仰韶文化半坡時期為何會出現如此之多的魚形象呢？有不少人傾向於這是一種圖騰崇拜。一般認為：從母系氏族公社起，每個氏族都用一種自然界中的動物、植物或非生物如石頭等作為本氏族的標誌，並認為這個標誌與本族有血親關係，稱自己為他們的親族，即圖騰。也就是說，在「半坡類型」這個階段的人群傾向於把魚作為與他們休戚相關的圖騰來尊崇。也有不少學者將魚和圖騰崇拜相結合。在四川巫山大溪新石器時代墓葬中，普遍用魚隨葬，或在死者胸部放置青魚，或在死者口角銜兩條魚，和人面魚紋的形象非常相似。這種口中銜魚的隨葬情形，用喬治・弗蘭克爾的解釋也許最為恰當，「人們依賴那些被獵殺的動物，它們在人類的想像中佔據重要地位。動物是重要的，人們渴望得到它們，愛著它們，因為它們供給人類食物。為了獲得食物就必須獵殺動物，但是這些食物不能含有動物的憤怒和痛苦，它必須是好的食物，不能是憤怒的食物。被殺死動物的靈魂必須得到撫慰，使它愛獵手，並且作為好的靈魂進入獵手體內。人必須確保體內的物體是好的，而不是憤怒的，是被認可和可以接受的。另外，人類要吃死去的動物，這樣能夠確保動物不會消失，永遠存在。通過對死亡動物靈魂進行儀式化表徵，使動物得以永生，並且永遠提供安全保障。動物會同時處於人類的體內和體外，在確定了其特殊地位之後，它將會變成好的具有保護性的靈魂。」[4]這種死者

4　〔英〕喬治・弗蘭克爾：《心靈考古——潛意識的社會史（一）》，褚振飛譯，北京，國際文化出版公司，2006，第85頁。

口中含魚的現象，顯然說明，人們不僅在生前把魚當做一種生殖崇拜的圖騰對象來看待，而且把這種對魚的依賴和敬重延續到生命結束以後。但是如果站在人類整個文明的進程來看，原因似乎並非如此單一。

根據眾多的考古發現，遠古先民一路走來的文明歷程，的確與大河長江密不可分。無論是黃河流域、長江流域還是遼河流域，都曾孕育了燦爛的史前文化。祖先在選擇他們居住的地方時，往往選擇依山傍水的地方，大多在河流旁的高地上建立他們的聚落。仰韶文化時期人們所處的自然環境，大致上是氣候溫暖的，草木豐茂，魚躍鳥飛。任何藝術都來源於生活。對身邊事物的認知，對自然的憧憬，對生活的理解都鎔鑄在了這個時期人們的靈魂深處，他們用最真實、最絢爛的方式在他們的藝術中表現了出來。所以，魚這一形象的大量出現，是與先民的生產、生活密切相關的，魚應該是他們生活中比較熟悉的一類事物。在中國傳統語境中，「魚」是用來代替「匹偶」或「情侶」的一個隱語，在聞一多的《說魚》中有比較詳細的論述。為什麼古人要用魚來象徵配偶呢？「除了它的繁殖功能，似乎沒有更好的解釋。大家都知道，在原始人類的觀念裡，婚姻是人生第一大事，而族群繁衍是婚姻的唯一目的，這在中國古代的禮俗中表現得非常清楚，不必贅述。種族的繁殖既如此被重視，而魚是繁殖力最強的一種生物，所以在古代，把一個人比作魚，在某一意義上，差不多就等於恭維他是最好的人，而在青年男女間，若稱其對方為魚，那就等於說：『你是我最理想的配偶！』」[5]這裡，聞一多將魚和生殖的觀念聯繫在一起是有一定道理的。因為他的看法可以解釋在後代的文學作品特別是那些表現男女性愛的作品裡，何以有那樣多的關於魚的描繪。

5　聞一多：《聞一多全集》第一冊，北京，生活·讀書·新知三聯書店，1982，第134-135頁。

　　從藝術構圖角度看，圖1-8中人面魚紋彩陶盆上面的圖案具有強烈的幾何色彩。在關於彩陶藝術起源問題的研究中，有一種爭議：是幾何紋飾早還是象形紋飾早？徵諸各種彩陶藝術的實際，似乎不存在這樣的問題，一開始，就是幾何紋與象形紋交錯混雜，不分彼此。但是，從認識的發生角度而言，人們是從具體事物感受到點、線、面的幾何圖景，但是，要表現具體事物，必須要以點、線、面、高、低、長、短等為座標、為尺度才行。表現在彩陶藝術，就是幾何圖案不僅與象形圖案共存，而且制約象形圖案描繪的情況。圖1-7中的魚，它的寬大的頭部，長而直的鰭刺，都帶有明顯的幾何線條特徵。特別是圖1-8中的人臉，幾乎是圓形的，而作為人臉裝飾的魚，抽象地看，就是各種各樣的三角形。這一點，關係到後來彩陶圖案的藝術走向，如後來甘青地區馬家窯文化，其彩陶圖案高度抽象、崇尚旋轉的特徵，就是承著仰韶彩陶圖案的幾何構圖而來的。

圖1-9　紋彩陶葫蘆瓶
（陝西臨潼姜寨遺址出土）

　　圖1-9陶瓶表面所繪圖像以魚紋和鳥紋為主，其質地和色彩以及繪製手法和半坡類型有相似之處，所不同者，它的藝術內涵更加豐富。兩條相對的魚，以黑色的色塊間隔開，魚的形狀是豎立的，為的是與瓶的整體造型取得協調，但是圖案中的鳥卻與兩條魚大致成九十度角關係。遠古的藝術家將魚和鳥放在同一個畫面上，要表達什麼還不清楚。但卻可以讓我們聯想到「關關雎鳩，

在河之洲」的光景，也許是在表現河流水洲魚游水、鳥棲息的共生情形吧。圖案整體的效果是黑色塊與黃色相映，虛靈的線條與實在色塊相對。圖案的感覺效果有明有暗，有實有虛。當然，最大的特色是它葫蘆形的構型。在漫長的原始生產方式中，原始先民為了不斷獲得生產和生活資料，不斷向周圍的空間拓展，對於他們而言，任何對世界的感覺和意識總是要與它的物化形態相關聯的。因此，在製造工具的最初，空間意識不斷地體現在原始先民對三維體積造型的把握和掌控中，就如同這個葫蘆瓶。如果從內涵看，葫蘆這個造型，在後來的發展中，往往和婚姻與仙丹等一些概念結合在一起。古代社會的婚禮中就有一項合巹禮，夫妻各持一半剖開的葫蘆飲酒以視禮成。《禮記‧昏義》中「合巹而酳」講的就是這個意思。葫蘆多籽，在婚禮中借用葫蘆飲酒也就很自然地和婚姻以及生殖緊密聯繫在一起了。在後來的發展中，葫蘆也被當做盛裝靈丹妙藥的器物，往往與某種具有特殊法力的人士結合在一起，其意義內涵更加多姿多彩。這樣，從廣泛意義上來看，葫蘆或者說葫蘆擬形器可能具有某種巫術禮儀上的特徵。

　　圖1-10的彩陶壺出土於北首嶺遺址，時代要較半坡晚些。這個有網紋裝飾的彩陶壺造型獨特，像船又像鳥，模擬某種事物形狀，又不著形跡，引人遐想。壺身有雙耳，壺腹部有整齊的網狀紋。整個壺形給人的感覺簡單而質樸，從正面壺身的網紋可以看出人們裝飾意識的增加，這也是較之半坡類型進一步發展的結果，至少說明人們在運用線條方面更加自如了。這種船形壺的構型和前面的葫蘆瓶一樣已經初步具有擬形器的某些特徵，完美協

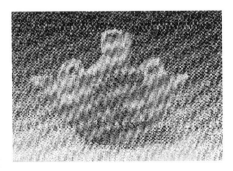

圖1-10　網紋彩陶船形壺
（陝西寶雞北首嶺遺址出土）

調了實用的和審美的關係，它對原始人來說是一種理想的器物，也是他們把對世界的認知對象化到器物上的一種反映，體現了人們對自然的掌握和對生活的探索，也對後來大汶口文化和龍山文化時期的擬形器的發展產生了一定的影響。

圖1-11　鴞鼎

（陝西華縣泉護村出土）

陝西華縣出土的鴞鼎，如圖1-11是一件典型的擬形器，古人的浪漫和天真在這件器物上得到充分展示。從藝術的分類上說，這件鴞鼎屬於雕塑，而原始雕塑又分獨立雕塑、器物附飾和擬形器三種。鴞鼎就屬於擬形器。這件鼎全體呈灰黑色，有兩個粗壯的鑿狀足，鼎腹圓鼓，鼎口隨著鴟鴞的造型呈現敞口狀，鼎身部分是一個鴟鴞的造型，敦實有力，鴟鴞的尖嘴和眼睛突出了它的猛鷙。整個器物的造型，特別是它那雙翅膀，好像在撲打，整個鼎器的形象塑造的是鴞從高空剛剛飛落地面，正要啄殺獵物的一剎那。桑塔耶那說，缺乏永恆性是一切自然美最可哀的缺點，模仿性藝術的長處在彌補自然美的致命缺欠。這件陶鼎，手法老練，塑造生動，善於捕捉事物瞬間的特徵，顯示出古人對周圍事物精細的觀察。是遠古時代將實用與藝術，將功利與趣味、精神完美結合的典範。仰韶文化時期的擬形器還不是很普遍，擬形器劇增並且千姿百態要到大汶口文化時期。

鴟鴞這種猛禽，在古老的蘇美爾人那裡被視為冥府的精靈；在巴比倫史詩《吉爾迦美什》中鴟鴞象徵禍患；在瑪雅文化中，鴟鴞是冥界和死亡的象徵，瑪雅人的死神哈恩漢（Hunhan）就長一副貓頭鷹面孔。在中國的古代文獻中，鴟鴞在一開始，被當做可以避邪之物來崇拜。在紅山文化遺址中也出土過玉製鴞形器，在殷商婦好墓葬中，也

出土了玉鴞、青銅鴞尊多件，其中一件玉鴞的頂部還有小的圓孔，是
懸掛用的。大凡在遠古時期，人們對於出現在身邊令自己驚奇、詫異
和恐懼的事物，大都抱有無限的敬畏之情。在西周以前，鴟鴞是被當
做避邪之物來看的，但這並不意味著當時的人們把鴟鴞看做是吉祥如
意的，製作它的形象，並且懸掛、佩帶它來避邪，可能就是因為害怕
它。就如同人們因害怕老虎、毒蛇而製作它們的形象一樣。把令人恐
懼之物視為神明，只說明人類的軟弱。這樣的情況早晚會改變。就鴟
鴞而言，西周以後被當做兇惡之物來加以表現，在《詩經》有明證。
《陳風・墓門》篇唱道：「墓門有梅，有鴞萃止，夫也不良，歌以訊
之。」將鴟鴞與墓葬及人的不良聯繫起來，清楚地表達了當時人們對
鴟鴞的看法。在《豳風・鴟鴞》篇中，更是將鴟鴞比作攫人幼子、毀
人家室的兇暴之物。在文獻記載之前千百年的文物裡，能夠看到更早
的鴟鴞，它的造型又是那樣的樸拙生動，特別能使人感受到古老文化
的源遠流長。

　　圖1-12的陶盆和圖1-13的陶缽屬於廟底溝時期的典型陶器。陶器
表面白色的底子，在上面繪有彩色的花卉。這種類型的彩陶稱為「白
衣彩陶」。盆形較半坡時期有了變化，成深曲腹、腹壁上部稍向盆口
收斂；整個裝飾壁面的面積較先前大了很多；所繪製的紋飾也較以前
流暢和圓潤，線條生動，色彩對比強烈，手法穩練。特別值得注意的
是圖1-12彩陶色彩的使用，白色底子上施以黑色和赭紅色的圖案，既
絢麗又雅致，給人夢幻般的感覺。在整個廟底溝類型的彩陶中，紋飾
多以花卉紋為主要母題，同時也有鳥紋、魚紋和蛙紋等動物紋飾。從
這些豐富絢爛的圖像中，可以明顯感到昂揚向上的生命律動；而且這
種律動感強烈的彩陶紋飾，又開甘青彩陶藝術的先聲。

圖1-12　弧線圓點紋彩陶盆　　　　　　圖1-13　彩陶缽
（廟底溝類型器物）　　　　　　（廟底溝時期大河村遺址出土）

　　在大河村遺址出土彩陶缽上，畫了很多光芒四射的太陽圖景，如圖1-14，有的還繪有「暈珥」之形，引起學術界注意，不少學者發表了意見。李昌韜對此論述說：「在出土的七片（經黏對後成五片）陶

圖1-14　大河村彩陶片

片上，還繪有一種引人注目的圖像：在光芒四射的太陽紋外邊，繪出對稱的弧形帶，弧端皆作圓點；弧帶外沿又繪放射的光芒。幾乎圍滿了兩弧，但到弧端圓點附近形成明顯的空缺。這可能是一種大氣光學現象的反映。《呂氏春秋》上說『暈珥，日氣也。

環繞四匝曰暈，在日兩旁而內向曰珥。』我們初步認為這種圖像表示的就是暈珥。這些陶片出土於大河村第三期，都是泥質紅陶斂口圓唇鼓腹缽的殘片。器表抹光，塗白衣，施黑、紅或棕、紅兩彩。從陶胎的厚薄和陶色、彩色的深淺不同，可看出是三件缽的殘片。從殘片的口沿弧度計算出缽的口徑為二十四公分。每組圖像的夾角為九十度，因此一件缽的腹部一周可畫出四組這樣的圖像。」[6]彭曦則認為：「根

6　李昌韜：《大河村新石器時代彩陶上的天文圖像》，《文物》1983年第8期。

據大量的考古資料及竺可楨的研究，數千年前的『黃河流域年平均溫度比現在高二攝氏度，冬季溫度高三至五攝氏度，與現在長江流域相似』。又加之當時草榮木茂，植被覆蓋較今為憂，空氣濕度大，故有高空水蒸氣結成冰晶反射而形成的日暈或月暈，是常見的一種現象。位居黃河不遠的『大河村人』對這種天象是必然觀察到並注意到它的出現可能引起的天氣變化，所以才會在陶器上出現這種圖案。」[7]

在觀測太陽的同時，古人也在觀測星象。在大河村遺址還發現了不少繪有星座紋的泥製紅陶片。這件器物出於大河村文化四期。星座圖案是由三個或三個以上的圓點和直線、曲線連接組成，學者認為可能是北斗星尾部的形象寫照。《史記·天官書》中也說：「斗為帝車，運於中央，臨制四鄉。分陰陽，建四時，均五行，移節度，定諸紀，皆繫於斗。」這說明北斗七星斗柄指向的變化反映著節令的轉移。人們在自身之外，把對世界的眼光投向了宇宙，在那裡尋找自己生活的座標。中原地區是中國原始農業的重要起源地之一，人們在很早的時候就注意星空的變化是很自然的。根據所觀測的天象變化，合理安排農業生產，這在中國古代稱之為觀象授時，上述大河村等遺址發現的天象彩陶圖像，是我國迄今所發現的最早的天象圖案，它無疑說明中原地區早在仰韶文化時期已經開始了「觀象授時」的活動，它為中國古代天文學的產生奠定了基礎。

如果說上述的討論還是猜測的話，那麼，在山西西部襄汾一個叫陶寺的村子發現的觀象臺遺址，則確定無疑地證明了古人的這種對自然和宇宙執著的探尋。二十世紀七〇年代至八〇年代和二十一世紀初期在陶寺的兩次考古發現，震撼了學術界。考古工作者在這裡發現了目前為止世界上最早的觀象臺。古觀象臺的原理是用排列的牆縫，觀

7　彭曦：《大河村天文圖像彩陶試析》，《中原文物》1984年第4期。

察早晨初現的陽光以確定時令。考古工作者做推測性觀測試驗，還能
復原先民用以測定冬至和大寒兩個時令到來時刻的兩個牆縫隙。[8]以上
這些發現足以看出原始先民在最早的觀象授時方面的努力。這種對天
體的崇拜和對天道的探索，是中國先民追求「天人合一」的原始形
態。原始人類也在這種追尋中不斷修正自己和自然的關係，以創造更
文明的生活。

　　「鸛魚石斧圖」（圖1-15）陶畫代表著仰韶文化彩陶藝術達到了
高峰。整個圖畫繪製在一件陶缸的通體外壁上，畫面高三十七公分，
寬四十四公分，畫面占整個缸面的二分之一。畫中的鸛鳥直接用白彩
塗抹而成，不少學者認為這是中國傳統畫「沒骨法」的最早運用。鳥
的眼睛採用誇張的手法畫出，使本來很小的眼睛變大了，目光炯然。
畫中的魚和帶柄石斧則是首先用棕色線條畫出輪廓，再往裡填白彩。
用勁拔的手法表現出了斧頭剛勁的質感和氣勢。不論是斧是鸛還是
魚，形體都圓潤流暢。整個畫面在張力中達到了平衡。鸛的身軀是雄健
的，雙腿直撐並略向後傾斜，以保持和魚的重量之間的平衡。被銜著的
魚，無力而直挺挺地垂著。一場力量對比懸殊的魚鳥之爭已經無懸念地結
束了。看那柄結實的大斧，它是被牢固地捆綁在木柄上，手把處又用繩索
緊緊纏著，線條整飭，斧把上法度森嚴的圖案，顯示著它與某種權力的關
聯。石斧的孔眼，柄上的符號等，都

圖1-15　鸛魚石斧圖
（閻村遺址出土）

8　宋建忠：《龍現中國》，太原，山西人民出版社，2006，第40頁。

表明畫家在用這些畫面形象準確地表達著什麼。表達著什麼呢？線條整飭而簡潔的畫面，讓人不由得想到權力，想到征服。

　　這個畫面突破了以往彩陶單純反映自然景物的內容，在簡練的構圖中述說了一個遙遠的故事，一個古老生活的情節。有考古學者認為，白鸛銜魚是鸛鳥圖騰的氏族部落戰勝或征服魚圖騰部落的象徵性圖畫。繪畫的陶缸是用做成人遺骨的葬具的，同類的陶缸大都沒有彩繪，因而這個僅見的陶缸內的殘骸，被認為是鸛鳥氏族部落的首領的遺骨。鸛鳥嘴裡叼著魚是為了紀念它在對異族的戰爭中所建立的功績的，旁邊豎立的蒼勁的大斧則是其權力和身分的象徵，充分體現了死者生前身分的尊貴。同時，從這個畫面的故事中，我們也可以看出當時社會部落戰爭的影子。戰爭是社會發展的表現，至少說明當時權力已經進一步強化。

　　總結仰韶文化彩陶圖案的發展，早期還繼承著裴李崗文化晚期的傳統，在陶器上繪製簡單的條狀或圓點紋飾，進入仰韶文化中期，繪畫方面產生了質的飛躍，達到了一定的水準。人們開始在陶器上施加紅色、白色、淺黃色陶衣，然後繪以黑色和棕色的圖案，圖案的內容比較寫實，大都是當時人們熟悉的形象。像在大河村二期和廟底溝一期的許多的草葉紋和花卉紋，大河村二期出現的梳箆紋，廟底溝一期出現的由圓點、渦紋和弧線三角組成的水波紋飾，線條都非常流暢。這表明原始先民在長期的生產和生活中，不斷抽象出高於生活之上的形象再現生活的世界。仰韶文化晚期，彩陶藝術在題材內容和繪畫技法上有了進一步的發展和變化，出現了天象、動物和幾何形網狀方格紋飾，大量的幾何形圖案的出現，說明這個時期人們已經開始突破先前的寫實風格，向圖案裝飾發展。在陶器上通體繪畫，也是這個時期彩陶的一個新的特點。二方連續圖案和平行直線的出現，說明這個時期已經出現「輪繪」畫法。「一般的繪畫，都是手動，被畫的裝飾物

不用動。而彩陶的畫法則正好相反，大部分是手不動，或只作上下、斜形、弧形等簡單的機械運動，它的直線既不靠直尺，它的曲線也不靠圓規，主要是靠陶坯本身在輪子上作圓周運動。因此這種方法畫出的圖案，就產生了與其它圖案迥然不同的效果。其中彩陶上以點定位的二方連續圖案組成的格子，成了以後各種圓形器物和其它工藝品裝飾的主要格式。」[9]可以看出，到仰韶文化後期，製陶工藝和輪繪藝術已經取得了很大的進步。在彩陶繪畫上表現出來的嫻熟與融合，使得這個時期的陶器在藝術表現上具有較強的圖案性和裝飾性。

現在我們繼續來看甘青地區的彩陶。

圖1-16　魚紋彩陶瓶
（甘肅秦安王家陰窪出土）

圖1-16魚紋彩陶瓶發現於甘青地區。從風格判斷，應該屬於仰韶時期文化的器物。表面繪有形象的魚紋，很具寫實性。它和陝西地區仰韶文化半坡類型相似，但也有不少差異。雖然都是以魚紋為主，但是在風格上表現出了更多的自由性和線條感。它描畫了魚的翻轉、躍動，突出了魚的鰭和翅，顯示的是力量和接觸它具有的危險性。器物圖案的意蘊，似乎不是多子的祈求，而是在表達對某種威力的崇敬。

圖1-17是一個人形彩陶瓶，單從構型來看，在陝西臨潼姜寨遺址也有發現。彩瓶都是葫蘆形的，也是比較早的一類擬形器。但是，眼前這個彩瓶的不同，在於瓶口的部位是個女性的人頭形狀。人頭形的出現，使得整個彩瓶有了活力和生趣。頭像的頭髮刻畫得具體形象，

9　李湘：《試析仰韶文化的泥料、製作工藝、輪繪技術和藝術》，《中原文物》1984年第1期。

臉頰飽滿，雙眼和嘴被雕成孔，雙耳的
耳垂有穿孔。頸部以下為陶瓶的器腹，
兩端收斂，腹部圓鼓，呈現紡錘狀。頸
腹部大部分在塗有淺淡的紅色陶衣底子
上，用黑彩畫三橫排大致相同的圖案。
瓶腹上原有雙耳，已經殘缺了。如果說
在姜寨發現的葫蘆瓶蘊涵的生殖和巫術
的內涵還比較隱晦的話，那麼這個人頭
形的彩瓶對生殖的強調似乎更加明顯
了。它的小頭和它的鼓腹形成了強烈的
反差。在圓潤流暢的腹部線條中，我們
似乎也看到了一種蓬勃的生命力在它體
內孕育著。

圖1-17　人頭形器口彩陶瓶
（甘肅秦安大地灣出土）

　　還應該注意的是彩陶瓶的腹部圖案被安排在三橫排大致相同的空
間裡。這使得整個圖案的對稱感加強了。橫線劃分的結果，是全部圖
案形成若干不同的區域，陶形女子的頸部和腹部明顯地分開，腹部又
分成上下兩半。整個圖畫顯得更加飽滿和圓融，增強了藝術表現力。

　　在遙遠的古代，尤其是那個「知其母不知其父」的母系氏族社
會，對種族繁衍的願望，對大地豐產的感激，對美好生活的祈求，構
成了對女神崇拜的原初內涵。在《詩經‧大雅‧生民》中也記載了女
神姜嫄生育周族始祖后稷的情況，「厥初生民，時維姜嫄。生民如
何？克禋克祀，以弗無子。履帝武敏歆，攸介攸止，載震載夙，載生
載育，時維后稷。」后稷是後代社會的農業神，所以，姜嫄就不僅僅
是始祖的母親了，更是後來孕育大地的女神。像這樣對母親女神崇拜
的例子，在不同時期、不同地域的文化裡都有反映，其中所凝鑄的觀
念形態始終貫穿著一脈相通的東西：生育。

　　圖1-18、圖1-19兩件彩陶盆是甘青地區馬家窯文化的典範作品。
兩個彩陶盆呈橙黃色，彩繪是黑色的，彩繪的部位在陶器的口沿、腹
部和內壁。紋飾主要是繩紋、波浪紋、平行紋和舞蹈紋，尤其腹部的
三條近似平行紋的紋飾很有動感。彩陶盆最引人注意的是舞動女子的
圖案。圖1-18中，彩陶盆的內壁有三組五個手把手跳舞的女子。圖1-
19則繪有兩組分別為十一位女子和十三位女子手把手跳舞的圖案，舞
者動作一致，極富韻律，有強烈的節奏感。她們出於什麼目的在舞
動？有學者從彩陶盆內外表面的平行線和其它紋飾入手，認為大圓圈
紋及鋸齒紋是雷霆閃電的象徵，平行線紋是雲氣的一種圖樣。從古文
字和文獻資料來看，甲骨文的「氣」字字形為「☰」，即作平行線形
狀。《說文解字》中也說：「氣，雲氣也，象形。」在中國古代哲學觀
念中，氣是生成萬物之物。這樣的話，陶腹上的平行線就與雷電雲雨
崇拜的原始宗教觀念有關了。風和雷電是與雨相關的自然氣象，在後
代的許多有關風、雨、雷、電的卜辭，都是以祈雨為目的。在陶器口
沿上的豎畫平行線紋，有人認為是對「水從雲下」的雨的描繪。這就
是說，女子成排舞蹈的圖案，就是古老祈雨儀式的寫照。

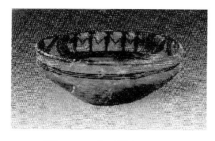 

圖1-18　舞蹈紋彩陶盆　　　　圖1-19　馬家窯文化彩陶盆
（青海大通上孫家寨出土）　　（青海同德宗日遺址出土）

　　如果不從舞蹈女子周圍的圖樣考慮問題，也可以做其它解釋。例
如在今天四川、湖北交界地帶，就有慶祝豐年跳草裙舞的習俗。彩陶

盆上成排成組的女子舞蹈的圖景，也是可以做這樣解釋。我們知道，舞蹈在中國遠古時代不是單純的跳舞活動，它往往和巫術禮儀結合在一起。舞蹈最初的目的不是自我取悅，而是用來悅神的。人們在一種亢奮、激越的狀態中達到了與神的溝通和交流。但是，歡慶之情，祝願之情，不正是這些活動的精神內核嗎？更重要的一點，彩陶盆的圖案還表達著蘇珊·朗格所說的一種現實：「它是人類超越自己動物性存在的那一瞬間對世界的觀照；也是人類第一次把生命看做一個整體——連續的、超越個人生命的整體，這生命榮衰有期，取養於天……人們根本沒有感覺到是舞蹈創造了神，而是用舞蹈對神表示祈求、宣布誓言、發出挑戰和表示和解，這要看情況而定。世界的象徵，即用舞蹈表示的王國，就是這個世界。而舞蹈則是人類精神在這個王國中的活動。」[10]

與彩陶中的舞蹈相關，甘青地區還發現了不少的樂器。最有特點的就是彩陶鼓，圖1-20彩陶鼓就是其中一個。彩陶鼓中間部分呈現筒狀，兩端開口，分別作罐形口和喇叭口。口的內側各置一環耳，兩相對應，在一條直線上。在喇叭口的內側設有六個（有的是七個）鷹嘴的突鈕，是用來繃獸皮的，兩端的環耳是用於繫繩懸掛在身上的。鼓的表面繪有鋸齒紋樣。彩陶鼓長三十五至四十二點九公分。這樣的鼓在古代是很難得的實物

圖1-20　彩陶鼓
（青海民和陽山出土）

---

10 〔美〕蘇珊·朗格：《情感與形式》，北京，中國社會科學出版社，1986，第217頁。

標本。最初在裴李崗時期文化中發現的骨笛，揭開了原始先民音樂的華麗樂章。到馬家窯時期的這個彩陶鼓，無論是從形制還是從器物表面的紋飾來看，都取得了進一步的發展。在古代的一些文獻記載中，我們可以看到這些器物大都與巫術有關，是儀式中最常見的。這些鼓的發明者和最早那些骨笛的發明者一樣，應該是一些巫師人員。鼓往往在戰爭和宗教儀式中發揮著重要的作用，大量的考古資料表明：新石器時代出現有鼓的，隨葬品一般比較豐富，墓主有較高的社會地位，很可能就是從事巫術活動的人。這些陪葬品，表明的是他們所獲得的社會權利。

在談仰韶文化彩陶時曾說過，器物圖案的構形是象形紋飾與幾何紋飾相結合，並且後者強烈地規約著前者。在屬於甘青地區的馬家窯文化彩陶中，幾何紋飾的彩陶藝術獲得極致性的發展。圖1-21、圖1-22所顯示的，兩個圖案整個的畫面捨棄了塊狀的形象，把線條上升到絕對的地位。圖案中有葉脈，有波紋，但是畫面的主體絕對不是要表現它們，而是運動，是均衡的有節奏的運動感。帶狀的線紋和圓形的圖案的組合，就是用線帶動面，那圓也不是實的，或者是螺旋狀，或者是十字狀，都不違背營造運動之感的要求。而圖案的節奏感就來自條狀的線和圓形的相對、相稱。有學者研究甘青彩陶幾何藝術的奧妙，得出結論認為，這裡的先民改變了仰韶文化時代四等分圓周的做法，而是採用了三等分圓周，然後再用層層放射鋪展的手法施繪，所以效果奇特。[11]同時，器物造型的優雅，彩繪給器物增添的質感，也是甘青彩陶藝術不容忽視的長處。出神入化，是甘青地區馬家窯彩陶藝術所達到的境界。

---

11 張曉凌：《中國原始藝術精神》，重慶，重慶出版社，2004，第78-79頁。

圖1-21　連旋紋彩陶甕
（甘肅永靖縣馬家窯文化遺址出土）

圖1-22　葉脈水波紋彩陶瓶
（青海民和仙核桃莊出土）

　　到馬家窯文化後期的半山——馬廠類型，彩陶的發展又出現了不少新的內涵。這個時期，彩陶器物的體積開始增大，壺、罐、甕一類的器物腹部力求鼓圓，這固然是為增加容積，另一方面是增加器物表面的彩繪面積。半山——馬廠類型的很多彩陶以粗線條勾畫輪廓，紋飾多網格紋、大圓圈紋、鋸齒紋、漩渦紋等與大圓圈紋交錯組合，有的還採用紅與黑二色的對比。從鋸齒紋等紋飾來看，這個時期的繪畫風格已經比先前剛硬了很多。半山類型彩陶中紅黑相間的鋸齒紋是這個時期特有的。到馬廠類型，鋸齒紋比較少見了，一些大圓圈紋的漩渦紋也不見了，彩繪的手法較之先前粗陋了很多。從這樣的變化可以看出中國史前的彩陶藝術在衰變。繼馬家窯文化之後，能代表甘青地區彩陶藝術的是齊家文化。齊家文化沒有將以前彩陶藝術的輝煌繼續下去，彩陶藝術開始衰落。但是，齊家文化中出現了青銅製品。一個新時代，即青銅時代已經臨近了。

第二章
宗教現象中的審美

第一節　大汶口文化
——禮敬朝陽

　　大汶口文化（西元前4300年至西元前2500年）因一九五九年在山東泰安發現的大汶口遺址而得名，分布以泰山地區為中心，東起黃海之濱，西到魯西南平原東部，北至渤海南岸，南及今江蘇淮北一帶，安徽和河南也有少部分該類遺存的發現。大汶口文化經歷了早、中、晚三期。早期基本上只分布於山東和蘇北地區，其南界不過淮河，向北到達魯北地區，西界在現今運河兩側，東至黃海。中期階段的分布範圍，南、北兩界無大變化，向西擴展的趨勢明顯。大汶口文化晚期，其分布已經向西擴展到淮陽一帶。

　　大汶口文化的中後期，一些中心聚落已經形成明顯的社會貧富分化，在一些大的墓葬中有大量的隨葬品，顯示著某種「誇豪鬥富」的現象。同時從隨葬品的文化屬性看，不同地區之間的交往日趨頻繁，文化走向統一的步伐越來越快。大汶口文化的器物，石器、陶器之外，還有較多的牙器、骨器等。在陶器中，酒器的比重較大，表明那個時代釀酒也已經相當發達。人們用酒來祭祀神，於是酒器就開始向後禮器發展了。禮器的初露端倪，正是從大汶口文化開始的。

　　大汶口時期陶器的色彩開始趨向黑亮，器型也經歷了由比較單一到風格多樣的轉變過程。這首先反映的是社會生產力的提高。根據考

古學家的研究表明，大汶口時期陶器顏色變化，主要不是取決於人們觀念的變化，而是陶窯的結構和燒製技術進步的結果。大汶口文化的紅、灰、黑三種顏色的陶器的燒製溫度相差並不大，最高一般都在900°C左右。「一般認為，紅陶是因陶土裡含有多量鐵元素變為氧化鐵而成。大汶口早期的陶器入窯後，窯室頂部可能不封口即點火，在燒製過程中，由於窯室內空氣暢通，陶土裡的鐵在高溫下得以充分氧化，變成了氧化鐵，氧化鐵是紅色的，早期的陶器因而多紅色和紅褐色。中期以後，由於陶窯改成了封口窯，當陶器達到燒成溫度後，從窯室頂部往窯內徐徐注水，使高溫下的陶器經歷了一次還原反應過程，導致陶器裡的氧化鐵變為氧化亞鐵，氧化亞鐵呈灰色，中期的陶器自然也就灰陶多一些。」[1]流行於龍山文化時期的黑陶，其端緒源自大汶口文化。同時，大汶口遺址中出土了不少白色的陶器。

擬形的陶器，是大汶口最富特色的製品。擬形器一般為酒器。這種酒器嘴流朝上，半環形把手，空心或實心的足。其中陶鬹大多數是橙黃色、橙紅色、乳白色或是白衣紅陶。大汶口文化最早出現的陶鬹，只是有流、扳手和三足的普通器物，後來逐步發展出模擬動物形象器物，例如豬形鬹、狗形鬹和鳥形鬹，數量大，種類繁多，各有特色。這種擬形器在仰韶文化和馬家窯文化中曾發現過，不過其擬形器是模擬葫蘆和人形的。由模擬人形和植物走向模擬動物，尤其是對豬、狗和鳥的模擬，反映了人們審美趣味的變化。

圖2-1那件黃陶鬹活像引頸長鳴的雄雞，圓鼓鼓的身體，精神飽滿，氣韻生動，憨憨的神情，透露出強勁的活力。它那上翹的嘴流部分，似乎有一種力量在延伸。器口的上揚，似乎要打破穩定三角結構的格局，但是，肥碩的主體部分，又將這種打破的傾向穩住了。肥碩

1　張江凱、魏峻：《新石器時代考古》，北京，文物出版社，2004，第135頁。

與挺拔，失衡與穩定，處處是張力，極好地表現了原始時代特有的生命精神。那件紅色的陶鬹（圖2-2），仔細看，長著豬的鼻子，可是它的總體形態卻不是豬，是仰天吠叫的狗。是豬非豬，似狗非狗，豬形

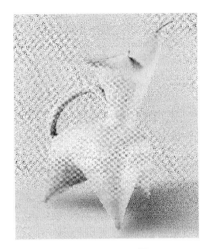

圖2-1　黃陶鬹
（曲阜西夏侯出土）

圖2-2　紅陶狗形鬹
（泰安大汶口出土）

而寓著狗的神情，正是大汶口先民造型藝術絕妙的大膽之處。從大量的出土之物看，大汶口先民對狗似乎都有特殊的感情。以狗隨葬和以狗為牲的遺跡在大汶口文化中發現是最多的，直接影響到商代葬制中以狗為牲的習俗。雄雞的引頸長鳴，很明顯，突出的是雄雞報時的特點。那麼，似豬似狗的仰天長吠，又意味著什麼呢？漢族民間傳說中有「狗吃月亮」的傳說。在藏族也有類似傳說：當日食發生時，是一隻似狗非狗的怪物吞下了太陽，這時候，人們為了挽救太陽，要把狗拋向天空。[2] 聯繫這些傳說推測，紅陶豬形鬹的造型可能與日食現象有關。如此，兩件鬹形陶器，似乎都與天象時令有關。但是，無論如

2　王政：《戰國前考古學文化譜系與類型的藝術美學研究》，合肥，安徽大學出版社，2006，第294頁。

何，這種高度發達的擬形器的製作，既顯示著今山東一帶的遠古先民造型藝術的嫻熟，也顯示著他們對周邊事物的細心關注。作為藝術品，擬形器是將生活的實用和審美的愉悅完美結合，作為一件人工製品，顯示著中國的先民特有的心靈，那就是對萬事萬物的親密感。

大汶口文化另一個值得關注的現象是陶尊上出現的類似「文字」的東西，它們引起了學術界的廣泛關注，如圖2-3。

在山東的莒縣陵陽河遺址以及諸城前寨遺址都發現了陶尊上刻有「🐛」的圖案。這樣的刻紋，後來陸續在大朱家村、杭頭、尉遲寺和堯王城等遺址的墓葬、灰坑和文化層中陸續發現，使大汶口文化出土陶尊文字的遺址增加到六處。研究表明，陶尊文字的時代屬於大汶口文化晚期，絕對年代在距今四八〇〇年至四六〇〇年。

因多處圖案顯示出高度的一致性，所以有人認為它們是由圖騰標記轉變而來的象形文字。有的學者注意到它們和商周時期的象形文字有相通之處，又有學者則認為它們與商周的甲骨文和金文的結構接近，因為它們只見於特定器物的特定部位，與金文在器物上的位置類似，它們是象形的，又有相當程度的抽象化，與一般的裝飾和圖畫不同。持這類觀點的人還認為，與大汶口文化相類似的圖像文字，在良渚文化、屈家嶺文化中也有發現，它們應是後來古漢字的基礎。至於「🐛」的具體含義讀音，有人解釋為「日、月、山」；有人解釋為「日、鳥、山」；于省吾先生在《關於古文字研究的若干問題》中認為，這個字上部的圓圈，像日形，中間的部分，像雲氣形，下面的部分，像山有五峰形。[3]順著這樣的思路，有人將這個刻紋解釋為「旦」或「昊」。在這些解釋中，對這個刻紋上邊部分是太陽的認知是一致的。

3　于省吾：《關於古文字研究的若干問題》，《文物》1973年第2期。

圖2-3　大汶口文化的「文字畫」集錦

　　也有學者並不急於把它解釋成某個漢字，而是把它當做一種綜合符號。認為「☺」及其諸多的變化形式，都在表達同一個主題，那就是太陽剛剛從山峰上露出來的那一刻，圖案上部的圓和中間月牙狀，是太陽和神鳥的結合體，表示太陽是飛翔的，就是說，它不是一個靜止不動的神。這裡的神鳥就是神話中「踆鳥負日」的「踆鳥」，就是傳說中的「三足烏」、「火鳳凰」；最下面部分帶齒狀圖案，則是山峰之狀。[4]筆者認為這一說法是合理的。一是因為它與古代的神話傳說相吻，也與古代東方對鳥的崇拜相符；二是古代觀測太陽運動，特別是日出，總是以山峰為參照，日出的地點不同意味著時節的變化，古

4　王大有：《龍鳳文化源流》，北京，北京工藝美術出版社，1988，第43頁。王永波、
　　張春玲：《齊魯史前文化與三代禮器》，濟南，齊魯書社，2004，第118-125頁。

人正以此確定時令。這一點，有山西陶寺天文觀象臺的發現為證。[5]
因此可以說，這樣的圖案，都是在刻畫這樣一幅情景：太陽在遠遠的
東方地平線上升起並朝著人類飛翔而來。這一類型的圖案，不僅大汶
口文化有，河姆渡文化也有，良渚文化也有（詳後）。這些時代大致
相同而又存在於不同地域上的同類圖案，又意味著什麼呢？回答是：
它們都是在表現一種艱辛的努力，一種我國古代先民特有的追求天文
曆法意義上的「天人合一」的巨大努力，這正是它們的精神之所在。
所有相同類的圖案的要點在飛行，正是中國古代對天體崇拜的總體特
徵：不是崇拜某個靜止的天體，而是天體的運行以及運行的秩序；對
太陽以及所有日月星辰的崇拜，都根本於這樣的含義：祈求風調雨
順。不要忘記，中國文化的誕生，是在一個四季分明的大陸季風氣候
區。只要農耕，就必須按時節耕種。於是自遠古以來，一個以追求天
文曆法為核心的文化線索就存在著，而且頗為清晰。對天時運行規則
的尋找本屬科學，但是在荒遠的古代，科學之追求，也往往表現為宗
教的熱誠。也正因對天文曆法追求混雜著迷信，巫師們才確定了自己
的權力，以此，宗教中心得以建立，最初的政治權力也以此為契機獲
得了發展。在河姆渡、大汶口以及良渚文化所發現的是遠古先民對天
文曆法追求的較早表現，這追求在以後還在繼續大踏步發展，千百年
後就有了陶寺文化遺址中科學含量很高的古天文觀象臺的橫空出世。
這條長大的線索，橫亙於紛紜複雜的考古現象之中，是一條飛舞於古
典的天文世界的巨龍，也是一條農耕文明開啟時代先民適應自然、創
造生活的精神巨龍。

　　這些圖案，與後來文獻記載的禮天祭日儀式是吻合的。甲骨卜辭
中也有大量的祭日的描寫，從中可見當時殷商之人對祭日活動高度重

5　傳世文獻也頗可證明這一點，如《楚辭‧九歌》中有《東君》一篇，就是寫太陽的
　　光芒照耀扶桑樹時，人們對太陽的熱烈禮贊，表達的也是對太陽初升時的重視。

視。《尚書‧胤征》中提到：「惟時羲和顛覆厥德，沈亂於酒，畔宮離次，俶擾天紀，遐棄厥司，乃季秋月朔，辰弗集於房，瞽奏鼓，嗇夫馳，庶人走，羲和屍厥官，罔聞知，昏迷於天象，以干先王之誅。」是說羲和之官，因「昏迷於天象」而被殺，可與甲骨文相印證。我們說，大汶口的「🜚」符號表示的是早晨太陽的初升和對朝陽升起的禮敬，這也有文獻的依據。《楚辭‧九歌‧東君》唱道：「暾將出兮東方，照吾檻兮扶桑……縆瑟兮交鼓，簫鐘兮瑤簴。鳴篪兮吹竽，思靈保兮賢姱。翾飛兮翠曾，展詩兮會舞。」詩篇描述的是太陽升起到扶桑樹上時人們對它歌舞喧天的熱鬧禮敬。前面說過，太陽的初升可以確定時令，而一天之始也是從太陽初升起，這大概可以解釋古代人為什麼那樣重視對朝陽的禮敬了，而這樣的禮節、儀式，在《楚辭》中還可以看到它的孑遺。

先民既然把太陽的運行看做神鳥的飛翔，自然滋生了對鳥的崇拜。越來越多的人認為，大汶口文化盛行鳥造型陶器及裝飾的現象，正是生活在今東山一帶先民的神鳥崇拜的文化遺存。據學者研究，太昊、少昊都是以太陽為圖騰的。昊在古籍中常寫作暤，音同義通。太昊、少昊之所以稱昊，是代表太陽神。太昊風姓，風與鳳古同，所以太昊族為鳳族即鳳夷之裔。東夷民族的鳳即大鵬，是一種鷙類猛禽。少昊族的祖先也與鳳鳥有關。《左傳‧昭公十七年》記載：「秋，郯子來朝，公與之宴。昭子問焉，曰：『少暤氏鳥名官，何故也？』郯子曰：『吾祖也，我知之。昔者皇帝氏以雲紀，故為雲師而雲名。炎帝氏以火紀，故為火師而火名。共工氏以水紀，故為水師而水名。大暤氏以龍紀，故為龍師而龍名。我高祖少暤摯之立也，鳳鳥適至，故紀於鳥，為鳥師而鳥名。鳳鳥氏，歷正也。玄鳥氏，司分者也。伯趙氏，司至者也。青鳥氏，司啟者也。丹鳥氏，司閉者也。祝鳩氏，司徒也。鴡鳩氏，司馬也。鳲鳩氏，司空也。爽鳩氏，司寇也。鶻鳩

氏，司事也。五鳩，鳩民者也。五雉，為五工正，利器用，正度量，夷民者也。九扈，為九農正，扈民無淫者也。自顓頊以來，不能紀遠，乃紀於近，為民師而命以民事，則不能故也。」少昊族「鳥王國」的圖騰鳥都是候鳥，鳥所具有的物候作用，正可指導農耕生產，這應該是東夷人崇拜鳥的直接原因。這又與上文所說大汶口先民禮敬太陽精神上一致。

第二節　紅山文化
——祭壇、女神和玉龍

　　紅山文化是距今五六千年前的一個活動於燕山以北、大淩河與西遼河上游流域的部落人群創造的農業文化。因最早發現於內蒙古赤峰市郊紅山後遺址而得名。已發現的遺址遍布內蒙古東部、遼寧西部和河北北部的廣大地區，幾近千處。紅山文化分前期、後期，後期最大的特點是眾多宗教遺跡的發現。在遼寧阜新的胡頭溝，淩源縣城子山，淩源、建平兩縣交界的牛河梁以及喀左縣的東山嘴，都有這樣的發現。這些遺址的共同特徵是都有祭壇，壇的附近還有積石冢，只是規模不同，其中的牛河梁遺址規模最大，不僅有壇、冢而且還有女神廟。是壇、冢、廟三者齊備的一個大型宗教中心的遺址，巨大的女神像就在這裡發現。但是，在這些宗教遺址的附近並沒有發現居民遺跡。專家對此研究後得出結論：這些大大小小的宗教中心，是獨立出來的神靈的聖地，維繫的是不同區域內人群共同的精神生活。人們會定期來到這些勝地，舉行宗教儀式。[6]宗教活動、精神活動，把不同村落、不同地方的人群定期地凝聚在一起，這正是宗教的巨大的文化

6　晁福林：《夏商周的社會變遷》，北京，北京師範大學出版社，1996，第67-68頁。

功能。紅山文化的這一切又決非孤立現象，在仰韶文化的西水坡四十五號大墓，在良渚文化的各種人工堆積的土丘，在馬家窯文化的秦安大地灣遺址，都可以看到新時期中期的宗教——精神中心的存在。正是它們所具有的文化力量，將不同家庭、氏族乃至部落的人們聯繫在一起，形成共同的文化區域，形成具有共同的信仰、共同的價值觀念的文化人群。是什麼力量讓人們塑造大型的神像，雕琢堅硬的玉石？正是這樣的精神力量。事實上，紅山文化——實際也包括良渚文化、龍山文化——最珍貴的玉器，也正是在積石冢中發現的。

　　強烈的宗教情緒，正是遠古雕塑藝術之母。紅山文化中的女神像就是如此。這樣的神像，在紅山文化遺址中並非僅見。在河北灤平後檯子紅山文化早期的遺址中出土了六件女性裸體石雕像，大約距今六千年前。其中比較大的一個高約三十公分，臉型豐滿，五官清晰，雙乳隆起，雙手交叉著放在腹前，明顯是孕婦的造型，表現出了人們對女性生育力的崇拜。她的雙腿束成榫頭狀，類似這樣的造型，不僅出現在石雕中，在陶塑方面也有類似的體現。遼寧喀左縣東山嘴遺址出土了兩件紅山文化的小型女性裸體紅陶塑像（圖2-4）。兩塑像一高一

圖2-4　孕婦小雕像
（遼寧喀左縣東山嘴遺址出土）

矮，頭部均已殘缺，僅存身體。矮的殘高五公分；高的殘高六點八公分。兩個都作倚坐姿態，手放在腹上，腹部隆起，也是孕婦的形象。更令人驚歎的是在遼寧凌源與建平兩縣之間的牛河梁遺址發掘出的女神廟遺址，以及大型泥塑女神群像殘件。整個女神廟呈窄長方形，南

圖2-5　女神像側面
（牛河梁遺址出土）

北最長處二十二公尺，東西最窄處二公尺，最寬處九公尺，方向南偏西二十度。女神廟為半地穴式建築，分主體和單體兩個單元，主體部分為多室相連，主室為圓形，左右各一圓形側室。女神廟為土木結構，牆面上做出多種規格的仿木條帶，並有壁畫裝飾，從殘留的痕跡看，為朱、白兩色繪出的幾何形勾連回字紋。廟的半地穴部分堆滿了遺物，除坍塌的牆畫、屋頂等建築殘件外，主要是人物塑像、動物塑像和陶祭器。女神廟內最主要的遺物是人物塑像，其中最重要的是一件比較完整的女性頭像（如圖2-5）。

這個頭像出自圓形主室的西側，頭向東北，面略向西，頭部除頭髮、左耳、下唇有殘缺外，面部整體得以完整保留。頭像現存高度二十二點五公分，通耳寬二十三點五公分。塑泥為黃土，摻有草禾一類的物質，沒有經過燒製。這個頭像內胎泥質比較粗糙，捏塑的各個部位則用細泥，外表打磨光滑，顏色呈鮮紅色，唇部被塗成朱色。頭的後半部分缺損了，但仍然較為平整。頭像為方圓形扁臉，顴骨明顯，眼睛斜立，眼眶部位刻畫細膩，眉毛不明顯，鼻梁塌而短，鼻頭較圓，鼻低較平，沒有鼻鈎，上唇長而薄。尤其是眼球的處理上，在眼眶內嵌入圓形玉片為眼，使眼睛炯炯有神。整個頭像的塑造在寫實基

礎上適當誇大，把傳神、表情、動態融合一體，以追求人的精神和內在情感，從而塑造出一個極富生命力並予以高度神話色彩的女性頭像。在這件女神像上，我們也看到中國最古老的雕塑方式，與西方人用石頭雕刻不同，一開始中國先民就選擇了用泥土塑造形象，而且一直延續下來，秦代兵馬俑如此，再後來佛教的許多塑像也還是如此。

　　女神泥塑的含義與生殖崇拜有關，應是沒有問題的。而且，紅山文化的諸多女神應該與後世文獻中的「無夫生子」女祖現象相關。《史記・殷本紀》記載殷商男性始祖契的出生，是他的母親簡狄在河邊吞食玄鳥之卵而受孕；《詩經・大雅・生民》記載周始祖后稷的出生也是因為姜嫄「履帝武敏」就是上帝的大腳因而受孕：兩者都是「無夫生子」，反映的應是母系社會的遺俗。或者說，對女神的崇拜就發源於母系社會。但是，生育在古代是女性的大事。因此，母系的遺俗會長期流傳，至父系社會仍不減其流風餘韻。在《詩經》的「國風」中，那些男女相悅的篇章，學者研究仍與「高禖」信仰相關。高禖，就是一位生育女神。這樣的風俗在上古時代的北方流行很廣泛，據《史記》等文獻記載，孔子的出生，就是他的父母在尼山祈禱的結果。一直到近代，在北方的鄉村「奶奶廟」的香火還是很盛的。

　　牛河梁的發現足見原始先民的女性崇拜意識。在仰韶文化和馬家窯文化的遺物已經看到這方面的現象。需要補充的是，這種對女神的崇拜，實際也可以理解為對母親的感情。巴霍芬說：「所有的文化、所有美德以及社會存在中每一個高貴的方面的最初關係，都是母親和後代之間的關係；這種關係秉持著愛、團結與和平的神聖原則。通過撫養後代，母親先於男人學會了超越自我的界限，把愛心呵護擴展到其它的生命上，把她所擁有的全部天賦致力於維護和促進他人的存在。這個時期，女人是所有的文化、所有的慈善行為、所有的忘我奉獻、所有對生者的關心以及對死者的悲痛等各方面的寶庫。這種來自

母性的愛不僅更為強烈而且更加普遍。父親所代表的原則固有一種限制性，而母親所代表的原則卻是普遍性的。母性的理念促成了人與人之間普遍的友愛之情，而這種友愛之情隨著父權的發展日漸消退。每個女人的子宮是大地母親德墨忒耳（Demeter）的凡俗形象，它給其它女人的孩子帶來兄弟姐妹。人類那時只知道兄弟姐妹，父系制度的發展瓦解了這種未分化的團結，引入了清楚地分辨親屬關係的原則。」[7]這正是古老的女神像至今仍有其獨特魅力深刻原因之所在。

圖2-6　玉龍
（內蒙古赤峰紅山遺址出土）

在紅山文化的積石冢內，發現不少的玉器。這些玉器，顯示了紅山文化的獨特性。紅山文化時期形成了用玉器作隨葬品的葬俗。玉器種類繁多，有玉璧、玉環、玉鐲、玉臂飾、勾雲形玉佩、獸面形玉牌，以及玉龍、玉鴟鴞、玉龜等神靈動物雕刻等。其中較多的一類是玉龍。它們往往與其它玉器一起隨葬在一些巫覡人員的墓葬裡。圖2-6中的這個碧玉龍高二十六公分，直徑為二點三至二點九公分。玉質呈現碧綠色，雕刻簡練、古樸，陰刻線流暢，龍內側琢磨光滑。這件玉龍被認為是紅山文化玉龍最大的一件。它的首和尾在空中似接未接，身體呈現一個半環狀。它的吻部向前伸，並且微仰，馬鬃形狀的冠戴尾部上翹，與上卷的龍尾形成呼應，營造著這條龍的躍動感，雄姿英發。藝術的美感，產生於形式，紅山文化的玉龍，在形式上真正達到了一件藝術品所應有的要求。

───────────────

7　巴霍芬：《神話，宗教與母權》（Myth, Religion and Mother Right），Princeton University Press, Princeton, 1973。

再如圖2-7中的玉龍，發現於牛河梁遺址的墓葬中，墓葬地點距離女神廟很近，墓葬旁邊還有積石冢。墓葬中埋葬的應是巫師，玉龍就陪葬在死者胸部，共兩件。這樣的玉器在建平縣紅山文化遺址也有發現。玉器高十點三公分，寬七點八公分，厚三點三公分，整體首尾相接，敦實渾圓，頭部像豬，面部有紋，眼睛呈「臣」字形，有獠牙刻紋，學者研究這是巫師手中通天的法器。神事活動崇拜豬不是單獨現象，紅山文化出土文物中還

圖2-7　玉豬龍
（遼寧淩源縣牛河梁遺址出土）

有專門模仿豬首的製品；另外，考古還發現在紅山文化區裡，有些山頭有意被削鑿成接近豬首的形狀；還有，從牛河梁遺址的一個平臺上遠望不遠處的山峰，山峰形狀也呈現豬首狀。

論時間，它不是最早的；論形態，它也不是最大的。但是，紅山的龍卻是玉製的。將當時最寶貴的材料製作成龍，並且死後陪葬墓中，這只能表示侍奉神靈的巫師具有無上的權力。遠古時代，巫術、宗教是養育藝術的空氣；遠古的美術，正是熾熱的宗教情感的結晶品。紅山玉龍再次驗證了這一點。

第三節　遠古的龍

在此，有必要集中談一談遠古時代的龍，因為它在中國文化中有著重要的地位。龍在紅山文化之前，考古曾多次發現，例如濮陽西水坡距今六五〇〇年左右的四十五號大墓中就發現了龍，同時還發現了

虎。這還不是最早的，迄今為止在中國境內發現的最早的龍是遼寧阜新查海遺址出土的「龍形堆塑」，全長二十多公尺，寬二公尺，用紅褐色的石頭碼成，距今八千年左右。[8]在內蒙古的敖漢旗興隆窪發現過距今七八千年的龍紋陶器，在距今四千年左右的陶寺遺址也出土了一條描繪陶盤中的龍，等等。

那麼，這些遠古的龍有著何等的文化含義呢？就讓我們從這些考古發現的龍說起。阜新查海遺址的龍，是堆塑在一個古代村落的中心廣場上的。這表明，龍是當時的集體聖物。再看圖2-8濮陽西水坡墓葬中的那條龍，墓的主人是個男性，頭朝北，身體左右兩側一龍一虎相陪伴。在墓葬之外的正北方，有合體的龍虎，合體龍虎背上還有一鹿。合體龍虎的龍的頭部，還有一隻用石子碼成的蜘蛛，正對著龍的前方還有一個石子擺成的圓球。在合體龍虎擺塑與墓葬之間，又有一條擺成的龍，頭朝東方，背上騎有一人。這些都應該是在為死者的靈魂做先導。墓葬整體呈五角形，在每一個角落，有三個殉葬者，一個年齡性別不明，一個是十二歲左右的女孩，一個為十六歲左右的男孩。很明顯，墓主人是個大人物，既是部落聯盟首領，也是宗教的官長，神的代表。對於西水坡大墓的龍虎現象學術界有兩種說法流行，一是張光直先生的看法，張先生把這裡的龍、虎、鹿與古代道家文獻結合起來解釋，以為西水坡的龍虎

圖2-8　蚌砌龍虎圖案
（仰韶時期濮陽西水坡遺址出土）

鹿，就是所謂道家升仙的「三蹻」。[9]另一種是李學勤的看法，認為濮陽墓葬中的龍虎，是古代「四象」的起源。所謂「四象」，是東方青龍，南方朱雀，西方白虎，北方玄武。大墓中的遺骸既然是頭朝南，正好是龍在東而虎處西，正應東方青龍、西方白虎之說。兩種說法都有道理，張說尤為貼切。

龍的起源有好多種說法，如龍是雷電之神，龍是鱷魚等動物的神化，龍是馬（頭）、鹿（角）、鷹（爪）、蛇（身）等氏族圖騰的融合營構，等等，不一而足。其實，追究龍到底起源於什麼，可能永遠沒有一致的答案，因為它更多的是想像之物。它既然具有超凡的神威，那一定是與人類所懼怕的生物有關，如蛇、鱷魚等，因為害怕某種東西而將其想像成神物，是遠古人類心理的常態。不論如何，一種超常的具有強大神威的想像之物，一定與人類生活相關，甚至可以說，人們之所以想像一些令人害怕的神物出來，就是為了由它們來護衛人類的生存。在商代甲骨文中「虹」也是被當做一種龍，字形是雙頭龍。卜辭中也有「虹自北飲於河」，表明商代人們相信「虹」是有

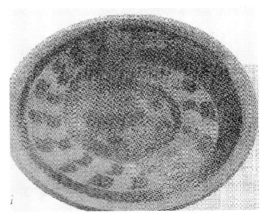

圖2-9　陶寺出土彩繪龍盤

生命能飲於黃河的神龍。聞一多說：「在農業時代，神能賜予人類最大的恩惠莫過於雨——能長養百穀的雨。」[10]在先民看來，這種賜給

9　張光直：《濮陽三蹻與中國古代美術上的人獸母題》，《文物》1988年第11期。

10　聞一多：《高唐神女傳說之分析》，見《聞一多全集》第一卷，北京，生活·讀書·新知三聯書店，1982，第107頁。

人們巨大恩惠的就是雨神，也就是生命之神。因此有學者認為，
「龍」和「農」的發音相似，古人將耕種稼穡稱為「農」業，實際也
可以理解為「龍」業。這樣說也是有道理的。山西陶寺出土的彩陶盤
（圖2-9）中的龍，就口銜一支穀穗，有力證明龍與穀物豐饒的關
係。《周易》的第一卦乾卦，就是講的「龍」從深淵躍上天空的過
程，這與古代東方星宿被視為蒼龍是一致的，其實都象徵著時令的變
化。乾卦代表的是天，古代的農業，必須依靠上天的雲行雨施。《易
傳》說：「雲從龍，雲行雨施，品物流行」，「雷以動之，風以散之，
雨以潤之。」又說：「雲從龍，風從虎。」就講的是龍的降施雨澤的
神功。雲雨雷電對原始先民來說是非常重要的，關乎農業生產。當
然，龍既然是神物，它的護祐蒼生的功能就不會只限於某一方面。李
學勤先生講西水坡的龍虎是「四象」的雛形，自然與農耕時令有關。
若照張光直先生的看法，那就是古老的先民長生不老追求的證據了。
龍還有虎可以保證人們物產豐饒，當然也可以保祐人們長生於世。

　　關於龍，作為一種想像物，它在遠古時代的出現還有更值得關注
的方面，那就是它的出現與人類社會演變之間的關係。最早的阜新之
龍，是擺塑在村落的廣場上的，陶寺的彩陶盤龍以及西水坡的龍虎，
也都是歸屬於社會的權貴人物的，紅山的玉龍，製作的材料是最珍貴
的玉。這都是社會演進到中心權力出現的象徵。新石器時代的社會，
大約經歷了從分散的家族、氏族到酋邦，再到真正的國家出現的三大
階段。人們為了更好地生存，必然由散亂走向聯合，在這樣的過程
中，大大小小的中心權力就會隨之而誕生。與後來的政權不同，這樣
的權力，最主要的表現是神權。權力的掌握者是些「通靈」的人物，
他們能夠呼風喚雨，包治百病，最重要的是代表人們乞求神靈，與超
驗的世界進行溝通。他們的身分是宗教官長，是當時人類的精神控制
者，也是物質世界的控制者，西水坡大墓的主人，死後墓葬有那樣大

的場面，紅山文化的巫師者流，死後都有當時最貴重的玉器陪葬，這都是他們的神聖權威的表現。但是，這個時代，雖然神權已立，社會還沒有發展到權貴與一般民眾的對立，這正是酋邦時代的特徵。因此，權貴死後還沒有與一般小民分隔開來的專門墓葬之地。良渚文化和陶寺文化的墓葬發掘都證明這一點。所以，這些巫覡人員手中的法器之物，如玉龍，作為最高權力的象徵，還沒有發展出令人恐懼的面目。就如紅山文化的玉龍，它有著長長的鬃鬣，修長的身軀，騰躍的體態，但這一切都顯得古樸動人，與後世那些既醜陋又嚇人的龍比起來要可愛多了。

玉龍之外，在紅山文化中還有不少玉鳥和玉獸。它們色彩鮮豔，形象生動，顯示了人們對它們的感情。在淳樸古拙的環境中，人們和自然界的動物保持著良好和諧的關係。

第四節　龍山時代
──黑陶與鼉鼓

龍山考古文化是「銅石並用」時期的一種文化，距今四三五○年至三九五○年。一九三○年考古組在對山東省歷城縣龍山鎮城子崖遺址（今屬濟南市章丘市）進行考古調查和首度發掘時，獲得了一批以磨光石器和磨光黑陶為主要特徵的實物遺存。此後，梁思永先生將這類遺存稱為「龍山文化」。考古工作者經過多年的努力，終於清楚了這一文化分布的中心區域主要是在今山東省境內，它的南界大致在淮河以北的蘇北和皖北一帶，與前述之大汶口文化存在著大面積的重合，其外延或曰影響區的北界大抵在遼東半島南部的大連地區一線。二十世紀五○年代隨著泛龍山文化考古的進一步發展，先後在山東、河南、浙江、江蘇、河北、陝西一些地方發現了龍山文化的考古遺

址。這一時期快輪製陶技術得到高度發展，龍山遺址出土了大量磨光的黑陶器，尤以表面光亮如漆、薄如蛋殼的黑陶杯為代表，反映了中國史前製陶的精湛技藝。龍山文化的核心地帶是山東，這一地區又稱海岱地區文化。除了山東之外，在河南以及陝西和山西的其它遺跡，一般被稱為中原龍山文化。

山東的龍山文化在延續大汶口文化方面取得了不少突破，光亮的黑陶和黝黑如漆的細沙陶是其突出的成就，在東部地區占絕對優勢。同時，有相當數量的灰黑陶，西部地區較多，黑陶居次。一般皆為快輪製作，結合手製、模製來製作袋足、器足、耳、把等部件。其中的蛋殼陶杯器表細膩光滑，胎壁薄而均勻，最薄處僅〇點三至〇點五公釐，薄如蛋殼。模擬實驗表明，製作蛋殼陶是在快輪陶車上安裝了便於旋削的刀架和刀具的。黑陶器表大多素光，器物的紋飾大部分很簡練，常見紋飾為凹凸弦紋、壓印紋、堆紋、刻畫紋、籃紋、波紋、竹節紋、鏤孔、方格紋和繩紋，繩紋只見於西部地區，東部地區基本不見。除籃紋、方格紋和繩紋施於罐、甕等器身大部，其它繩紋均施於特定器型的固定部位，如堆紋之施於鼎、鬹腹部和鼎足，波紋、竹節紋、鏤孔之施於蛋殼陶高柄杯等。流行三足、袋足、高圈足、假圈足和平底器，不見圜底器。器類繁多，有鼎、鬹、豆、壺、罐、甕、罍、雙耳杯、單耳杯、三足杯、蛋殼陶高柄杯、盆、盤、盂、缽、碗、盒、皿、瓶、盉、尊、鬲、器蓋、斝等二三十種，其中許多器物都有紛繁的型式，鬲、斝等只見於西部地區。黑陶製作，代表的是當時生產力的發展，工藝美術的進步，其蘊含的美學趣味，也有豐富的內涵。

龍山文化陶器，造型優美，製作精緻，器胎薄而勻稱，紋飾簡潔，以素雅為勝，不尚浮華，許多器型融實用性與藝術性為一體，堪稱古陶珍品，尤其是蛋殼高柄杯和鬹，既是龍山文化最具特徵性的器物，也是稀世工藝瑰寶。

　　圖2-10陶鬶顯示了龍山文化的典
型特點。龍山文化時期陶鬶的大致特
徵是口部前段的流上翹如鳥喙狀，器
身後有一扳手，多數為三空足。考古
學家一般都認為龍山文化時期陶鬶的
造型大多是模仿鳥或雞的形象。而龍
山文化時期的這類陶鬶的抽象化的設
計，比大汶口文化時期比較寫實的鳥
形鬶，頗具藝術想像力。

　　圖2-11、圖2-12、圖2-13中黑陶
製品也是龍山文化典型的器物。山東
龍山文化遺址出土了較多的「蛋殼
陶」，其中比較多的一類是高柄杯。蛋殼陶杯的形制也能劃分出不少

圖2-10　陶鬶
（山東朱封龍山文化大墓出土）

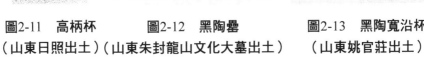

圖2-11　高柄杯　　　　圖2-12　黑陶罍　　　　圖2-13　黑陶寬沿杯
（山東日照出土）（山東朱封龍山文化大墓出土）　　（山東姚官莊出土）

的樣式，各種樣式造型都比較優美，製作也比較精良。杯柄部的裝飾紋也有竹節紋、弦紋和鏤孔。龍山文化的陶器上出現的大量凹凸不定的弦紋也是比較流行的，考古學家認為它是陶器在拉坯過程中隨陶輪的快速旋轉刻畫或捏塑而成的。一些表面漆黑油亮的蛋殼陶上，一道道細如髮絲的劃弦紋密布器身，隱現幽光，魅力誘人，反映了人們審美傾向的轉變。

黑陶的製作十分困難，因而在當時只是少數人的器物。考古發掘表明，這些精緻的黑陶往往集中出現在一些大墓，它們成堆地擺放在死者身上，顯示的是死者的尊貴。這些黑陶往往與其它一些貴重物品如大口尊、玉器等一起出土。這都表明當時社會尊卑貧富的分化嚴重。同時，這些陶器，多是些酒器，表明當時造酒業相當發達。但是，若把這些薄如蛋殼的黑色陶器視作人們日常的飲酒器具，也是不準確的。正確地說，這些精美的器物，都是禮器。中國古典文化的特徵是「禮樂」，從黑陶在龍山文化時期的盛行，可以尋找到「禮樂」的部分淵源。

唯其為禮器，所以它們的製作是如此的精緻。任何一個時期，人們對美的事物的追尋中，都鎔鑄著深刻的心理內涵。由這些禮器的薄脆易碎，可以想像那時的人們對原始的禮儀是多麼的虔誠，多麼的謹小慎微。精緻的黑陶本身，實際顯示的是製作者和使用者的謙恭敬重。與仰韶文化彩陶的絢麗相比，「蛋殼陶」優雅簡練，完全是一派內斂含蓄的格調。除了時代不同，技術的不同，兩者的差異的鮮明，還映現著文化的異趣。

龍山文化意義更為重大的發現是排列的文字刻畫，如圖2-14所示。

刻寫在這個陶片上的符號，很像是文字記錄。其字體與後來的甲骨文接近。更重要的是，不是像大汶口文化發現的符號，是獨立的，而是被規則地排列在一起，構成一個符號的組合。這個陶片引起了考

古學界和文字學界的高度關
注。李學勤說：「很多人以為
殷墟的甲骨文是最早的漢字，
這是不正確的。甲骨文只不過
是商代後期的文字，字的個數
已經超過四千，而且從字的結
構看，傳統的所謂『六書』已
經具備了。所以甲骨文是一種

圖2-14　刻字陶片
（山東鄒平丁公龍山城遺址出土）

相當發展的文字系統，漢字的演變在它以前肯定有一個很長的過
程。」[11]實際上新石器早期時代許多陶器上的刻畫紋，就有了文字性
質的東西，裴李崗文化的龜甲殘片上就有像甲骨文的「目」字的紋
飾，還有的像甲骨文「戶」字。在半坡類型的一些陶缽口外壁的黑色
寬頻上，也出現了一些符號，如臨潼姜寨發現一個很像甲骨文的
「嶽」字的符號。青海樂都柳灣出土的馬廠類型彩陶壺上也有不少符
號。這樣的符號據統計有幾十種之多。總之，從仰韶文化以來，這些
刻畫紋逐步在向甲骨文的文字演進。到龍山時代，似乎發展到一個新
階段。

　　前面說過，有典型的龍山文化，也有中原龍山文化。現在來看屬
於中原龍山文化的另一重大發現：陶寺遺址。

　　在山西南部襄汾縣有一個名為陶寺的村子，二十世紀七〇年代至
八〇年代和二十一世紀初期的兩次考古發掘，使這個普通村莊變得舉
世矚目，因為這裡的發現震驚了世界。在這裡，發現了世界上最早的
天文觀象臺，發現了與傳說的堯舜時代接近的中心城邑，發現了眾多
的銅鈴、彩陶、彩繪木器、玉石禮器等精美製品，以及朱書文字等。

11 李學勤：《走出疑古時代》，瀋陽，遼寧大學出版社，1997，第2版，第26頁。

圖2-15　雙耳彩陶罐
（山西陶寺出土）

這些隨葬品，不僅為我們打開了解那個時代的大門，而且還糾正了先前認知的偏差：過去一提到龍山文化陶器，就只有灰陶和黑陶，彩陶被認為已不復存在了。在陶寺出土的大量的陶器中，除了灰陶之外，人們還見到了不少色彩鮮豔的彩陶。主要有炊煮器、盛食器和儲存器等。在陶寺遺跡中，作為汲水器一類的扁壺是最具代表性的。炊煮器肥足鬲則代表了中原龍山文化時期模製技術的最高水準。請看圖2-15所示雙耳彩陶罐：它造型均衡，對稱的雙耳，口部和腹部比例十分合理，穩重而不失靈巧。特別是它的色彩，是彩陶，可是明顯不同於仰韶、甘青地區的彩陶，著色技術更為高明。它的色彩黃色、絳紅和白色相間，搭配合理，像植物葉子，又像活動著的動物的圖案，規則排列，並反覆出現在腹部和頸部，絢麗中透著雅致。如果說仰韶時代的彩陶圖案著意表現的是人與自然、人和崇拜物之間的關係的話，那麼，這件彩陶則別有追求，它的圖案追求的是富貴、高雅的格調。這個時候，社會成員之間已經有貧富之分，但是還沒有發展到對立衝突的地步。體現在器物圖案上，就是如圖2-15所顯示的，一方面還帶有明顯的原始氣息，另一方面則是新趣味的溢於畫面。

鼉鼓也是陶寺的重大發現。陶寺大墓中，發現了鼉鼓八件、土鼓六件，此外還有不少陶鼓、石磬、木鼓。鼓是人類較早發明的一種樂器，不僅在中國有，世界其它原始民族中也有。

圖2-16中的鼉鼓鼓腔散落著鱷魚的骨板，可知是用鱷魚皮做成的。

用鼉魚皮蒙鼓的現象，在稍早的山東龍山文化墓葬中也曾發現過。陶寺的這件鼓是用樹幹製成，所以鼓身上下粗細不一，多數呈上細下粗狀，一般直徑在五十公分左右，個別的下部直徑達九十公分，殘存的高度在五十至一一〇公分之間不等。體表施粉紅或赭紅底色，上面施白、黃、黑、寶石藍等色彩繪，只可惜所繪圖案已漫漶不清。鼓體中上部可辨寬約二十二公分的圖案，隱約可見回形紋。下部有一周寬約四公分的帶飾，其中可辨幾何形和雲紋。帶飾上下有數道弦紋。出土時鼉鼓上口已殘。陶寺遺址鼉鼓的時代為西元前二五〇〇年至西元前一九〇〇年，其後期已經進入中國歷史上最早朝代夏代的範圍之內了。鼓體中由於木質的器物很難保存，所以能發現數千年前的木結構的鼉鼓極為罕見。傳說帝舜的樂官叫夔，《尚書・堯典》記載他曾為堯時期的樂官，並說他能「擊石拊石，百獸率舞」。所謂的「石」就應該是石磬之類的樂器。《山海經・大荒東經》說：「雷澤有神，龍首人頭，鼓其腹而熙。」專家分析，古書中的「夔」，實際上就是鼉魚，「夔牛鼓」就是鼉鼓。從大量的古代文獻記載也可以知道，揚子鱷在古代被稱為「鼉」或者是「鼉龍」，而鼉鼓就是用鼉魚皮做的鼓。在隨葬品中，鼉鼓一般是被放在墓室的左下角，一般在鼉鼓的旁邊還並列放置一件石磬。據此，考古學家認為，鼉鼓與石磬應該是相配套的一組禮樂器物。

　　陶寺還出土了不少陶鼓（如圖2-17）。陶鼓通高差不多八十四公分，一般為泥質的褐陶或灰陶，形狀像長頸葫蘆，圓鼓腹。關於這種類似的葫蘆形造型，我們在前面的各個時期的文化中也見到不少。整個陶鼓的筒口沿周有十二個小圓紐，它們是用來繃鼓皮的。陶筒的頸被磨光，鼓腹部分的器壁上裝飾有繩紋並且貼有泥條，構成了多個不規則的三角形和菱形圖案，在頸和腹之間有雙耳，在腹部底端有突出的喇叭口狀的孔，周圍還有三小孔。土鼓在發現之初被稱為「陶異形

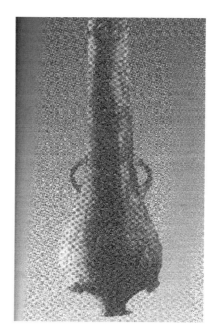

圖2-16　鼉鼓　　　　　　　　圖2-17　陶鼓
（陶寺遺址出土）　　　　　（陶寺遺址出土）

器」，這是因為人們在開始的時候對這種禮器的性質和用途知之甚
少。和鼉鼓、土鼓一起出土的還有石磬。石磬是中國古代社會重要的
樂器和禮器，主要有特磬和離磬兩種。在殷墟出土的虎紋石磬，是用
大理石製成，能發出悅耳的聲音。而離磬相當於後來的編磬。磬在遠
古叫做「鳴球」，《尚書・益稷》中就有「戛擊鳴球」的說法。關於磬
的起源，《說文解字注》曰：「無句作磬。」無句是堯、舜、禹時代堯
的臣子，別名叔離。這樣的記載與陶寺的發現倒是頗能吻合。陶寺出
土的四件石磬，從石質、製作工藝和形制的角度觀察，有三件表現出
較多的一致性，其中兩件是角岩大石片打製成型，另一件為火山角礫
岩。這三件磬的平面都是不規則的幾何形，正、反兩面凹凸不平，表
現出一定的原始性。然而，它的鼓、股已經分明，股短闊而較厚，鼓

狹長而較薄，懸孔大多近頂邊且偏向股部一側。有的磬還因為穿孔位置不恰當而又穿一孔，這些說明並非磬的初始狀態，而是人們在生活經驗和實踐中不斷探索的結果。

陶寺遺址還出土了不少的玉器和裝飾器。它們一樣瑰麗多彩，尤其是其中的不少玉器玲瓏剔透，與良渚時期的玉器有很多的相似性特點。特別令人關注的是在二〇〇二年發現於中期大墓中的玉獸面，折射著神秘的光環。（如圖2-18）這個玉獸面不由得使人想到了良渚文化帶獸面紋的那些玉器，它們之間一定存在著某種一致性。越是到後來，遠古文化的融合程度就越高，陶寺獸面玉器可以為證。

圖2-18所示這件與良渚文化玉器諸多相似的玉獸面，可以把我們引向長江流域史前時代的審美現象。

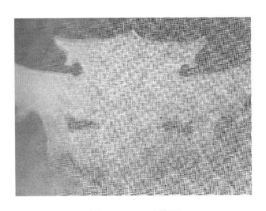

圖2-18　玉獸面
（陶寺文化出土）

第三章

神鳥與玉器

第一節　河姆渡文化
——古老的「丹鳳朝陽」

　　二十世紀二〇年代的一系列重大考古發現，打破了過去所認為的中國文化只是「三皇五帝」、夏、商、周一線單傳的認識格局。新石器時代，在長江流域一樣有著燦爛的古代文明。在中國文化形成的漫長時期中，長江流域各區域文化既受到來自中原一帶文明的影響，它們的文明成就也曾大量注入到黃河流域的文明中去，成為中華文明重要的有機部分。事實上，考古證明，在良渚文化時期，南方的原始先民就曾與北方的大汶口、龍山文化居民有過重要的文化交流。就讓我們從長江中游的河姆渡文化說起。

　　河姆渡文化因河姆渡遺址而得名。河姆渡遺址位於四明山和慈南山之間姚江平原南側的山地與平原的交接地帶，原為餘姚縣羅江鄉渡頭村，東北緊連田畈，西南瀕臨姚江，並與四明山隔江相望。遺址總面積達五萬平方米。根據碳十四測定，河姆渡早期遺址距今七千年左右，是整個長江流域最早的新石器時代文化。餘姚河姆渡遺址，其上層（即第一、二層）與崧澤下層文化相當，而河姆渡下層更早。有學者認為，在長江流域許多重大發現中，最重要的就是浙江餘姚河姆渡文化的發現。因為它是長江下游文明的源頭。它的年代與北方黃河流域的仰韶文化早期（半坡）同時，或許開始稍早。

　　河姆渡文化經歷了四個時期的發展。經過先後兩次重要的考古發

掘，共獲得出土文物達六一九〇件之多，動物和植物遺存也比較多。

　　河姆渡遺址出土的陶器，無論是從質地和形制以及色彩來看，都顯示了河姆渡文化鮮明的特色，如圖3-1、圖3-2、圖3-3、圖3-4。陶器的胎質比較疏鬆，製作工藝也比較原始，大多為手製。隨著製陶工藝的不斷提高，陶器在外觀方面也取得了不少的變化。綜觀這些陶器，同一時期仰韶文化陶器世界裡出現的熱情、絢爛，並沒有在河姆渡文化裡出現。這當然不是說河姆渡文化裡沒有彩陶。夾炭陶胎外壁有繩紋，外層又施一層較厚的灰白色土，質地比較細膩，彩繪呈現黑褐色。圖案的層次比較分明。這些都可以看出河姆渡文化的特點：清雅、素淡。

圖3-1　敞口陶釜（河姆渡遺址出土）

圖3-2　陶灶（河姆渡遺址出土）

圖3-3　陶盉（河姆渡遺址出土）

圖3-4　陶豆（河姆渡遺址出土）

就原始藝術而言，圖3-5的象牙蝶（鳥）形器是非常值得重視的。

圖3-5　連體雙鳥太陽紋象牙蝶
（鳥）形器（河姆渡遺址出土）

這件雙鳥太陽紋蝶（鳥）形器雖已殘缺，但主體部分保留了下
來。上面雕刻著圍繞圓窩為中心的五圈圓圈紋，在中心圈的兩側各有
一隻鳥，奮翼相望，喙部鋒利，眼睛圓睜，展翅欲飛。那中心圈不少
學者認為是太陽。這個器物的質地是象牙。河姆渡遺址出土的牙製品
達二十五件之多。象牙一般質地堅硬，裁製和雕刻的難度都比較大。
考古學者認為，中國有些少數民族，新中國成立前生產力水準相對較
低，製作象牙器一般是加工前先將象牙置於酸性液體中浸泡，軟化象
牙，然後再加工。以此推斷，河姆渡遺址出土的象牙製品，可能也經
過類似的方法進行過軟化處理，然後再進行雕刻。這樣的情形下還能
雕刻出如此精美的圖畫，實屬不易。

許多學者就飛鳥式蝶（鳥）形器的用途發表不同意見。有學者將
其與愛斯基摩人的翼形器進行比較後認為，河姆渡「蝶形器」與古代
愛斯基摩人所用的翼形器作用相同。翼形器的主要作用是用來保證投
標飛行方向，使之準確地命中目標。[1]宋兆麟對此提出質疑，認為蝶

1　王仁湘、袁靖：《河姆渡文化「蝶形器」的用途和名稱》，《考古與文物》1984年第
　　5期。

形器實為鳥形器。之所以雕成鳥形，與他們信仰鳥圖騰是分不開的。此外，還有一層意思是與圖騰交感有關，目的是祈求人類的生育和農業的豐收。[2]還有學者認為，河姆渡遺址出土的碟形器是一種複合形器，上面的鳥紋與太陽紋圖案是河姆渡先民太陽崇拜的重要實物材料。[3]董楚平認為，雙鳥日紋圖像應該表述為「太陽與雙鳥同體」。他還認為河姆渡文化時期尚屬母系氏族社會階段，祖先崇拜尚未盛行。河姆渡先民崇拜的仍然是自然神的代表——太陽神。太陽的地位是高於一切的。[4]又有學者認為，飛鳥式鳥形器雙鳥日紋圖像表明河姆渡先民祈求光明吉祥，祈求日出的想法，藉以保祐他們農業和飼養業的豐收。這是河姆渡先民太陽崇拜的最好的實物見證。[5]有學者認為雙鳥日紋圖像異首連體，中間飾太陽，可能表示鳥是空中神秘的動物，是介於人天之間的神使，或者與鳥生的傳說有關，連體意味著雙鳥交感繁殖的觀點。[6]還有學者把河姆渡先民對鳥的崇敬與河姆渡水稻的種植聯繫起來考慮。牟永抗則主張飛鳥式鳥形器的功能「和良渚文化的玉質冠狀飾相似。前者可能是後者的早期形態，它們都是某種崇拜偶像的冠冕」。[7]

以上每種說法都有其合理成分，也都需要進一步的證據。關於飛鳥的意象，此前在大汶口和龍山文化中都有相類似的發現。飛鳥在東

---

2 宋兆麟：《河姆渡遺址出土蝶形器的研究》，見田昌五、石興邦主編：《中國原始文化論集——紀念尹達八十誕辰》，北京，文物出版社，1989，第391-399頁。

3 黃渭金：《河姆渡蝶形器再研究》，《南方文物》1998年第2期。

4 董楚平：《河姆渡雙鳥與日（月）同體刻紋》，《故宮文物月刊》（臺北）第12卷，1994年第4期。

5 劉軍：《河姆渡文化原始雕塑》，《中華文物學會》（臺北）1996年。

6 王士倫：《越國鳥圖騰和鳥崇拜的若干問題》，《浙江學刊》1990年第6期。

7 牟永抗：《東方史前時期太陽崇拜的考古學觀察》，《故宮學術季刊》（臺北）第12卷，1995年第4期。

南一帶的文化裡屢次出現，而且往往和太陽並行而出。石興邦認為，鳥圖騰崇拜是環太平洋文化的一部分。他指出，鳥崇拜和鳥生傳說是中國東方沿海和東南地區，直至環太平洋地區西北部的一個獨特的文化表徵，也是相當普遍的一種文化模式。[8]需要注意的是這個象牙雕的紋飾部分，在畫面中出現的鳥的形象顯然不是細雕細刻的，而是用簡潔的筆法勾勒出鳥的輪廓，更具抽象的概念。同時也更令人驚奇的是，牙蝶圖案造型竟與今天的「丹鳳朝陽」之類的圖案有著驚人的相似。

　　河姆渡文化的漆器也是值得關注的。一九七七年在河姆渡遺址發現的距今六七千年的木器上有七件木筒施有黑色塗料，還有一件瓜棱形木胎圈足碗，器表施朱紅色漆。河姆渡遺址出土的這個漆碗成為中國發現的最早漆器實物材料，把中國髹漆業的歷史往前推移了近兩千年，實為後來高度發達的商周漆器工藝的先聲。

第二節　良渚文化
──神秘的玉器

　　良渚文化因一九三六年原西湖博物館的施昕更先生首先發現於餘杭良渚鎮而得名，距今五三〇〇年至四二〇〇年，與龍山文化時間大體相當。二十世紀八〇年代以來，先後發掘了江蘇吳縣草鞋山、張陵山、澄湖，武進寺墩，崑山趙陵山，吳江龍南，浙江吳興錢山漾，杭州水田畈，嘉興雀幕橋，餘杭反山、瑤山、莫角山、匯觀山、廟前，桐鄉普安橋及上海馬橋，松江廣富林，青浦福泉山等一系列遺址。大

8　石興邦：《我國東方沿海和東南地區古文化中鳥類圖像與鳥祖崇拜的有關問題》，見田昌五、石興邦主編：《中國原始文化論集──紀念尹達八十誕辰》，北京，文物出版社，1989，第263-265頁。

量精美玉質禮器在貴族墓葬中出土，此外還有大型建築基址的發現，顯示出良渚文化的發展到原始邦國的水準。

良渚文化的文化遺存主要以陶器和磨製石器為主。良渚文化是犁耕農業。犁耕的石犁在錢山漾等遺址中都有出土。石器皆通體精磨，器形比較規整，稜角清晰，較普遍使用了管鑽穿孔技術。主要器類除石犁之外，還有斧、錛、鑿、鉞等。錛在河姆渡文化中就有。石錛分有段錛和無段錛，良渚文化中有段錛的數量比較多。還有兩種異形石，一種呈三角形，有的推測為耘田器；另一種大體呈「V」字形，有人推測為犁，是一種破土工具。製陶業也有進一步的發展，普遍使用快輪製作，器形規整，器胎較薄，而且均勻。圈足器和三足器比較發達，不少器類流行副貫耳、盲鼻、寬把等附件。器的類型多樣，主要有鼎、豆、壺、罐、杯、簋、碗、盆、鉢、器蓋、缸等。器物表面多素面，有裝飾花紋的則多弦紋、竹節紋、鏤孔、針刻紋等。

最能夠代表良渚文化和這個時代工藝水準的當首推玉器。遠古東南地區玉器製作最晚在距今七千年的河姆渡文化就已經開始了，經過一千多年的積澱，發展到良渚文化時期玉器製作精良，數量眾多，以琮、璧、環、璜、鉞等為主的柱形器、冠形器、錐形器等紛紛出現。玉的硬度僅次於金剛石，把這樣的石頭雕琢成形，鑽出空洞，並且在這樣堅硬的石料上刻畫紋樣，是非常艱難的，實際上至今學者對古人使用了什麼樣的工具、採用何等工藝來製作玉器也不是很清楚。在那樣的時代，能製作出如此精湛的器物，真是太不可思議了。

《周禮・春官・大宗伯》記載：「以玉作六器，以禮天地四方。以蒼璧禮天，以黃琮禮地，以青圭禮東方，以赤璋禮南方，以白琥禮西方，以玄璜禮北方。」其中的琮、璧、璜都可能源自良渚文化。古代長期流行死者口中含玉的現象，也最早出現在新石器時代的崧澤文化和大汶口文化後期，時間大約為西元前三〇〇〇年左右。這時玉為

神物的觀念已經形成。《周禮・天官・玉府》中也提到：「大喪共含玉。」在河姆渡、馬家浜和崧澤文化時期這一現象既已出現，這時期玉器裝飾品還沒有成為少數人的專用品。到良渚時期，玉製品的形制開始變大，出現了大量的玉琮、玉璧、玉鉞、玉冠飾等大型禮器、權杖和顯貴身分的標誌物。這些在一定程度上顯示了權力的集中。良渚時期處於玉文化發展的成熟階段。玉的形態走向多樣化，瑞圭、權杖、玉琮、玉人等相繼出現。

玉琮和玉璧和冠形玉器等是良渚文化玉器中的重要禮器。

良渚玉琮造型多樣，紋飾神秘。較早的玉琮是正圓筒形的，器壁比較薄，外邊有四塊沿器壁弧度凸起的長方形弧面，弧面上雕刻有獸面紋。從良渚文化的中期開始，出現內圓外方、內圓柱中間貫通兩端凸出於外方柱的柱狀琮。從形制來看，內圓外方的玉琮起初是矮體的，沒有分節，到後期逐步增高，並以內圓柱為軸，外方部分可以分一節、兩節、三節以至十多節（如圖3-6）。其外方部分的每一節以四轉角為中線的凸面上，都雕

圖3-6　玉琮
（良渚遺址出土）

刻出對稱的獸面紋，或人面與獸面上下合紋，或單獨的人面紋。此玉琮高三十三點二公分，上端射徑八點一公分，下端射徑七點三公分。長方柱體，外方內圓，上大下小，對鑽圓孔，孔壁光滑，形態古色，頗似千萬年的古樹。

餘杭縣反山墓地一座墓葬中出土的一件矮方柱體玉琮（圖3-7），高八點八公分，射徑十七點一至十七點六公分，孔徑四點九公分。玉

已風化質變,呈黃白色。係手工雕刻,圓孔為手工對鑽。長年入土,玉琮出現不規則紫紅色瑕斑;獸面有光澤。這個玉琮壁厚體重,重達六點五公斤,被考古專家們譽為「琮王」。

圖3-7　玉琮中的「琮王」
（良渚文化反山墓葬出土）

「琮王」的紋飾與常見的玉琮有所不同,除了與一般玉琮一樣在外方體四轉角凸面上分上下兩節,各琢刻簡化的人面獸面組合紋外,在四個正面的直槽內還刻有上下各一共八個神人與獸面複合紋。這八個神人與獸面複合紋大致相同,紋刻繁密。神人的臉面作倒梯形,雙目圓睜,闊鼻,齜牙咧嘴,頭戴插飾著長羽的冠帽。臉面和冠帽均為微凸的淺浮雕結合線刻造型。上肢作叉腰狀,下肢呈蹲踞狀,腳為三爪的鳥足形。四肢及肢體上密布的紋飾都是陰線刻。在神人的胸腹部,又以淺浮雕與線刻相結合的方式雕刻出獸面紋,大眼闊鼻,張開的嘴中露出獠牙。

玉琮從最初的矮小走向後來的高大,顯示了觀念的演進。良渚文化裡玉琮的形制主要是內圓外方,內圓柱中間貫通兩端並凸出於外。關於內圓外方的特點,不少人將它和「天圓地方」相關聯,《大戴禮記・曾子天圓》中提到,單居離問於曾子曰:「天圓而地方者,誠有之乎?」曾子曰:「離!而聞之云乎?」單居離曰:「弟子不察,此以敢問也。」曾子曰:「天之所生上首,地之所生下首。上首之謂圓,下首之謂方。如誠天圓而地方,則是四角之不掩也。且來,吾語汝。參嘗聞之夫子曰:『天道曰圓,地道曰方』。」玉琮的內圓外方可能即體現著天圓地方的古老的宇宙觀念。玉琮在後期的發展中越來越高,從層層疊加的結構中,似乎看到原始先民靠近神靈的努力!在西方的

神話中有所謂「通天塔」，這小小的內圓外方、層層而上的玉琮，不就是中國先民溝通天地的「巨塔」嗎？先民用最難的材料，用最艱難的工藝來製作這溝通天地的「巨塔」，其實表明的是他們不用眾多的人力、巨大的工程來製作通天之物，而是用精神、精誠來通天接地，來完成人在天地間生存的宏業。天圓地方的玉器，通體都是精神。人們說遠古時代宗教、巫術成就藝術，確實是有其道理的。

此外是玉璧。玉璧是一種圓形、片狀、中部有孔的禮器。《說文·釋璧》中說：「瑞玉，圓器也」。玉璧在新石器時代還多為素璧，到春秋戰國以後才出現一些紋飾。良渚文化遺址中有的一次就出土直徑二十公分以上的玉璧十多件。按後來的文獻，玉璧一般有幾種用途：其一為禮器，周代有「以蒼璧禮天」之說；其二為佩玉，古稱之為「系璧」，《說文·釋瑋》：「石之次玉為系璧。」說明以璧為佩飾在戰國至漢代仍普遍風行；其三為禮儀饋贈之物；其四為葬玉。從這裡也可以看到玉璧最初在人們的生活中發揮著舉足輕重的作用。圖3-8是一個青玉，直徑十四點五公分，孔徑五點一公分，厚一至一點四公分。玉已變質，大面積鈣化，製作比較簡單、規整、器身光潔潤滑，僅見一小淺凹弧痕壁平滑無痕。沁蝕厚，呈淡青色，有墨綠色條斑，局部露底。

圖3-8　玉璧（良渚文化墓葬出土）　　圖3-9　紡輪（良渚文化墓葬出土）

　　鉞在良渚先民的使用中，也被賦予了新的含義。在良渚文化的大墓中往往可以看見死者的手邊陪葬一件玉鉞，有的還有裝玉質的冠飾和端飾。鉞在這裡顯然已經不是一般的武器，而是崇高權力的象徵。不少考古學者認為華夏文明中崇尚鉞和以鉞為權力象徵的文化因素也是從良渚文化中來的。良渚文化裡玉質的紡輪也是很有特色的。圖3-9中紡輪為青白玉，直徑四點二公分，孔徑〇點七公分，厚〇點四至〇點五公分。玉質晶瑩，半透明，呈黃綠色。扁平圓形，外緣不大圓整；略偏一側的對鑽圓孔，孔壁有旋紋和臺痕；器表光素無紋，厚薄不均，背面有五條直徑三點三公分的切割弧線痕。屈家嶺文化遺址中出土不少紡輪，這件良渚紡輪表明長江流域各區域文化之間的交流。

　　玉器上的紋飾涉及古代的宗教觀念，同樣耐人尋味。

　　圖3-10、圖3-11所顯示的圖案，很容易讓人聯想起後來盛行於商周初時代的饕餮紋。關於饕餮紋，《呂氏春秋・先識覽》說：「周鼎鑄饕餮，有首無身，食人未咽，害及其身。」《漢書・禮樂志》說：「貪饕險詖。」顏師古注：「貪甚曰饕。」《左傳・文公十八年》：「侵欲崇侈，不可盈厭……天下之民以比三凶，謂之饕餮。」杜預注：「貪財

圖3-10　獸面玉琮　　　　　　圖3-11　柱形獸面玉器
（良渚文化反山墓葬出土）　　（良渚文化瑤山墓葬出土）

為饕，貪食為餮。」後來宋代的呂大臨《考古圖》癸鼎跋文中云：
「中有獸面，蓋饕餮之象。」這是將商周彝器上那種由雙眼和嘴構成
的臉形圖案稱為「饕餮」的開始。當代不少學者認為呂大臨說法不科
學，應改為獸面紋。但呂大臨的說法也仍在使用。

　　關於良渚玉器上的紋飾與後來的饕餮紋有無聯繫，學術界尚有不
同說法。李學勤認為有聯繫，他說，對於這種饕餮紋的認知可以從三
個層次去理解：第一，將整個圖像看做整體，就是一個有兩個面孔的
人形。上方是戴有羽冠的首部，其下為左右分張的雙手，軀體有目有
口，下方是踞坐的兩足。第二，將圖像看做是上下兩部分的重合。上
方是人形的上半部，有戴羽冠的頭和雙手，下方為獸面，有卵圓形的
目和突出獠牙的口，並有盤屈的前爪。上下的界限相當清楚。這樣看
時，下部的獸很可能是當時龍的形象。第三，將圖像看做是以獸面為
主，上面的人形是獸面的附屬部分。人形的臉部作倒梯形，羽冠的輪
廓也十分特殊，正好是良渚文化流行的一種玉冠狀飾的形狀。綜合以
上三個層次的理解，李學勤進一步指出，圖像所要表現的，正是人形
與獸形的結合統一。不管把圖像看做是神人的全身，或人、獸兩個面
孔，或戴有人面形冠飾的獸面，可能都是原設計者的目的。圖像中的
獸，即龍，是古人神秘信仰的體現，同時又是當時正在逐漸形成的、
增長的統治權力的象徵。要在圖像中表現這一點，於是構成了如此奇
幻的紋飾。[9]這種出現在良渚玉上的獸面紋在後來的演變中或繁雜或
簡化。不管怎麼變化，這種紋飾在史前的器物上在不斷反覆被人們使
用，而恰恰在這樣一個過程中，一種所謂的權力觀念和審美觀念被強
化了。

　　李學勤先生承認良渚玉文與後來「饕餮紋」有關聯的說法是可信

9　李學勤：《走出疑古時代》，瀋陽，遼寧大學出版社，1997，第2版，第89-90頁。

的。但是，良渚玉器上的紋飾究竟蘊涵著怎樣的意義，還可以作進一步的深究。

良渚玉器多種多樣，刻畫有遠古饕餮紋的玉器則主要有玉琮、玉璜、玉鉞、冠狀玉版、三叉形玉版等。有些圖案不全是刻畫，而是在玉上鏤出相當於饕餮的雙眼和嘴的圓孔再輔之以相應的刻畫。這些遠古原初的饕餮圖案，大體而言，有繁有簡。簡者多見於玉琮，繁複的圖案則多見於冠狀玉版和玉璜等。要了解這些饕餮圖案的起源和內涵，繁圖最有價值。因為看繁圖才可以知道，簡圖只是對繁圖的截取。如圖3-12刻畫的是人、鳥合一的變異圖，圖案中的主題形象是鳥也是人，倒梯形的臉是人臉，把握圓形器物的兩隻手也是人手，這是屬人的一面。圖案頭上的冠戴部分，則是羽毛，腳也是爪子形狀的，這是圖案屬鳥、屬神的一面。這樣的圖案，是作為崇拜者的人的形象與所崇拜對象——神的形象相結合的結果，就是說，整個圖案其實是良渚文化時代那些巫覡之人的寫照。他們是人，卻常裝神，而當時人們崇拜的神又與飛鳥有關，所以巫覡們就用亦人亦鳥的形象神化自己。

 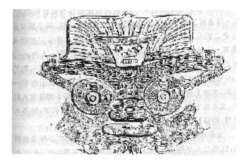

圖3-12神徽玉冠飾（良渚文化反山墓葬出土）

再看圖案中人手所持的兩件對稱於腰間圓形器，它們是什麼呢？既然是巫覡的寫照，就不難回答，是兩件圓形玉璧。一張像人又像鳥

的圖案，其實表達的是攜玉璧而飛行。[10]那麼，兩個玉璧又代表什麼？《周禮》記載，以蒼璧禮天。天上什麼最要緊？當然是太陽。至此，起碼可以明白這樣一點：繁複的圖案，表達的是一種有關飛行，有關禮敬上天、太陽的宗教意象。這裡需要補充的是，繁複的圖案，較多出現在冠狀玉版和那些半圓、接近半圓的玉版上。仔細看那所謂的「冠狀」玉版，其頂

　　部不是平直的，頂部中間不是作下陷的「⌢」狀，就是高出一塊作「⌣」狀。與上述下陷或高出部分正相對的，則是或繁或簡的原始饕餮圖案。因此，玉版整體所呈現的意態，如一隻從遙遠的東方迎面展翅飛翔而來的大鳥。實際上，「三叉形」和一些半圓、接近半圓的玉器，似乎也是表達同樣的意態。總而言之，攜帶著玉璧而飛翔，是良渚玉器呈現的一致性的主題。有人說這是「人獸合一」，其實就是禮敬者和所禮敬對象的合一。

　　那麼，圖像的禮敬上天，又有什麼樣的文化含義呢？要回答這一點，須把眼光再放開一些，看一看時間地域相鄰相近的大汶口文化與河姆渡文化一些相關現象。前面已經說過，在大汶口遺址，發現了很多的「」或「」之類的圖案。我們也說過，對這些圖案，及其諸多的變化形式，都在表達同一個主題，那就是神鳥攜帶太陽而飛行，圖案上部的圓，象徵的是太陽；中間月牙狀，則代表的是正面展翅飛翔的大鳥；這裡的大鳥就是神話中「踆鳥負日」的「踆鳥」，就是傳說中的「三足鳥」、「火鳳凰」；最下面部分帶齒狀圖案，則是山峰之狀。這樣的圖案，都是在刻畫這樣一幅情景：太陽在遠遠的東方地平線上升起並朝著人類飛翔而來。這一類型的圖案，不僅大汶口文

---

10 二〇〇一年到二〇〇二年，浙江的考古工作者又發掘了新的良渚文化遺址，一件玉琮出土時是套在墓主人的左手腕上的。這可以作證這裡的說法。見浙江省文物考古所和桐鄉市文管會：《浙江桐鄉新地裡遺址發掘簡報》，《文物》2005年第11期。

化有，河姆渡文化也有（如圖3-5所示）。與大汶口文化的鳥作月牙狀
不同，河姆渡同樣題材的圖案則或是兩隻鳥相對拱負著一個太陽，或
是兩隻鳥各自負載著一個太陽。這應當視為在廣大東方地域相近、時
間大致相同的遠古時代裡，一個大的文化主題因地域和時間先後的差
異而產生的分化。大汶口文化的圖案，特別注目於太陽的初升，河姆
渡先民卻更用心於太陽和神鳥的關係，順此思考良渚文化相類同的圖
案，時間似乎更晚近，表達的觀念也更進了一步，因為良渚文化的相
類圖案，不僅在表達一種對太陽運行的神話思維，而且還加進了人對
太陽運行的順從，這就是巫師們的工作。良渚文化諸多玉器上手持玉
璧的巫師，他們像人又像鳥，實際是他們的自我神化，好像他們已經
與太陽的運行相合一。因此，毫無疑問，與大汶口和河姆渡文化的一
個重要不同，就是良渚文化玉器的圖案，更強調了巫師的神聖權力。

　　前面說過，良渚文化玉器上的饕餮紋簡化的圖案是繁複圖案的截
取。這樣的截取或是因為刻畫的不易，或是因為刻畫空間的限制，或
是因為其它，其實都不重要，重要的是它們只要刻畫在那些敬天禮地
的玉器上，那原初精神含義可以得到保存，那原初精神含義的明晰性
就可得到維持，但是這造成了一種結果，那就是因為截取，原始巫覡
人員禮敬上天的含義的被遺忘。遺忘又生誤解，於是，雙璧變成了雙
眼，雙璧之間的聯繫之物變成了鼻子；只有眼與鼻不完整，於是在鼻
子下方便出現了嘴。誤解沿著錯誤的邏輯，合理想像，原始饕餮紋就
誕生了。不過，那因截取而形成的圓圓的雙眼，大張的鼻子和嘴巴所
構成的圖案，就還可以不那麼陰森神秘，令人害怕，更重要的是，圖
案刻畫的立意，也不是用來震懾誰、恐嚇誰，因而樸拙可愛，充溢著
遠古時代特有的美學情趣。這也正與新石器時代中後期的社會狀況相
適應，這個時代神權雖已確立並不斷強化，卻尚未脫離民眾，神權與
民眾尚未達到嚴重對立衝突地步。但是，社會進一步發展，巫覡的神

權變成政權，巫覡變成君主，他們不再是單靠自己的溝通天地、人神的本領，來獲得社會的尊崇，而是靠軍隊、員警和監獄等來強迫人們懾服，靠著戰車、刀劍來臣服，一旦這樣的時代到來，君主手中的神權也不再像過去那樣，靠著自身的力量來吸附人眾，而是需要強力脅迫來維繫神權的威嚴。於是，神權就會朝「人嚇人」的方向質變，與軍隊和員警監獄一起，成為造成恐嚇、威懾及震撼的工具。饕餮紋也就是在這樣的大背景下，從玉版或牙版或其它骨器上飛離開來，遊魂一樣飄到代表政治權威的青銅器或其它同類製品的表面上，變成嚇人倒怪的「饕餮」形象。這樣的轉變，恰好就發生在龍山文化後期，以及夏代的二里頭文化時期。到商代更獲得充分發展。

第三節　遠古審美現象中的民族特徵

原始藝術，還沒有專門與之相應的理論。但是這並不妨礙尋找原始藝術品中所含有的觀念和習尚性內涵。人類越是原始，不同民族群體之間的文化差異就越小。然而進入新石器時代，不同種族、地域人群的創造，就帶有明顯的文化差異了。就以考古的發現而言，在裴李崗時期，帶有鮮明中原文明特色的笛子、三足的鼎式器物就已經成型了。不過，那時的陶器還是簡單的幾何紋飾，即使仰韶文化早期還有些可以同世界其它民族早期器物大致相類似的紋飾，但不久，陶器、石器特別是玉器上的紋飾，屬於民族個性的審美傾向就越發明顯了。在此，將對新石器時代審美追求中所顯示的民族性，做一個簡單的梳理。

首先是遠古時代各種文化遺跡顯示的無限豐富性。二十世紀以及二十一世紀伊始的各種考古發現，在廣闊的中華大地發現了那樣多的史前原始文化，異彩紛呈，目不暇接。仰韶文化、甘青文化、大汶

口——龍山文化、河姆渡——良渚文化、紅山文化等，區域眾多；眾多的文化區域中有的崇拜動植物，有的崇拜女神，有的崇拜龍，有的崇拜飛翔的太陽等；陶器、石器、玉器、木器種類繁多……廣大地域文明的原始發祥，是那樣的波瀾壯闊、博大精深。一開始，它們各盡其能地發展著，隨著各文化地域不斷擴大，相互間的交融變得顯著，一些共同的現象潛滋暗長。如太陽飛鳥藝術主題，在大汶口見過，在良渚文化也見過。這些交融，為更進一步的融合以至於形成統一的文化，打下了深厚的基礎。原始藝術，也在這樣的過程中大踏步地前行。

工藝的進步。通觀新石器時代的藝術演進，從裴李崗文化到後來夏代之前的二里頭文化，從石器到陶器、玉器、青銅器，這一路的演進體現著時代的變遷和人類製作工藝的進步。線和面、形與色的流轉，承載了原始先民審美意識的演變。工藝進步、審美趣味、民族心理等一些因素貫穿始終。

陶器燒製是人們對陶料進行高溫處理進而改變其化學結構的結果。不同時期，完成這幾個過程的方法並不一樣。陶器製坯技術的進步，提高了生產效率，提高了陶器品質。例如龍山文化中陶器普遍採用快輪製作，因而陶器大多形制規整、器壁均勻、稜角分明、紋飾簡潔。一個地區陶器呈現出來的質地狀態不是人為選擇的結果，而是受制於工藝技術的發展。同樣，工藝技術的發展反過來又會影響人們的審美傾向。石器、陶器、骨器的製作工藝顯示了原始先民技術的進步。史前各個時期，各個區域的文化都在進行著某種突破，這種突破首先來自工藝技術方面，它不僅引起了器物形制世界的改變，也帶來了人們意識形態領域的諸多變化。

紋飾的流變能反映出時代的變遷。最早的裴李崗文化中多是素面的器物，就是有紋飾也是很簡單的篦點紋、乳丁紋、指甲紋、弧線紋、細繩紋之類。後來到仰韶文化寬頻紋、三角紋、直線、圓點紋、

草葉紋、曲線紋、「互」字紋、網格紋、方格紋、魚蛙紋、獸面紋、月牙紋、鳥紋等器物紋飾開始大量出現。再後來的大汶口文化、龍山文化時期，器物上出現的紋飾就更多了，像太陽紋、曲尺紋、八角星形紋、回形紋、錐刺紋等，種類樣式繁多。

　　裴李崗文化的紋飾大都是簡單的幾何紋。仰韶陶器的紋樣最具特色的母題是魚。前期表現技法多活潑生動，後期則走向幾何化的抽象表意。到馬家窯文化的彩陶，幾何化的傾向達到極致。河姆渡遺址出土的牙蝶連體雙鳥太陽紋，具有高度想像性；到良渚文化中，玉器上出現得很多的獸面紋，從外形到內涵都更加複雜。這樣一個由具體到抽象，由寫實到寫意的過程也沉澱了社會的深刻變遷。正如李澤厚所說：「對藝術的革新，或傑出的藝術作品的出現，便不一定是在具體內容上的突破或革新，而完全可以是形式感知層的變化。這是真正審美的突破，同時也是藝術創造。因為這種創造和突破儘管看來是純形式（質料和結構）的，但其中卻仍然可以滲透社會性，而使之非常豐富充實。」[11]也就是說，人們對符號形式的處理，實際上包含著一定的社會內容，不是簡單的複製活動。

　　新石器時代的器物紋飾，大致可以分為幾個類型：（1）魚紋和人面魚紋；（2）花葉紋和編織紋；（3）蛙紋和折肢紋；（4）漩渦紋和波浪紋；（5）太陽和鳥的組合紋。關於這些紋飾表達內容亦即它們的主題，前面已經分別做過討論了，現在只想指出這樣一點：這些彩陶紋飾，始終沒有脫離人們對自然物的觀察和表現。人類進入新石器時代，中外的陶器繪畫藝術都有過這樣的階段，但是中國的彩陶雖然存在著一個由具象描繪幾何紋飾的演進過程，但始終沒有放棄對那些自然界花葉、動物等的表現。換句話說，我們的先民在彩陶藝術上始終

---

11 李澤厚：《美學三書》，天津，天津社會科學院出版社，2007，第516頁。

沒有走向用陶面來繪畫神話傳說、民間故事等「人世」題材，始終沒有把神的或人的故事搬上彩陶加以表現的興趣。在仰韶文化的彩陶上也出現過女人，但是她和魚在一起，只表明這是在表達一種生育的祈願，而生育主題發展另有場地，那就是紅山文化中女神廟；在「鸛鳥石斧圖」中，也出現了爭鬥、征服的情節，似乎是要講一則映現人間悲歡的故事，但還是出之於鳥和魚，靈光一閃而已。看一看古希臘陶器以及他們的石刻，盡是些這個神的出生或那個英雄出走之類的故事。相比之下，遠古先民對自然的動物、花葉興趣的獨特，不是很顯然的嗎？

這樣的獨特興趣，與後世中國文學的關係極為密切。我們不妨也把彩陶上的紋飾稱之為「比興」手法。因為它們就可以看做是《詩經》——中國文學的開山之祖——獨特「比興」手法的先聲。看一看荷馬史詩，古希臘人最早的文學，講的是人的故事，但是，每一個現實世界的人、英雄甚至半神半人的英雄，都是木偶，在他們之上有眾神在「提線」擺動著他們。戰爭勝負、個人生死，都是神的「提線」的結果。這就是希臘人崇尚的「命運」。看印度的史詩，讀一讀《薄伽梵歌》，對於超越「大梵」合一的追求，是印度的古代英雄蔑視一切社會人倫的依據。但是，在《詩經》中，固然不能說沒有神話內容，但人們更樂於歌唱的還是「關關雎鳩」，還是「棠棣之華」，還是孔子所說的「草木鳥獸蟲魚」。在古希臘和古代印度詩篇中，詩人們也不是不描寫景物；風景的宜人他們當然也有深切的感受，但是，《詩經》中人們描寫屬於自然的草木蟲魚，就單單是出於對自然宜人的興致嗎？不是，還有更深的文化心理的積澱使然。換句話說，《詩經》的「比興」思維，有著更深刻的人與自然關係的理解。這理解，在遠古時代就已經頗為清晰。

再讓我們仔細看一下彩陶器物上時常出現的物象吧。蛙紋是仰韶

文化半坡類型和廟底溝類型以及馬家窯文化的彩陶裝飾中常見的圖案；在半山文化和馬廠文化中則演變成勾連紋和曲折紋。《春秋繁露・求雨篇》說旱時取蝦蟆置方池中，進酒祝天，再拜請雨；又據傳說蟾蜍與月神崇拜有關，月神的原型為女媧。女媧又兼具旱神和雨神的身分。這樣一來，具有祈雨功能的蟾蜍和作為雨神的女媧就在生殖方面發生著某種關聯了。還有一些花葉紋，一些學者將各種花葉紋看做與生殖相關。可是，假如我們讀一讀古老的時令文獻《夏小正》，就會更願意相信，一花一葉的描繪，更可能是對標誌時令轉變的物候現象的關切。在仰韶文化稍微靠後的大河村遺址出現的太陽紋，大汶口文化時期的神鳥太陽圖，以及良渚文化的人鳥合一的古饕餮紋，都把遠古先民時令追求的熱望，表現得異常明顯。人們把眼光由地面的花鳥蟲魚移向了遙遠的太空。他們去表現太陽紋，表現日暈紋，表現八角星紋等，顯示了人類觀念的擴張，同時也表現了社會權力的集中。遠古先民對天象時令的把握，到新石器時代即將結束的時期，在陶寺天文觀象臺，達到了極致和鼎盛。這座距今二三五〇年左右的建築，比位於墨西哥奇琴伊察古城的瑪雅人的觀象臺還早近三千年，比英國巨石陣觀象臺還早五百年。這座古觀象臺的發現還救活了一篇文獻，那就是《尚書・堯典》。過去人們對《堯典》所載命「四叔」到四方測定一年四季的四個至點的說法，抱有強烈的懷疑，以為那不過是戰國時期的附會，有了陶寺的發現，就不能不正視《堯典》記載的可信性了！

　　不能說對時令的追求就是考古審美發現的一切，但是，從仰韶到龍山、良渚文化的諸多跡象，又不能不承認時令的追求卻是一條粗大的文化線索。如此的遠古宗教，如此的遠古精神觀念，正是我們在觀察遠古藝術品所必需的參照。也只有清楚了這一點，才有可能回答，在後來的中國詩歌藝術中，為什麼詩人更願把抒情的眼光投向一花一葉、一蟲一鳥的世界，他們不是仰望上空，想著眾神如何、大梵如

何，而是將平視的眼光悠遠地投向大地，投向並生於身邊的萬物，觸處機來，即目成真，花開花落，葉青葉黃，楊柳依依；一枝一葉總關情，是因為他們總是依照自然的節律，安排自己的農耕生活。平實的審美並不平實，有著對天地萬物與人類關係的總理解，有著天地並育、萬物同源的宗教情懷的深刻背景。

張光直在《連續與斷裂》一文中，對考古時代的東西文明發展提出了這樣一種新觀點：在原始文明的發展中形成了兩種形態的發展模式：以兩河流域蘇美爾文明為代表的斷裂式，以中國以及美洲瑪雅文明為代表的連續型。前者正是後來古希臘、羅馬文明的源頭。造成兩種形態的原因，張光直先生認為，表現在青銅器和文字的使用上，斷裂式的蘇美爾人是將青銅更多地使用在工具製造上，文字更多地運用於經濟活動中，而連續性的文明，如中國，青銅器則多用於製造禮器，文字使用偏重於宗教。於是表現在精神上，斷裂性的文化突破了原始形態的束縛，而連續性的文明則更多表現出「薩滿教」式樣的神我合一、物我合一的世界觀。徵諸考古發現，在兩河流域的城市遺址和墓葬，其規模和遺物，都顯示出物質的極大奢華和財富的巨大積累，而在中國的墓葬中，陶器、玉器之外，極少發現黃金，特別能說明問題。[12]這應該說是一個很有啟發意義的觀點，對我們思考中國原始文明、遠古藝術，都有很大的幫助。即以連續的文明而言，我們可以在彩陶的繪飾紋樣中找到後來詩歌的「比興」思維前身，在良渚玉器上太陽飛鳥的紋飾那裡，可以追溯出殷商饕餮紋的端緒，而對於玉石器物的珍愛，不是至今猶在的習尚嗎？更重要的是，連續性文明特徵，決定著玉石藝術製品的樣式和品類。

---

12 張光直：《連續與突破》，見《美術、神話與祭祀》附錄，郭淨譯，瀋陽，遼寧教育出版社，2002。

最早的生活用具陶器，就裴李崗的發現而言，簡單的集合紋樣，表明他們還沒有將這些生活器具與崇拜、祈求的觀念相聯繫，但是這樣的情形，不久就改變了，人面魚紋的彩陶盆，就清楚地表達了人們對生活的祈願，彩陶之後的玉器、青銅等先後出現，人們總是用最好最珍貴的質料，製造那些獻給崇拜的真靈的物品。但是，在這些不斷變化的越發珍貴的製品中，我們很缺少黃金製品，而缺少貴金屬實際意味著工商業的發展規模。一種新型的經濟模式的充分發展，是足以改變人們的精神觀念的。這也勢必影響藝術的發展。前面說過，在一些藝術主題上，中外之間在早期有著某些大致的相類，例如在關於「魚」的表現上，中國的彩陶有，古代埃及也有，但是，像獅身人面像之類的巨大雕塑，將人與獅子的力量結合，形成極具震撼力的強勢視覺效果，這種崇尚力量的遠古藝術在中國新石器時代何嘗見過？獅身人面像之類的超越人間實有現象的藝術製品的出現，表明的是關於神的思想的突破性發展。這實際又涉及「斷裂性」文明與「連續性」文明在神話思維方面的差異。在良渚玉器的人鳥圖景中，我們看到原始先民關於神的想像力，但是，怪異的神的形象，仍在表現一種很實際的東西，那就是對太陽正常運行的禮敬。遠遠沒有將神，將神的系統想像為一個與人間完全相對立的精神存在。

上述這一切，也許又回到了前面的話題：何以「比興」思維從遠古一直貫穿到文明時代。人們常說中國原始時代照樣有發達的神話傳說，只是後來崇尚實用理性的儒家，把這些神話給消解了。真是這樣的嗎？若從考古發現的遠古藝術看，這樣的說法實在是想當然的。連續性特徵強烈的文明，它的物質形態決定其精神形態、藝術形態。物我合一的藝術精神，在中國從遠古一直延續到文明時代，恐怕是在對遠古藝術做了一番鳥瞰似的觀照後得出的主要結論。

第四章
「饕餮」的內涵及其興衰

　　古人先民知道使用銅，大約從仰韶文化時期開始；青銅器的鑄造和使用要晚些，大約從西元前三五〇〇年開始；用青銅製作禮器，則可以追溯到龍山文化時期。到了夏代，青銅器的製作開始發達，到殷周達到高潮，以後在春秋時期又有一段不凡的新變和延續，此後綿延至戰國、秦漢而逐漸衰落消亡。

　　夏代的青銅器物主要是禮器。到商代早期，如在鄭州商城早期遺址中，就發現了鼎、鬲、甗、簋、爵等器物，其中以飲酒器居多，顯示出殷商喜飲的生活特點。殷商青銅製造的繁盛應該在盤庚遷殷之後。隨著這裡諸多大墓的發掘，大量的青銅器物出土，種類很多，如司母戊大鼎等。在西周早期百年左右的時間裡，青銅器製造在形制、紋飾上多沿襲殷商，也開始呈現自己的特點，如有座的簋，明顯重視食器等。到昭穆之際，沿襲殷商舊制的情況開始改變。鼎以圓形為主，特別是紋飾方面開始淡化殷商猙獰的氣息，饕餮紋、夔紋等開始變得不那麼猙獰，鳳凰等紋飾顯著於一時，從殷商就開始在器物上刻畫文字的風尚則發揚光大，數百字的長篇銘文也屢見不鮮。

　　在前一章，探討了饕餮的起源。那麼，它在後代特別是殷商時期又是如何發展的呢？又是在何時趨向式微的呢？

第一節　饕餮
──精神的痙攣與扭曲

　　饕餮紋產生於巫覡文化，附著巫師的法器──禮天玉器──上。
但到殷商時期，它開始從玉版或牙版或其它骨器上飛離開來，遊魂一
樣飄到代表政治權威的青銅器或其它同類製品的表面上，變成嚇人的
「饕餮」形象。不論早晚期，殷商饕餮紋一雙雙大而放射著強烈威光
的眼睛，始終是圖樣的核心。頭部和身部被誇張得不成比例，這也是
為使構圖突出它的面部，而面部最具表現力的是兩隻圓睜的眼睛，還
常常配以刀狀的眼眶，以突齣目光的強悍。一個饕餮的畫面，多是由
深刻細密而且清晰的線條組成的。它們排列齊整，筆法森嚴，都向眼
睛的方向傾斜，意在強化眼睛的力量，強悍的目光，使整個饕餮彷彿
可以隨時向觀者撲來。同時，那不成比例的長條狀──或稱之為夔
龍、或稱之為肥遺──的身體構圖，也是從遠方──就是圖案的兩
旁──向眼睛的中心區域曲折且越來越粗壯地伸展而來。觀者朝相反
的方向看去，尖尖的尾部還呈捲曲狀，呼應眼睛的圓睜，營造著猛獸
撲殺獵物之前一刻兇險的張力。李澤厚先生在《美的歷程》中，用
「獰厲的美」來形容饕餮圖樣的感覺效果，說：「各式各樣的饕餮紋
樣以及以它為主題的整個青銅器其它紋飾和造型，特徵都在突出這種
指向一種無限深淵的原始力量，突出在這種神秘威嚇面前的畏怖、恐
懼、殘酷和兇狠……它們之所以具有威嚇的神秘力量，不在於這些怪
異動物形象本身有如何的威力，而在於以這些怪異形象為象徵符號，
指向了某種似乎是超世間的神威權力的觀念。」[1]馬承源先生在《中
國古代青銅器》一書裡也這樣寫道：「即使是馴順的牛、羊之類的圖

1　李澤厚：《美的歷程》，天津，天津社會科學院出版社，2001，第52-53頁。

像，也多是造得猙獰可怕。這些動物紋飾巨眼凝視、闊口怒張，在靜止狀態中積聚著緊張的力，還像在一瞬間就會迸發出雄野的咆哮。」[2] 崇尚兇暴，格調陰森、神秘，正是這些饕餮紋飾追求的效果，真實地反映著那個時代特有的精神：社會的心靈沉溺於對精靈世界的恐懼的神經質中。

對這些紋飾，如上所說，學者做過很多的起源性研究，有人說這樣的圖紋起源於龍，有人說這些動物的紋樣是薩滿教式的巫師溝通神靈世界的道具，等等。都可以說得過去，但似乎都遺忘了它們最初的來歷，即那眼、鼻、嘴的三角區構圖，只是對遠古神鳥攜太陽飛行主題的一個截取，其實也就是對一種映現著遠古文明追求主題的篡改。在良渚玉器上，眾多的像人又像鳥的繁圖和那些截取了的簡圖，雖然怪異，卻不可怕，相反，因此它們具有一種後人難以企及的奇特、浪漫，就是那件冠形玉器上繁複的圖案，它梯形臉上的兩眼圓睜、嘴巴大張露出牙齒和冠戴毛髮的蓬然四散，也只是叫人覺得張揚，卻不兇暴；讓人覺得很怪異，卻不神秘。它是神或人與神的合一，卻沒有迎面撲殺而來的威猛，它的誇張，也不是令人生畏，而是讓人驚歡於它那來自荒遠的奇幻。這須從遠古時代人群內部關係來理解。在屬於良渚文化的浙江桐鄉新地裡遺址的墓葬群中，身分顯貴者和身分一般的都還是共同埋葬於一個人工堆積土臺內的，「二者（指顯貴者和一般民眾——引者）之間沒有明顯的界限，顯示出它們有著相當親密的社會關係」。[3] 類似的情況，在山西陶寺遺址也發現過。[4] 這些都表明社會雖然有顯貴——一般都是神職人員——出現，等級分化也很明顯，卻

2　馬承源：《中國古代青銅器》，上海，上海人民出版社，1982，第34-35頁。

3　浙江省文物考古所和桐鄉市文管會：《浙江桐鄉新地裡遺址發掘簡報》，《文物》2005年第11期。

4　宋建忠：《龍現中國》，太原，山西人民出版社，2006，第44頁。

尚未達到衝突性的對立狀態。在這樣的社會關係下，人們可以用力想像神的世界，盡其超奇、神異之能事，但這一切，還大體屬於全體社會成員一致的想像，神異還大體屬於社會集體表象形式，對神的尊崇還大體屬於社會總體的精神表徵。因而，一切的奇異，還只停留於對神的塑造，還沒有發展到用神靈的怪異來威嚇自己的同類。到了「饕餮」流行的時代，我們說它本是截取和篡改，不是眼睛的玉璧變成眼睛，不是鼻子、嘴巴的紋路變成鼻子、嘴巴。這是從良渚時期就有簡化和截取發展而來的嚴重的誤讀，而誤讀又是朝著猙獰兇悍的向度上前行的。有學者在分辨饕餮圖案是寫實還是想像上用功，有學者在分辨饕餮紋是牛、是羊還是犀牛上費力，都難免用錯了力道。它既然是因為對遠古精神的集體由遺忘而產生的誤解，遠古的圖案，一旦被當成了眼、嘴、鼻的構圖，那麼，在它的底盤上，就可以隨意描摹，加上羊角、牛角，使之像牛、像羊，或者既像牛又像羊或者什麼都不像，都無所謂。描摹的用心和要點，是使其可怕，即如李澤厚所說，「它們之所以具有威嚇的神秘力量，不在於這些怪異動物形象本身有如何的威力」。為了強化其可怕，饕餮的圖案，就在整體上與遠古時代飛翔主題基本失去了聯繫。它現在卻常與另一種東西一種人類本能上恐懼的動物——蛇——連接在了一起；而這蛇的形象，也早就變成神化的虁或肥遺之類的怪物。說它是什麼，不如說它什麼也不是，因為它只是一個誤解之物。這個誤解而成的東西，就是在作為一個朝著另一個方向發展到巔峰時期，也還能看到它與那個遠古圖案之間蛛絲馬跡的瓜葛。如一些饕餮紋上都有同樣圖案冠戴，這在良渚玉器饕餮紋就有，現在只是縮小了。它們居於各種形狀的角中間；很多的饕餮紋，都可分解地看做兩個相對的虁龍紋；兩條虁龍紋的連接處，往往就是器物的扉棱，合而觀之，扉棱就是饕餮的鼻梁，這與良渚玉器圖案對稱分布玉琮兩個平面也一樣；饕餮紋是龍身上長牛羊之角，這已

是不倫不類，更奇特的是龍的腳作鳥爪狀，應是良渚圖案神鳥之意的孑遺；有時在饕餮紋的兩側點綴小鳥的圖案，似乎也是遠古「飛行」主題殘留的遺意。

了解饕餮紋的來歷，才能準確地理解它文化精神層面的含義。前面曾說過，大瞪雙眼的饕餮紋神經質，指的就是它們製造的恐懼效果。有學者說這些猙獰的圖案是統治者嚇唬人的，張光直先生認為此等說法欠完備，他說這些器物都是埋在地下溝通神靈的，一般百姓很難見到。[5] 張說的可取之處在於調整對「人嚇人」的理解：「人嚇人」的真實性在於先嚇自己再嚇別人。饕餮紋的兇悍即其特有的畏怖效果，不是一些人為威嚇另一些人故意的製造物。饕餮紋的猙獰代表全體社會成員的恐懼心理。因此，饕餮紋的特殊效果，才是一個時代的精神表徵。它表明的是一個時代的社會群體被鬼魅攪住了心靈。確如李澤厚先生所說，指向的是一個深淵般的「超世間」的「神威權力的觀念」。這個「神威權力」將整個社會嚇倒了。何以這樣說？在饕餮紋流行的鼎盛時代，如下的現象是理解兇暴的饕餮紋內涵的參照：殷墟遺址眾多祭祀坑中被「人牲」了的骸骨，殷墟大墓內被「人殉」了的數以百計的人頭，以及在建築基槽中、在房屋的柱礎和門下被埋葬的防範鬼怪侵害的性命，這些森森白骨數以萬計。這些被強行埋葬的人，真正屬於殷商人群的極少，大部分是戰爭的俘虜。強大於一時的殷商人群，自恃強大，四面樹敵，與眾多的「非我族群」存在著征戰、殺伐關係。這樣的關係正深藏著社會集體恐懼的根源。人嚇人，嚇死人。當殷商人以眾多的冤魂怨鬼的屍體去討好神靈，去防範各種鬼魅的侵害時，不正是他們以戈矛血火處置異己人群行為，給他們自己心靈造成的扭曲結果嗎？當他們以自身的強大把異族屍骨踩在腳

5　張光直：《中國青銅時代》，北京，生活・讀書・新知三聯書店，1999，第457頁。

下，當他們揮著斧鉞把別人的頭顱砍到黑洞洞的大墓裡給自己先人殉葬的時候，他們不是正在越來越多地製造著鬼魅嗎？鬼魅越多，心靈就越被恐懼所攫取，以至於精神痙攣，嗜血好殺。殺戮一定會給他們造成某種滿足和快感，但這是一種被「死本能」控制的心理的和精神的狀態。這是心理和精神一種徹底的消極狀態，它的起因為社會歷史文化造成的積極交流的匱乏，心靈喪失了體驗真正而豐富情感的能力。心靈因殺伐而變得僵硬枯乾，必須用他人更多血來填補心理的空虛和恐懼。同時，可作為和上述的白骨森森相並列的理解饕餮的另一種參照，就是饕餮之外，在青銅器上多有出現的猛虎食人之類的圖案。關於這些圖案，從感覺上說，筆者很不能以張光直先生的一個說法為然：他說這樣的圖景是表達著一個有關升仙的主題，被猛虎吃掉可以升到仙界。這樣的升仙，有哪個社會的達官貴人願意這樣做？這樣的解釋，其實是「巫婆的道理」，是「西門豹治鄴」故事裡的那個巫婆把別人家的女孩兒「嫁」到水底的道理。古人的升仙，可以騎虎，能騎虎就是有超凡的本領，是仙人的能力，而被虎吃掉，圖案在貴重器物上出現，還是理解為那時代權貴階層嗜殺好血、精神上陷入「死本能」狀態恐怕要更妥帖。

由神鳥攜日飛翔到饕餮的猙獰，是一個大的時段的跨越，也是一個大的精神的扭曲和變異。其間有明顯的遺落，也有重大的改造。饕餮紋傳遞的古代宗教的神秘和熱烈，改變的是遠古精神的集體表象形態：它將一種遠古文化創生時代對人類共同福祉的宗教追求，扭曲為「人嚇人」的怪誕凶魅之物。背後的歷史，是由遠古的人類群體關係，向古代階層對立、人群衝突新狀態的重大轉變。當神權變成維繫一部分人的利益之後，它必然要變得可怕。一般百姓怕它，就是那手握神權的權貴，也因自身心靈的陷溺魔道而怕它。所以，饕餮紋的所謂的「獰厲的美」，來自於它是一種象徵，一種對人的心靈在恐懼和

威嚇兩種強力之間掙扎的象徵。由此而言，饕餮紋徵顯的是一段人類社會的悲劇，精神的悲劇。這樣的威嚇與恐懼的掙扎的悲劇局面，必定要克服，於是有「大鳳紋時代」的來臨。

第二節 「饕餮」的被取代和「竊取」化

商周青銅器的大鳳紋，盛行於西周中期（圖4-1）。「大鳳」也是一種鳥，前面說過，鳥的紋飾在商代饕餮時期也有，應係遠古飛翔主題的殘留。而且，由於三星堆遺址的發現，它的那棵幾米高的「扶桑樹」以及樹上的集落的神鳥，還可以使我們相信，遠古時期神鳥攜日飛行的主題，在中原地區是被取代了，在古代南方的長江流域上游地區，還是那樣富於創造性地流行著。稍後，新的含義的飛鳥主題在西周時代出現了，那就是中期的長尾巴、大冠戴的鳳凰圖案的興起。什麼是它的「新含義」？回答是，它是有德者的象徵。因此，它與遠古以至殷商的小鳥圖案的內涵發生了變化。在周人，長尾巴大冠戴的大鳥紋的流行，是在於西周中期大祭周文王、大張「文王之德」息息相關。而文王之德與鳳凰大鳥相連，可能與文王時期一次難得一見孔雀鳥飛臨周家發祥地——岐山有關。《周易》有所謂「鳳鳴岐山」，被視為周家獲得「天命」的祥瑞，而西周中期銅器圖案中的大鳥，羽毛上鮮明地畫著孔雀的花紋，就是他們見孔雀飛臨岐山的證據。而「鳳凰」與文王之德相關，又可以得到詩篇的證明。《詩經·大雅》有《卷阿》一篇，其後半部分歌詠了鳳凰。《卷阿》曰：

> 有卷者阿，飄風自南。豈弟君子，來游來歌，以矢其音。
> 伴奐爾游矣，優遊爾休矣。豈弟君子，俾爾彌爾性，似先公酋矣。

爾土宇昄章，亦孔之厚矣。豈弟君子，俾爾彌爾性，百神爾
主矣。

爾受命長矣，茀祿爾康矣。豈弟君子，俾爾彌爾性，純嘏爾
常矣。

有馮有翼，有孝有德，以引以翼。豈弟君子，四方為則。

顒顒卬卬，如圭如璋，令聞令望。豈弟君子，四方為綱。

鳳皇于飛，翽翽其羽，亦集爰止。藹藹王多吉士，維君子使，
媚于天子。

鳳皇于飛，翽翽其羽，亦傅于天。藹藹王多吉人，維君子命，
媚于庶人。

鳳皇鳴矣，于彼高岡。梧桐生矣，于彼朝陽。菶菶萋萋，雝雝
喈喈。

君子之車，既庶且多。君子之馬，既閑且馳。矢詩不多，維以
遂歌。

詩篇中的王，從對他的「受命長」、「彌爾性（生）」讚美祝願之
詞以及「有馮有翼，有孝有德，以引以翼」的描述看，寫的都是一位
年紀大的周王，實即周穆王。從詩篇的一些詞語如「彌而性」、「茀
祿」看，也是中期金文才有的現象。詩篇說周王「來遊來歌」，又說
「百神爾主」，明顯與祭祀活動有關。因此，筆者判斷，詩篇實際寫
的是周穆王在岐山大祭祖先之際，遊歷山間時臣民的歌唱。[6]在岐山
遊歷而歌唱鳳凰，應該就是詩人想到周家當年獲得天命、五彩神鳥飛
臨岐山的祥瑞的吉光。[7]詩篇「亦集爰止」的「亦」字，正暗含這樣

---

6 李山：《詩經析讀》，海口，南海出版公司，2003，第385頁。

7 二十世紀曾在岐山之下陝西岐山京當賀家村出土的西周甲骨文中有「風」、「巳
（祀）鳳」、「鳳雙」等字詞，此地還發現了西周早期的大型宮殿遺址，亦可證明

的意思。由這首詩篇時代的參定，起碼可以得出這樣一點：西周中期
銅器圖案上誇張爛漫的大鳳凰圖案的流行，絕非孤立現象。它的出
現，應與大祭周文王有關，與那個「鳳鳴岐山」周家受命傳說有關。
但是，看詩篇，就如同觀看青銅器大鳳紋的感受一樣，給人的不是陰
森可怖，而是爛漫的想像，祥和的觀感，其實就是詩篇所歌唱的：
「鳳皇鳴矣，于彼高岡。梧桐生矣，于彼朝陽。菶菶萋萋，雝雝喈
喈。」把「鳳皇」與「朝陽」對舉，或許還有一點遠古太陽鳥飛翔的
遺意，但這已無關緊要，上升、明媚、繁盛、和諧，以及對生活「亦
傅於天」的無限的祝願，才是詩篇著意歌唱、祈福的內容。

　　這正是鳳凰這一飛鳥現象在距離良渚、龍山文化千百年之後再次
出現所達到的新的精神之境。大鳳
凰紋的興盛，可從兩個方面來理
解：（一）它是對兇狠的饕餮的取
代。長冠大羽的鳳凰鳥紋，在器物
中的形象，一般都是側面的圖景，
而不是用猛鷙的雙眼盯視著觀者。
對鳥的冠、羽誇張的刻畫，表現神
鳥的神聖性美麗，表現的是周人天
命的榮耀，觀念上表達的是對吉祥
如意的祈福，顯示的是現實生活中
心靈所獲得的自由，以及這種自由
表現在藝術上的爛漫。（二）它是
對古來飛鳥形象的改造。前面說

圖4-1　西周中期商尊上大尾
長冠的鳥形圖案

詩篇與岐山祭祖有關。參見劉亮：《鳳雛村名探源──從甲骨文看周人對鳳的崇
拜》，《文博》1986年第1期

過，即使在**饕餮紋**盛行時期，鳥的圖案也是存在的。而且，對鳥的崇拜、對鳥的形象的造型，良渚之外，在大汶口文化時期也曾達到過高潮。然而，良渚文化、河姆渡文化的飛鳥，如前所說，與太陽飛行有關。在後來的殷商甲骨文中，還有一種被稱為「鳳」——其實就是由對「風」的神化而來——的神鳥，它是上帝的「史」，可以傳達上天的命令。[8]它們共同特點都屬於遠古時代的自然崇拜，與周人將一種特殊的飛鳥與王朝之「德」聯繫在一起，有根本的區別。自然崇拜表明的是人作為一個類匍匐於神威之下，而周人的神化鳳凰，則意在顯揚自家的德性，意在宣揚獲得了上天之德的周人所具有的統治天下的合法性。因此，大鳳紋在西周中期盛行的意義，首先是一種超越，對**饕餮**形象所表現的對鬼魅世界恐懼的克服，同時也是一種接續，即對遠古的時代自然崇拜所包含的追求與世界和諧從而創造生活的精神的揚棄性繼承。鳳凰的「來儀」岐山，是周家之「德」被上天眷顧的象徵。而「德」的觀念在殷周之際的誕生，是人對超越的神靈、天帝在好惡上有把握的結果：掌握著世間大權的統治者，善待自己的民眾就是「德」。遠古時代，良渚、陶寺墓葬顯示，社會雖有巫師權貴階層出現，然尚能與小民維持一種非階級對立關係，現在，周家強調「德」，以「德」來強調自己統治的合法性，實際是有意重新建立一種與小民的非對抗性關係。這樣的建立，真實性極少，或者說這樣的建立，不如說是一種意圖，一種說服被統治者接受統治的精神意圖。越是如此，他就越是需要精神的符號象徵，大鳳紋就是這樣的符號。

8　郭沫若《卜辭通纂・天象篇》引398片卜骨有「於帝史鳳，二犬」句，見郭沫若：《人辭通纂》，北京，科學出版社，1983，第376頁。又，斯維至作《殷代風之神話》一文，考證殷代風神崇拜情況，認為「鳳」為「帝使」，有號令天下之神能。見斯維至：《中國古代社會文化論稿》，臺北，允晨文化實業股份有限公司，1997，第15-33頁。

但無論如何，將這樣一種符號上升為一個時代重要禮器上的圖案，都表達了一定程度的進步，一種人群擺脫集體恐懼、集體的鬼魅纏身的進步。長尾大冠的鳳凰，象徵的是周德，它所代表的追求是德被天下，它的基本意向不再是恐怖，而是祥和明媚的生活。

大鳳圖案在一個時期取代了饕餮紋。但是，與饕餮紋在此時的淡化、解體一樣，大鳳的圖案也沒有流行很久，就逐漸走向了過去時態。為什麼會如此？回答是，它也面臨了一種新的強勁的社會文化力量——精神意志向關注現實德性方向邁進的傾向，典型的歷史之否定之否定。饕餮的令人恐懼出於鬼魅世界的神秘，大鳳紋的華麗同樣也在強調著某種上天的觀念，它們都是宗教性的，超人世的。然而，與大鳳紋相關的「德」的上天觀念，既然承認並重視生民的福祉，那麼，人世間對於生活的追求就是合理合法的。這勢必允許那些對社會生活現實的關注，允許那些由無限豐富的社會生活所激發的觀念、以及情趣的表現和表達；勢必對高度意識形態化的獨霸天下宗教觀念形成巨大的衝擊。於是，表現超驗世界的一元化的符號體系就難以久長了，它們必然地被沖淡。這樣的傾向實際從西周建立伊始，就在周人建構屬於自己禮樂努力中有了苗頭。只是當時形格勢禁，條件不足，還不能一下子盡情展露。到中期條件成熟，向現實回歸的傾向終於變得顯著，變得引人注目。器物紋飾就是其中之一。饕餮紋、大鳳紋在西周中期都開始向簡化和抽象演變，就是所謂「竊取紋」化了（如圖4-2）。它們從一個側面表現出這樣的現實：精神正在從宗教神權重壓下走出來。饕餮和大鳳紋的圖案竊取化了，實際就是邊緣化，就是從獨佔器物圖案的霸氣，退縮為一種裝飾和點綴，變成生活從一個時代走向另一個時代的印記，變成新時代生活的襯地。器物的圖案現在正形成一種新的豐富，竊取紋化了的饕餮、大鳳紋與瓦紋、波浪紋、鱗紋和雙頭龍紋等多種紋是共存共處，共同構成富於變化的圖景。饕餮

圖案的中心總是集中於兩隻圓睜的眼睛，現在，饕餮的眼一隻一隻的仍殘留在竊取紋中，失去了往日的強悍，大鳳紋也失去了它的誇張，它們作為構成一件器物圖案的部分，散發著一種古舊獨特的意味；營造著器物在這樣的特殊時代特有的古典而新派的文化氣息。由多重紋飾組成圖案，平面地延展著，多樣卻不散亂，立體而不浮泛，繁多中見統一，沉著中有律動。這樣的格局是由大波浪紋完成的，它把器物的畫面富於韻律地連結為一個呼應的整體。這樣的大波浪紋，它還時常形變為一條騰挪曲伸於圖案的蛟龍。蛟龍的出現最有重蹈過去圖案令人恐懼光景的危險了，但是蛟龍的身體並未被嚴重地變形，它還是一條蛇，整體形象並未向令人畏懼的方向誇張，所以它的促成圖案韻律作用，還是大於它威懾的效果的。裝飾化的各種圖案的總體傾向，是理智的，崇尚和諧講究富麗的，重視生活趣味的，表現出一種對生活的典雅、高貴的審美追求。

圖4-2西周青銅器物上的兩種竊取紋，多少保存著一些饕餮的意思

郭沫若在《青銅時代・彝器形象學試探》中說，在隋朝和金代，都曾有過毀壞上古彝器的事情發生，原因是以為那些器物的兇悍的圖

案作祟，不吉利。[9]這樣的不吉利之感，可能在西周的中晚期就已經有了。盨是一種西周中後期才出現的銅器種類。它一出現就是新風尚。器形大體呈長方形，但稜角轉折處，都是渾圓的。最有特色的是它的紋飾，多以出棱的瓦紋和鱗紋組成，也有用竊取紋或鳳紋與瓦紋相組合的，無論如何，其整體效果總是素淡中見高雅。當然這樣的審美傾向，不僅在新種類的盨身上有，在鼎、簋、盤、壺等其它器物上也是如此。討論器物紋飾的人間化特徵，有一種現象無論如何不能忽略，那就是鐘鼎銘文在西周所獲得的巨大發展。

與新派的圖案相伴成長的是銅器銘文。說起器物銘文，商代就有且有早晚差別。較早的銘記，多是標記器物的神靈歸屬，如「司母戊」等；到晚商時期，銘記器物因為什麼而鑄造的風尚出現了。前者重死者、神靈，後者則重生者、生活。周人開始就承繼的是後者並發揚光大。圖案不斷發生變化，在器物上鑄造文字的風尚始終不減，而且篇幅越來越長，內容、形式越來越多樣，越來越講究一件器物之作的社會背景交代，越來越講究書法韻味。這些器物，它們的文字把它們與歷史、與社會聯結起來。銘文或記載一次重大的典禮，如《天亡簋》；或記載一次重大的戰役勳績，如《𢦏簋》；或是一次重大人事任命，如《作冊令方彝、方尊》；或是家族在王朝生活經歷及所獲榮耀，如《史牆盤》及《𤼈鐘》；或是一個家庭與其它家族之間利益糾葛的記錄，如《曶鼎》《散盤》，或是一個人德行自勵的箴言，如近年發現的《豳公盨》，等等。有人說一篇銘文，價值抵得上一篇《尚書》。就表現生活的廣闊而言，這樣說是沒有太大問題的。一件器物就是隨死者埋葬地下，它的製作，在很大程度上說，也不是在表示對

9 參見郭沫若：《青銅時代．彝器形象學試探》注〔二〕，北京，科學出版社，1957，第325頁。

鬼神的敬畏，甚至不是獻給鬼神的；很大程度上，它們的製作，是表達生活的紀念和對德性生活的追求；與此同時，還有無意識間在字體章法上流露出來的情趣，在紋飾圖案的構思上顯示的意味，等等。器物銘文中，事功、勳績、榮耀或者在利益糾葛中的獲勝之外，祖先是經常被提及的，銘文最普通的現象，是稱讚祖先懿德對後人的蔭庇，叮嚀子孫不忘祖德，是銘文的家常，兩者相加就是周人的家族觀念的重要內容。這樣的家族意識是什麼？是一種人間意識，也是一種歷史意識。因此，一件器物製作的用意，是貯存凝固一個家族在社會生活之中所獲得的成就和榮耀，以此來紀念往者，激勵來者。這便是周人影響深遠的觀念，也是殷商銅器所沒有的東西。也正因此，西周銅器不再是宗教的彝器，而是生活和歷史的見證與紀念。不能說周人就沒有天帝、鬼神信仰，當超驗的信念與現實的向善努力可以結合時，宗教觀念內容就必然向歷史、向哲學方面遷延。在這樣的情形下，一個必然的結果是，單一圖案的時代——不論是饕餮，還是大鳳——成為過去。西周中期開始，並且在不久之後就相當明顯地竊取化及竊取紋與其它諸多紋飾共存現象，實際正適應的是這樣的強烈的生活化傾向。這樣的歸向生活的洪流，不正是那個尚「德」觀念的必然結果麼？

　　帶動大鳳紋走向裝飾性存在的，正是大鳳圖案所表達的精神。

第五章
三星堆文化及其藝術精神

　　三星堆遺址是一個很古老，也很神秘的文化現象。三星堆文化遺址位於川西平原北部的廣漢市三星堆村。遺址東西長約三公里，南北寬約二公里，是由三十多個零散遺址組成的古城遺址群落。城牆用斜坡堆土法修建，再進行夯築，有些地方還使用了土坯城磚。古城中部以半月形的月亮灣臺地為中心，南隔馬牧河是三星堆遺址，北臨鴨子河有西泉坎等遺址，西部橫梁子遺址上有一條西南——東北走向的土埂，連接了馬牧河和鴨子河。東部一道南北走向的土埂旁便是獅子鬧遺址。這些陸續出土的遺址群，揭開了古蜀王國的神秘面紗，為川西大地增添了凝重深邃的歷史感。

第一節　三星堆文化遺存

　　三星堆古城遺址的發現也充滿了偶然的因素。一九二九年春，一位叫燕道誠的農民在馬牧河北岸一處被稱作月亮灣的月牙形臺地上清理水溝時，從溝底偶然挖出一批玉器和石器，其中有玉圭、玉璋、玉琮、石斧、石璧等，總數達四百餘件。一九三三年冬，由華西大學博物館（今四川大學博物館）兩位資深學者——美國的葛維漢教授和林銘鈞教授率領的考古隊在月亮灣作了為期十天的考古探索。此次挖掘，出土了石器、陶片、玉器等文物六百餘件。新中國成立以後，經過數十年持續的挖掘整理，尤其是一九八六年夏天，在三星堆遺址發

現並挖掘了兩座祭祀坑遺跡。其規模之大、出土器物數量之多、種類之繁、品質之精，舉世罕見。這兩個長方形的祭祀坑，口大底小，坑內均用五花夯土回填，十分規整牢固。一號坑坑口長4.5-4.64公尺、寬3.3-3公尺.48公尺，坑底長4.1，寬2.8公尺，深1.46-1.64公尺。二號坑位於一號坑南面，相距約二三十公尺，坑口長5.3公尺，寬2.2-2.3公尺，坑底長5公尺，寬2.2-2.3公尺，坑深1.4-1.68公尺。一號坑出土的器物有金杖、金面罩、金箔虎形器、金料塊等金器，青銅器有人頭像、跪坐人像、人面像、龍柱形器、龍形飾、虎形器、龍虎尊、缶、盤、器蓋、戈等，玉石器有璋、戈、劍、鋤、佩、鑿、斧、錛、斤、璧、瑗等。另有尖底盞、平底盤、器底座等陶器，海貝若干，象牙十餘根。值得注意的是，坑中還發現了約3立方公尺的燒骨碎渣。二號坑所出器物比一號坑多，而尤以青銅器居多，比較引人注目的是出土了一尊高達2.64公尺的青銅立人像，高3公尺多的青銅神樹。除一號坑也出土過的人頭像、跪坐人像、人面像、尊、戈等外，新出土的器種還有青銅獸面像、罍、眼形器、眼泡、太陽形器、鈴、掛飾龍、蛇、鳥、雞等。另有金葉、金璋、金面罩、金箔帶等金器，戈、璋、璧、環、瑗、鑿、刀、斤、珠、管等玉器以及若干象牙和海貝。據觀察，這些器物在入坑時，均是按照器種的材質依次入坑的，最上面的是象牙，其次是銅尊、銅罍、人頭像、人面像、獸面像等，再其次是銅樹、掛飾、眼形器、太陽神器、戈、瑗、獸面像等。海貝被裝入銅尊內，玉鑿、玉瑗等玉器裝在銅罍內。值得注意的是，兩個祭祀坑內的器物均經大火燒燎過，青銅立人像、人面像、獸面像、銅罍、銅尊等大型銅器，除經火燒過外，還曾被砸擊過。而且這些器物大多數還有彩繪或者朱漆的痕跡，如銅頭像、銅人面像等的眼眶、眉毛都被描成黑色或者藍色，口、鼻、耳孔被塗成紅色，眼球繪回字紋狀，這大概是人類最早的「彩妝」。

　　《廣漢三星堆遺址一號祭祀坑發掘簡報》將三星堆遺址的文化堆積分為四個時期：「第一期的年代在新石器時代晚期的年代範圍內，第二期的年代大致在夏至商代早期，第三期的年代相當於商代中期或略晚，第四期的年代約在商代晚期至西周早期……一號祭祀坑的相對年代相當於殷墟文化第一期。」[1]二號坑出土的青銅頭像比一號坑的種類增多，造型更加繁複，更為成熟深邃，其年代應該比一號坑較晚。二號坑出土的青銅尊多為侈口、高領、束頸、鼓腹，圈足上刻鏤方形或長方形坑，這種形制的尊主要流行於商代晚期。許多器物飾有雙層花紋和三層複合花紋，以雲雷紋為襯，突出雙夔組合成的饕餮紋。在饕餮紋的上方，還有飾目雲紋。主體花紋帶還有飾圓渦紋，間飾乳釘紋、蟬紋等。在大型青銅立人像的座上還有圓圈紋和三角形雲紋。這些器物的器形和紋飾特徵，均與晚商時期的文化特徵相同。考古工作者推斷：「二號坑的時代大致相當於殷墟晚期。」[2]綜上，三星堆遺址一號坑屬於殷墟文化一期，相當於西元前十四世紀末至西元前十三世紀中葉，二號坑屬於殷墟文化四期，相當於西元前十一世紀中葉至西元前十世紀中葉。

　　關於一號坑和二號坑的性質，考古學界主要有六種觀點：

　　一是祭祀坑說。陳顯丹認為「三星堆遺址一、二號坑極可能是祭（埋）祀坑」[3]。剛開始還僅僅是推測，後來他堅持此一看法，並進一步確認說：「從上述的各種遺物現象結合文獻記載分析表明，三星

1　四川省文物管理委員會、四川省文物考古研究所、四川省廣漢縣文化局：《廣漢三星堆遺址一號祭祀坑發掘簡報》，《文物》1987年第10期。

2　四川省文物管理委員會、四川省文物考古研究所、廣漢市文化局、文管所：《廣漢三星堆遺址二號祭祀坑發掘簡報》，《文物》1988年第5期。

3　陳顯丹：《廣漢三星堆一、二號坑兩個問題的探討》，《文物》1989年第5期。

堆遺址一、二號坑應是祭（埋）祀坑。」[4]宋治民贊同此說：「一、二號坑的性質，多認為是屬於祭祀坑，筆者也認為是祭祀坑。則是因為，一、二號坑的形制都很規整，填土層層夯實，而不像彭縣竹瓦街的窖藏那樣。如果是倉促之間的埋藏，不可能有從容的時間挖成那樣規整的長方形坑，有先後次序的放置器物，更無時間將填土層層夯實。再從出土器物看，也應為祭祀之後所埋。」[5]祭祀坑說影響較大，普遍為學界所接受。

　　二是墓葬坑說。張明華根據坑中器物有被焚燒過的痕跡，推斷可能是「死於非命的蜀王的火葬墓」[6]。但此說對蜀人火葬及墓葬形制等具體制度方面的研究，尚缺乏足夠的證據。也有學者提出「陪葬坑說」，但王燕芳、李復華不同意此說，認為：「先秦時期蜀地確有陪葬之俗，但是若要斷定三星堆的兩坑為陪葬坑，那就必須要在坑的附近有同一時期特大型墓葬的發現才足以證明，否則兩坑為陪葬之說就會由於沒有陪葬對象而難以成立。惜哉兩坑的區域內至今尚無相應的大墓發現，只是陪葬說立論無據，故此說可暫時置而弗論。」[7]

　　三是「犁庭掃穴」毀其宗廟說。徐朝龍認為，這兩個坑並不是祭祀坑，而是古蜀國大規模王朝更替的結果。坑內器物隨魚鳧王朝的滅亡被砸碎燒毀埋於坑中。魚鳧王朝末期，杜宇這股新的政治力量崛起，推翻了魚鳧王朝。魚鳧宗族被殺，其銅器、王杖等財寶被燒毀葬

4　陳顯丹：《三星堆一、二號坑幾個問題的研究》，《四川文物》1989年「廣漢三星堆遺址研究專輯」。

5　宋治民：《廣漢三星堆一號、二號祭祀坑幾個問題的探討》，見四川大學博物館、中國古代銅鼓研究學會編：《南方民族考古》第三輯，成都，四川科學技術出版社，1991，第79頁。

6　張明華：《三星堆祭祀坑會否是墓葬》，《中國文物報》1989年6月2日。

7　王燕芳、王家祐、李復華：《論廣漢三星堆兩座窖葬坑的性質及其相關問題》，《四川文物》1996年增刊。

於一號坑中。其宗廟被搗毀，那些一度被認為神聖不可侵犯的神像、禮器也被砸碎燒毀拋入坑中（二號坑）。「『祭祀坑』應該更名為『魚鳧滅國器物坑』。杜宇族取代魚鳧王朝在早蜀文化歷史上是一個重大的轉捩點，而『魚鳧滅國器物坑』則是這一歷史巨變的見證」。[8]但是這種說法存在很大異議。在物質極度貧乏的遠古時代，戰勝國多半不會將戰利品毀埋，取而寶之用之的可能性比較大。所以，李復華說：「三星堆兩座窖藏坑為『犁庭掃穴』的可能性較小，故此說僅可備一說而有待證明。從戰敗國一方來看，敗時將國之重器毀而窖之的可能性亦是比較小的。」[9]

四是窖藏說。李復華認為，廣漢三星堆遺址的兩座遺存十分豐富的大型窖藏坑，很可能是某兩位開國蜀王仿效中原舉行告祭百神儀式後遺留的大批禮器坑。一號坑即可能是魚鳧氏稱王告祭百神的遺存，自然其窖藏者是魚鳧了；二號坑很可能是開明一世為蜀王之初舉行告祭百神大典的遺存，其窖藏者自然就是開明一世（鱉靈）了。[10]錢玉趾贊同此說，認為應該是因戰爭引起的窖藏。銅像、各種禮器在戰爭中被戰火焚毀，戰敗者在逃亡前無力帶走這些器物，所以挖坑將未燒毀的部分埋藏，也可能是勝利者在無法帶走戰利品的情況下將其挖坑埋於地下所形成的窖藏。[11]

五是不祥寶器掩藏坑說。孫華認為兩坑所出器物多與原始宗教中的祭祀活動有關，但絕不是說這兩個坑都是祭祀坑。坑中器物的性質

8　徐朝龍：《三星堆「祭祀坑」唱異（續）——兼談魚鳧與杜宇的關係》，《四川文物》1992年第6期。

9　王燕芳、王家祐、李復華：《論廣漢三星堆兩座窖葬坑的性質及其相關問題》，《四川文物》1996年增刊。

10　王燕芳、王家祐、李復華：《論廣漢三星堆兩座窖葬坑的性質及其相關問題》，《四川文物》1996年增刊。

11　錢玉趾：《三星堆青銅立人像考》，《四川文物》1992年「三星堆古蜀文化研究專輯」。

與坑的性質並不完全一致，它們可能是古蜀國「亡國寶器掩埋坑」，是當時特殊宗教習俗的產物。[12]

六是盟誓遺跡說。王仁湘認為坑中獸骨在犧牲前都曾被放血，也就是歃血為盟的結果，而大量使用玉器也是古代盟誓的通例。不同類型的青銅偶像相對集中地出土，這種情況只有在盟誓時才有可能出現。所以這些器物不可能是宗廟祭器，而是盟器。[13]

綜合來看，儘管考古簡報所提出的「祭祀坑說」仍有進一步搜集論據的必要，但較諸他說，似乎更有說服力。趙殿增將論證三星堆器物坑為祭祀坑的理由總結為七點：第一，這些器物大都出自於一種規整的長方形土坑之中，均是有意所為，規範而整齊；第二，坑的方向比較一致，已發現的幾座長軸均呈東北——西南向，方位在北偏東三十度至三十五度左右，這種取向規律可能有特定的意圖；第三，坑中器物常常是擺放數層，布滿全坑，不是偶然所為，或輕率埋棄的，而是一種有意製作，並為達到一定目的精心埋存下來的；第四，坑內器物均為宗教祭祀用的禮器、神器或犧牲供品，沒有發現生活用具、生產工具、隨身武器之類的器物；第五，這些器物和犧牲供品埋入土坑之前，還舉行過一定的祭祀和宗教儀式，如殺牲放血的裸祭、焚燒損壞的燎祭等；第六，這些器物坑不是一個時期、一次活動或一個等級、一種儀式之後存埋下來的；第七，這些土坑的規格和等級也各不相同，表明大約是不同等級、不同規格、不同時期、也可能是為不同目的而舉行的多種祭祀瘞埋活動。基於以上幾點，三星堆兩座器物坑為「祭祀坑」說是比較合理的。[14]學界激烈的爭論，反映出了三星堆文化的博大精深和撲朔迷離。它向世人展現了一個湮滅千年的古文

---

12 孫華：《三星堆器物坑的年代及性質分析》，《文物》1993年第11期。

13 王仁湘：《從月亮灣到三星堆——葬物坑為盟誓遺跡說》，《文物天地》1994年第6期。

14 趙殿增：《三星堆文化與巴蜀文明》，南京，江蘇教育出版社，2005，第239-241頁。

明，為揭開古蜀歷史文化之謎提供了一把鑰匙。

三星堆祭祀坑出土的文物種類繁多，數量龐大，按照其具體功用主要可分為以下四類：

一是青銅人像類，包括青銅立人像、人頭像、小人像、人形飾物及刻繪人像等，其大小與人類相仿，基本是採用寫實手法完成的作品。此類器物共計百餘件，包括大型青銅立人像一尊（二號坑出土），小型人像七尊（二號坑出土），人頭像五十七尊（一號坑出土13尊，二號坑出土44尊），神壇人頭像飾物二十四件（二號坑出土），神樹人頭飾物三件（二號坑出土），刻繪於祭山圖玉璋上的巫師圖像二十二個（二號坑出土）。這些人像大多以現實中真人的大小、比例、裝扮、儀態來塑造的。其儀態莊嚴肅穆，或佇立、或跪拜、或守護於神樹、或配飾於神壇、或繪於山川之間、或被塑成獨立的圓雕，總之是宗教儀式的莊嚴儀態。值得注意的是，這些人像的四肢比真人粗壯很多，手成握拳狀，有的手裡握有玉璋等祭祀神器，學者推斷可能是正在操辦宗教儀式。趙殿增推測這些人像「是一個巫師或祭師集團，是當時整個社會的主要統治者，是一代蜀王朝的政治基礎」[15]。這些青銅人像大概都是宗教祭祀活動的主體。

二是青銅面具類。三星堆祭祀坑出土的人面具數量繁多，造型奇特，具有濃鬱的神秘意蘊。其總數達百餘件，包括巨型縱目面具一件（二號坑出土），縱目勾雲紋大面具一件（二號坑出土），人面具二十件（二號坑出土），小人面具一件（一號坑出土），獸面具九件（二號坑出土），另有眼形飾物若干。巨型縱目面具的瞳孔被誇張成外凸狀，其它面具的眼睛或被做成勾雲狀，或呈菱形、三角形、圓泡形，反映出當時古蜀人對眼睛的獨特崇拜。三星堆青銅面具均成半圓形筒

---

15 趙殿增：《三星堆文化與巴蜀文明》，南京，江蘇教育出版社，2005，第243頁。

狀，背面中空，呈圓柱形，兩耳上下各有方形榫孔，表明它們可能是被懸掛起來供人朝拜的。小型面具和獸面具的四角也都有孔，可以被組裝、懸掛或者佩戴用。趙殿增認為「這些面具是一批具有特殊地位的神像，是當時崇拜的主要神靈的化身……大面具是蜀祖『縱目』置身『蠶叢』的神像，是三星堆古人祖先崇拜的具體反映，具有特定的宗教含義」[16]，是很確切的。

三是動植物造型、飾物、圖像類。三星堆祭祀坑中還有許多被塑造成動、植物形狀的青銅製品。植物類以青銅神樹為代表。神樹共計六株，大小不等。最大的一株有四公尺多高，每一根主幹有九條枝杈，上又有神鳥、翔龍、人手、刀璋及各種植物造型掛飾。還有一棵大型神樹高兩米多，樹座上有三個跪祭人像。小型神樹高約一米左右，枝條變幻多姿，樹上立有「人首鳥身」的精靈。動物類器物主要有鳥、龍、虎、蛇、魚、雞、牛、怪獸等。還有一個飾物也被塑造成動植物造型，如鷹形鈴、鳥形飾、扇貝形掛飾、海貝形掛飾、龜背形掛飾、葉形掛飾、果形掛飾等。有些金器也被做成動植物造型，如金虎、金魚、金葉形器、金璋形器等。這些造型、飾物和圖像被塑造成自然界的動植物造型，可能與三星堆時代的圖騰崇拜有關。這些器物可能就是祭祀過程中的圖騰標誌。

四是禮器儀仗類，包括銅罍、銅尊、壺、盤、器蓋、玉戈、玉璋、玉琮、璧、瑗、石斧、金杖、象牙、海貝、珍珠、陶器等。最具特色的是金杖和神殿。金杖長一點四二公尺，刻有兩個人頭像和四對魚鳧紋，學者推斷可能是古蜀國王的權杖或者巫祭人員的法杖。青銅神壇下部是一對怪獸，承載整個壇座。中間是站立著的四個祭祀者雕像，上部是四座神山和正方形神殿，神殿四方各有五個跪祭人像。在

---

16 趙殿增：《三星堆文化與巴蜀文明》，南京，江蘇教育出版社，2005，第244頁。

三星堆數目繁多的禮器當中，有一部分與中原祭器相仿，可能是向中原文化學習借鑑的結果，如璋、璧、戈、矛等，表明了三星堆時代的古蜀國並不是一個封閉的國度。有些禮器是古蜀國所獨有的，如象徵王權或神權的金杖，結構複雜的神殿等，反映了古蜀文明的特異之處。

　　從三星堆出土的器物來看，古蜀國的繁榮輝煌持續了一千五百年之久，然後又突然地消失了。當歷史的記載再一次銜接上時，中間已隔了兩千多年的神秘空白。關於古蜀國的滅亡，學者們提出了種種猜測：一是水患說。三星堆遺址北臨鴨子河，馬牧河從城中穿過，因此有學者認為是洪水肆虐的結果。但考古學家並未在遺址中發現洪水留下的沉積層。二是戰爭說。遺址中發現的器具大多事先被燒灼或砸毀，似乎也印證了這一解釋。但後來人們發現，這些器具的年代相差數百年，所以戰爭說似乎不能成立。三是遷徙說。由於某種災難，三星堆人遷徙到了遠方。這種說法比較空泛，缺乏足夠的實證資料，未能從根本上解決問題。關於古蜀王國消失的種種說法，似乎都難以達成共識。古蜀國消失在歷史長河的真正原因，直至今日依然如謎。

第二節　三星堆遺址與古蜀文明

　　三星堆是古蜀王國的都城遺址。關於古蜀國的歷史，傳世文獻記載寥寥。東漢揚雄《蜀王本紀》載曰：「蜀之先稱王者有蠶叢、柏濩、魚鳧、蒲澤、開明，是時人萌椎髻左衽，言不曉文字，未有禮樂。從開明以上至蠶叢，積三萬四千歲……蜀王之先名蠶叢，後代名曰柏濩，後者名曰魚鳧。此三代各數百歲，皆神化不死，其民亦頗隨王化去。魚鳧田於湔山，得仙。今廟祀於湔，時蜀民稀少。」杜宇之後，又有鱉靈治水、禪讓即位建立開明王朝的故事。這些記載約略告

訴我們古蜀王國的朝代更替狀況，但其都城舊址所在卻無從知曉。三星堆遺址的發現為探索古蜀文明提供了強有力的線索。學者通過對三星堆器物的分析，認為「三星堆遺址發現的早商時期蜀都城牆，屬於三星堆文化第二期，應是魚鳧王統一蜀國後所築⋯⋯三星堆文化二至四期出土有大量鳥頭勺柄，長喙帶鉤，極似魚鷹，一般認為與魚鳧氏有關。一號祭祀坑所出金杖上的圖案，有人頭、鳥、魚，鳥的形象與勺柄上的鳥頭一致。因此學術界普遍認為這是魚鳧氏的文化遺存。三星堆文化第二期約當夏商之際，第四期約當商周之際，二至四期一脈相傳而又有所發展演進，正與魚鳧『數百歲』相合。因此，魚鳧氏的年代約相當於有商一代（西元前17世紀至西元前11世紀）」。[17]高大倫也認為三星堆器物與魚鳧王朝有某種聯繫：「經過近十多年的考古發現和研究，古人感到茫然的魚鳧族歷史，已漸漸浮出水面：魚鳧非人名而是族名，他們以一種善捕魚的鳥為圖騰，歷數百年都沿用這一稱呼不改。今天我們所能見到的魚鳧族遺物，最早可以上推到夏代。早在夏商時期的中國上古時代，魚鳧族在川西大地上建立了自己的國家，地域北達漢中、寶雞，東到川東、鄂西，南到宜賓、樂山一代。至遲在商朝中期，已步入輝煌鼎盛階段，修建了城市，能鑄造大型的、成批的青銅器，琢製出精美的玉石器，有了成套成列的禮器，並與中原地區有了頻繁和快捷的交流。至商中期偏晚，魚鳧滅國，其後一部分人輾轉北上到達寶雞，建了國，和中原周王朝關係密切，漸被中原文化所融合。也有一部分魚鳧族人在川西地區留了下來，相信晚期蜀地居民中有一部分屬於魚鳧族後裔。」[18]三星堆古城址除是魚鳧王朝的故都外，其後的杜宇、開明朝，它也一直是都城所在地。黃劍

---

17 段渝：《四川通史》第一冊，成都，四川大學出版社，1993，第33-34頁。

18 高大倫：《古蜀國魚鳧世鉤沉》，《四川文物》1998年第3期。

華說：「（三星堆）很可能營建於魚鳧時代，並成為杜宇時代的重要城邑，後來由於政權變更和都邑的遷徙而被開明時代所廢棄。」[19]三星堆文化前後歷時近兩千年，在川西大地保持了幾朝幾代的輝煌燦爛。

　　從精神層面來看，三星堆文化無疑具有濃厚的宗教色彩。它反映了古蜀以宗教立國、宗教居於精神生活主導地位的特殊歷史階段。通過對出土器物的考察，我們總結出三星堆時代的宗教信仰主要有三種類型，即以神樹、太陽、山靈為代表的自然崇拜，以鳥、龍、虎等為代表的圖騰崇拜和以「縱目神」為代表的祖先崇拜。

一　自然崇拜

　　自然崇拜是最原始的宗教形式之一。它把自然物和自然力視作具有生命意志和超然能力的對象而加以崇拜，通常以人格化或神聖化的自然物和自然力為崇拜對象，如天、地、日、月、星、山、石、海、湖、河、水、火、風、雨、雷、雪、雲、虹等。遠古時代的人認為這些自然現象表現出的生命、意志、情感、靈性和奇特能力會對人的生存及命運產生各種影響，因此對之敬拜和禱告，希望能獲其祐護降福消災。自然崇拜與人的社會存在有著密切關係。人類原始部落群體因各自生活環境不同而具有不同的自然崇拜對象和宗教形式，一般都選取對本部落社會生產與生活影響最大或危害最大的自然物和自然力作為崇拜物，並且具有近山者拜山、靠水者敬水等地域及氣候特色，反映出人們祈求風調雨順、人畜平安、豐產富足的實際需要。自然崇拜是「萬物有靈」信仰的體現。三星堆時代自然崇拜主要表現為對神樹、太陽和山靈的崇拜。

---

19 黃劍華：《古蜀的輝煌》，成都，巴蜀書社，2002，第61頁。

（一）神樹崇拜

一九八六年夏，在四川廣漢三星堆遺址二號祭祀坑中，發現了大型青銅神樹二件，考古簡報稱之為「I號大型神樹」和「II號大型神樹」。同時出土的，還有青銅小型神樹殘件四件。這些神樹在入坑之前均被砸爛焚燒過。從復原部分看，它們的底部都有圓形托盤和三叉形的樹座，主幹上有若干條枝丫，上有立鳥、果實、掛飾、雲紋等，有的還有巨龍盤旋或跪人像，顯然是宗教祭祀器物。

「I號大型神樹」樹高超過四米，樹形龐大。底部為由圓環形底盤和三叉狀支座組合成的基座。樹的主幹呈圓柱形，高大挺拔。主幹上共有三截枝杈，每一截枝杈處各長出三根小的枝條，形成三層樹冠。枝條輕柔如柳枝，隨風舞動。枝條尖端皆有桃心形果實，果實外有蒂瓣包裹，瓣上有鏤空的雲紋飾物。果實上皆立有小鳥，長嘴卷鈎，圓眼短項，張翅翹尾，雙腿健碩，兩爪尖銳。主幹頂端有一個大型果托，其蒂瓣比枝頭果實蒂瓣更大，枝端應該也有一隻立鳥，在砸毀過程中丟失了。樹幹之上有巨龍盤旋而下，其前爪落於基座地盤，龍尾高至樹梢。龍身有三處與神樹主幹相黏連。龍尾殘斷，現存僅有一點八米，估計原長足有三米以上。這棵三層九枝十二果、九鳥翔立、飛龍攀緣的高大神樹，是中國乃至世界上最龐大的青銅器物之一，其造型、規模、裝飾、神韻，都稱得上是非凡之物。

「II號大型神樹」整體形態與「I號大型神樹」基本相同。最底部是圓環狀的山形底座。樹幹分層，每層有三根枝條，枝端結有果實，枝頭飛鳥挺立。「II號大型神樹」沒有盤龍附緣，但是樹座上有三個跪祭人像。人像高十九公分，方頭闊面，頸短耳尖，大眼粗眉，蒜頭闊鼻，頭頂戴帽，身穿對襟長衣短裙，赤足跪於地上。雙手作握狀平舉於胸前，左手在下，右手在上，像是祭祀過程中向神進貢的姿態。「II

號大型神樹」殘存僅一九六公分，估計原高應在三公尺以上。

　　小型青銅神樹的規模比兩棵大神樹小很多。總共有四棵，樹高均在一米左右。樹形各不相同。其基座形狀多樣，有多層雲山狀圓臺式、三叉座式、細長辮索式等多種。枝幹外形和斷面有扁圓式、繩索式、「I」字梁式、「V」字梁式等。樹枝分布、層數、形狀也不相同。枝端鳥的形狀也不盡相同，有的頭上有三支孔雀翎狀的頂冠，有一隻立鳥甚至呈現為「人首鳥身的精靈」。鳥身刻有勾雲紋，人首人面，其神情與青銅人像很相似。趙殿增認為：「這種鳥的形象和位置，表明它們是具有人的氣質的精靈和神怪，更突出了樹上立鳥具有神秘的社會內涵。」[20]

　　青銅神樹群的存在，反映了三星堆時代古蜀先民對樹的崇拜習俗。傳世文獻中也有許多神樹崇拜的神話傳說與之相呼應，如東方的扶桑、西方的若木、中間的建木就是三棵具有神話色彩的神樹。扶桑是傳說中生長在世界東方的一棵太陽神樹，是每天清晨太陽神鳥載日升起的出發之地。《山海經‧海外東經》記載：「湯谷上有扶桑，十日所浴，在黑齒北。居水中，有大木，九日居下枝，一日居上枝。」扶桑又名扶木，樹形高大茂盛。《山海經‧大荒東經》記載：「湯谷上有扶木，一日方至，一日方出，皆載於烏……柱三百里，其葉如芥。」扶桑是太陽所居之地。遠古傳說天上有十個太陽，它們是帝俊與羲和之子。《山海經‧大荒南經》記載：「東南海之外，甘水之間，有羲和之國。有女子名曰羲和，方浴日於甘淵。羲和者，帝俊之妻，生十日。」十兄弟人值一日，輪流當班。當其中一個值班的時候，其餘九個就棲居於扶桑樹上。與東方的扶桑相對應，若木是世界西極的一棵太陽神樹，為日入之處，是太陽下山的地方。《山海經‧大荒北經》

---

20 趙殿增：《三星堆文化與巴蜀文明》，南京，江蘇教育出版社，2005，第341頁。

記載：「大荒之中，有衡石山、九陰山、灰野之山，上有赤樹、青葉、赤華，名曰若木。」《海內經》說：「南海之外，黑水青水之間，有木名曰若木，若水出焉。」屈原《離騷》有「折若木以拂日兮」句，王逸《楚辭章句》注曰：「若木在崑崙西極，其華照下地。」太陽每天從東方扶桑樹上升起，晚上落於西方若木神樹。蕭兵說：「東方有太陽神樹扶桑，供太陽神鳥初翔時盤桓，西方也可以有太陽神樹，供太陽神鳥降落時歇息。」這是先民們對太陽東升西落現象極富想像力的神話。與扶桑和若木為太陽的棲所不同，處於東西兩極之間的建木則是一株通天的神樹。《山海經・海內南經》說：「有木，其狀如牛，引之有皮，若纓、黃蛇。其葉如羅，其實如欒，其木若藘，其名曰建木。在窫窳西弱水之上。」《海內經》又載：「南海之內，黑水青水之間……有九丘，以水絡之，名曰陶唐之丘、有叔得之丘、孟盈之丘、昆吾之丘、黑白之丘、赤望之丘、參衛之丘、武夫之丘、神民之丘。有木，青葉，紫莖，玄華，黃實，名曰建木，百仞無枝，上有九欘，下有九枸，其實如麻，其葉如芒，大皞爰過，黃帝所為。」從《山海經》所記來看，建木是一株依山傍水、挺拔無比的大樹。那麼這株大樹是用來幹什麼的呢？《淮南子・地形訓》說：「建木在都廣，眾帝所自上下。日中無景，呼而無響，蓋天地之中也。」眾帝也就是眾神，「所自上下」就是來回上下於天庭的通道。眾神以及身懷通天絕技的巫師，通過建木出入於俗世與天庭之間，建木就是一株通天的神樹。趙殿增總結說：「三星堆眾多銅樹的發現，表明當時蜀人的樹崇拜已擴展成內涵極其豐富的一個信仰體系。神樹既是上天的階梯，又是太陽的居所、神靈使者的居住所，還是祭祀時的神壇、供臺，同時又可能是被祭祀的社神、地母。從樹的總體形態還可以看出，它下面的基座可能是代表高大的神山，與古代傳說中建木生於崑崙之巔有相似之處。樹上群鳥都與魚鳧族圖騰的鳧鳥相似，這些鳥也

同時被作為本民族守護之神的化身。大銅樹的體態遠高於各種神器，可能是被放置於祭壇的中央，圍繞它來進行宗教祭神活動的。神樹此時就成為天國神界的代表，成為天堂的象徵。在三星堆古蜀王國人們的信仰崇拜之中，『樹崇拜』具有特別突出的地位，因此才會塑造出如此眾多如此宏大的神樹。這種樹崇拜之俗，在東漢四川等地的銅質搖錢樹上得到繼承和發揚，形成了又一批具有優美華麗的藝術造型並反映了豐富思想內涵的文物珍品。」[21]

（二）太陽崇拜

　　遠古時期，無論是東方還是西方，太陽崇拜都非常普遍。太陽向人間提供光明和熱量，是萬物之源，生命的主宰。古希臘神話中，太陽神被稱為「阿波羅」。他右手握著七絃琴，左手托著象徵太陽的金球，讓光明普照大地，把溫暖送到人間，是萬民景仰的神靈。中國遠古傳說中「伏羲」、「太昊」、「帝俊」、「重華」、「黃帝」、「高陽」等實際上都是太陽神的化身。甲骨卜辭中有許多崇拜日神的記錄，如《甲骨文合集》六五七二：「戊戌卜，內，呼雀於出日於入日。」《懷特》一五六九：「乙酉卜，又出日入日。」這些都是迎日送日儀式的記載。《禮記‧祭義》記載：「郊之祭，大報天而主日，配以月。夏后氏祭其暗，殷人祭其陽，周人祭日以朝及暗。」孔穎達疏曰：「天之諸神，唯日為尊，故此祭也，日為諸神之主，故云主日也。」可見從夏至商周，日神是被作為主宰上天的神來崇拜的。考古挖掘中，經常會發現刻有太陽形圖案或符號的考古材料，如黃河流域上游與中游的辛店文化和仰韶文化出土的彩陶，以及青海、廣西、江蘇、內蒙古等地遠古時代遺留下來的岩畫都有大量的太陽形圖案或符號。這些都說明，在

---

21 趙殿增：《三星堆文化與巴蜀文明》，南京，江蘇教育出版社，2005，第344頁。

原始社會各地先民普遍的自然崇拜中，太陽崇拜極為重要。古蜀當然也有崇拜太陽的宗教情結。三星堆遺址出土了大量太陽形器和刻有太陽形圖案的許多器物，包括太陽神樹、青銅神殿、銅掛飾、玉璋、人面鳥身像等，都說明在三星堆文化中，古蜀人也是崇拜太陽的。

青銅太陽形器大概是三星堆出土器物中最神秘的禮器，其用途和象徵含義一直眾說紛紜。有人釋為車輪，但從復原之後的器物看，它並不能轉動，顯然不是車輪。有人釋為盾牌，但有誰會用鏤空的盾牌作為防身之具呢？比較合理的看法是表現太陽崇拜觀念的一種裝飾器物。在農耕部落中，太陽崇拜是一種必然現象，此太陽形器就是太陽崇拜觀念的反映。三星堆遺址出土的太陽形器很多，但都被砸毀焚燒過，目前可分辨出的有六件，其中有兩件得到較為完整的復原。太陽形器的中心部分為一個圓形乳泡，直徑在20-30公分，高6.8公分，挖掘報告稱之為「陽部」，表示太陽本體。陽部周邊有五道光芒，芒道內寬外窄，中央高起，呈放射狀向外延伸，呈均勻分布狀態。芒道外有一圈光暈，寬6-8公分，成圓弧拱狀。在陽部最中心以及光芒與光暈的交接處均有起組裝固定作用的小孔。從復原的兩件太陽形器來看，一件直徑84公分，陽部直徑28公分，高6.5公分，芒寬5.5-11公分，暈圈寬6.4公分。另一件直徑85公分，陽部直徑28公分，高5公分，芒寬6-10公分，暈圈寬6.3公分。此外，太陽形器有時候還以變異的形式出現。在獸首冠人像的高冠之上和眼睛前方各有一個與太陽形器形狀完全相同的器物。它出現於圖騰神器的最前方，暗示出太陽崇拜在宗教信仰體系中的崇高地位。

太陽崇拜和鳥崇拜常常是合而為一的。上文中我們談到的青銅神樹，其頂端有一枝條雖然殘缺了，但上面應該有一隻立鳥。下面有九枝分為三層，每層三枝，枝端各有一隻立鳥。這十隻鳥應該就是十隻「太陽鳥」，或者說是十隻負日的金烏。由於三星堆文化中把「太陽

崇拜」和「鳥崇拜」常常合二為一，鳥即是太陽，太陽就是鳥，因此，這十隻鳥應該叫做「太陽鳥」。它們所反映的就是太陽神崇拜的信仰。此外，在一些神殿、神獸、神巫等具有神聖意義的器物和飾件上，還經常可以見到太陽形紋樣或圖案，這都是古蜀地區太陽神崇拜的體現。

（三）山靈崇拜

崇拜大山並對其進行祭祀是早期先民宗教信仰和行為的重要內容。古書中記載蜀人的祖先是蜀山氏。如《華陽國志・蜀志》記述了黃帝與蜀山氏聯姻的故事，「黃帝為其子昌意娶蜀山氏之女，生子高陽，是為帝嚳（顓頊），封其支庶於蜀，是為侯伯」。任乃強認為：「蜀山正是指的蜀山氏所居的岷山左右之山。」[22]而蜀國的開國之君蠶叢也有「始居岷山石室」的說法，看來蜀人將岷山看做了本民族始祖所在之地，因此崇拜神山並舉行山祭就在情理之中了。

刻有「祭山圖」的玉璋，就是古蜀地區的先民們祭山儀式的生動寫照。玉璋長約五十四公分，寬六到七公分，呈四邊形，上寬下窄，底部有一個用來固定繫掛的圓孔，大概此玉璋是掛在其它大型禮器某一部位的配飾。玉璋正反兩面所刻繪圖案基本相同，每一面圖案又分上下兩幅，呈反向對稱分布。每幅畫又分上下兩組，中間以雲紋隔開。雲紋是雲天的象徵。每組上方是人，下方為山，中間以橫線分開。整個玉璋共有二十二個人像，他們衣冠整齊，裝扮華美，有跪、立兩種姿態，手呈空心握狀，大概是向山神進獻的姿態。人像的身分應該都是祭祀活動的參與者巫師或祭司。整個玉璋共有十六座相同的神山，兩山之間還刻有船形圖案，陳德安說：「在兩山谷之間的上

---

22 任乃強：《四川上古史新探》，成都，四川人民出版社，1986，第49頁。

方，有一船形物懸於空中，似作升騰狀……似可釋為船和船上站立的
人……民俗學的資料中，亦有將舟船作為運載死者靈魂的交通工
具……整個圖案反映了蜀人把蜀山看成是自己祖先圖騰起源的聖地、
死後靈魂又必須回到祖先圖騰起源的聖地去的宗教觀念。」[23]可見此
船形圖案是人神交往的交通工具，是蜀人祭山活動的必備之物。

　　除刻有「祭山圖」的玉璋之外，還有一些器物也表現了山神崇拜
的跡象，如青銅神樹底部的「山」形基座，一些神殿的屋頂被建造成
「山」形，還有一些神器的底座也呈「山」形。另外，不少器物都刻
有「山」形的紋飾，所有這些都是山神崇拜觀念的體現。在古蜀人的
觀念中，為什麼對山的崇拜如此盛行呢？學者總結說，山是「通天」
的重要途徑。在中國古代傳說中，除了通過通天神樹以外，高山是通
天的另一個重要階梯；而大山又往往是神仙的居所，是諸神的都邑；
某些神山又被一些民族認為是本民族的起源之地，是本民族始祖所在
的聖地；四方神靈通常是各方大神的代稱，而這些神靈通常又是以大
山來命名的，如中國古代傳說中著名的「四嶽」（東嶽泰山、西嶽華
山、北嶽恒山、南嶽衡山）就是東南西北四座大山的主神。三星堆出
土的文物中有不少「神山」的造型，甚至出現了完整的「祭山圖」畫
面，都證明「山神崇拜」在當時十分盛行。[24]

二　圖騰崇拜

　　圖騰崇拜也是最原始的宗教形式之一，是早期人類精神生活的重

---

23 陳德安：《淺釋三星堆二號祭祀坑出土的「邊璋」圖案》，見四川大學博物館、中
　　國古代銅鼓研究學會編：《南方民族考古》第三輯，成都，四川科技出版社，
　　1991，第87-88頁。

24 趙殿增：《三星堆文化與巴蜀文明》，南京，江蘇教育出版社，2005，第348頁。

要組成部分。「圖騰」一詞來源於印第安語「totem」，意為「它的親屬」、「它的標記」。許多氏族社會的原始人認為本氏族人源於某種特定的物種，與某種特定的動、植物具有親緣關係。從這個邏輯出發，圖騰信仰便與祖先崇拜產生了關係。在許多圖騰神話中，先民認為自己的祖先就來源於某種動物或植物，或是與某種動物或植物有過親緣關係，於是這些動、植物便成了這個民族最古老的祖先。例如，「天命玄鳥，降而生商」，玄鳥便成為商族的圖騰。另外，「totem」還有「標誌」的意思，具有某種標誌性作用。圖騰標誌在原始社會中起著至為重要的作用，它是最早的社會組織標誌和象徵，具有團結群體、密切血緣關係、維繫社會組織和互相區別的職能。同時，通過圖騰崇拜，族人就可以得到圖騰的認同，受到圖騰的保護。三星堆遺址中出土了大量形象逼真、神態各異、種類繁多的動物造型或圖像，包括鳥、魚、虎、龍、蛇、象、雞、鷹、牛、羊、豬等十多種，代表著各部落各民族崇拜的圖騰，它們是前來參加祭祀活動的各個氏族部落的標誌物。多種圖騰在此彙集，表明當年有許多民族參加了三星堆古城的祭祀集會，共同構成了三星堆龐大的民族集團。

（一）鳥圖騰

在三星堆眾多與圖騰崇拜相關的器物中，以鳥圖騰數量為最多，地位最顯著，形態也最豐富。鳥有可能是當時眾民族中最顯要民族的圖騰。三星堆遺址出土的鳥形器物有一百餘件，如站在青銅神樹上的立鳥、獨立的圓雕立鳥、頭上羽冠紋飾華美的銅鳥、背羽呈流蘇狀聳起的銅鳥、片狀鳥形掛飾、鳥形鈴、鳥頭形器柄、金器上的鳥飾、玉器上的鳥形圖案、人首鳥身像，等等。最突出的一種是青銅神樹上的立鳥。每株神樹九條樹枝上各有一隻立鳥，圓眼、短頸、尖喙，頭頂飾有三瓣形花朵，均作展翅欲飛狀。與神樹上的立鳥相比，獨立的圓

雕立鳥體形更為豐盈龐大，裝飾也更為精美。鳥喙尖直，頂端有用來掛飾的圓孔。鳥腿粗壯，立於圓柱形基座上，座端有四個孔作為固定之用。最奇特的是，鳥身背部長出三支類似於孔雀尾的細長翎羽，羽端有心形的鏤空作為裝飾，甚是華美。這件圓雕立鳥可能是固定在祭祀器物上的獨立飾件。除此之外，鳥形器物還有大型鷹頭狀飾件、做成鈴鐺的鷹鳥，以及眾多片狀飛鳥飾件等。特別值得一提的是，在神壇方形頂部的四個立面正中，各有一隻雙翅展開的「人首鳥身」像，高居於神壇上方，其地位之顯赫表明它可能是神壇上被著重祭祀的主神。

　　古蜀先民對鳥的崇拜和祭祀，有其客觀現實原因。在漁獵文化向農耕文化轉型的過程中，古蜀先民從不同種類候鳥的遷徙往返中，窺見了四季更替與鳥的來去出沒之間的聯繫與同一性，由此認為鳥是天地之間的精靈，是傳達上天旨意的使者，因而他們開始在大量的青銅器物上表現鳥的形象，以鳥為本民族的圖騰，並祈求得到鳥圖騰的護祐。《山海經》中用鳥來進行占卜的記錄很多，以至於形成了這樣一種表述公式：「有鳥（或獸）焉，其狀如……見則……」如《山海經・南次三經》：「有鳥焉，其狀如雞……見則天下安寧。」《山海經・南次三經》：「有鳥焉，其狀如梟……見則天下大旱。」《山海經・西山經》：「有鳥焉，其狀如翟而五采文……見則天下安寧。」三星堆器物中眾多的鳥神形象，作為人神之間的橋梁，傳達神的旨意，代神向世俗人間發布禍福吉凶。它們身上被賦予了許多深沉的人間願望，具有強烈的宗教內涵。而且在古蜀人的信仰中，「崇鳥」與「崇日」往往相互交融。在古代神話傳說中，鳥通常是負日東升西落的精靈，所以又有「太陽鳥」之稱。《山海經・大荒東經》說：「湯谷上有扶木，一日方至，一日方出，皆載於烏。」鳥由於每天攜日東升西落的特殊職守，它因此成了太陽的標誌。在古人的觀念裡，鳥就是太

陽，太陽就是鳥，對鳥的崇拜和對太陽的崇拜通常是同時出現的。

（二）龍圖騰

龍是華夏民族共同的圖騰信仰，對龍的崇拜一直延續至今。先民們在面對身邊無以解釋的自然現象時，無形中會在意念中創造出一股神秘力量，他們對這種力量既崇敬，又懾服，於是將這種神秘力量與諸多世間物象聯繫起來，便生成了龍。在中國神話中龍是一種擅變化、興雲雨、造福萬物的神獸。許慎《說文解字》曰：「龍，鱗蟲之長，能幽能明，能細能巨，能短能長。春分而登天，秋分而潛淵。」《管子・水地篇》曰：「龍生於水，被五色而遊，故神。欲小則化為蟲蠋，欲大則藏於天下；欲尚則淩於雲氣，欲下則入於深泉。變化無日，上下無時。」龍能隱能顯，春風時登天，秋風時潛淵。又能興雲致雨，為眾鱗蟲之長、四靈（龍、鳳、麒麟、龜）之首。在後世的演變中，龍被賦予了更多的文化內涵。它成為皇權的象徵，歷代帝王都自命為「真龍天子」，專服龍袍，使用器物也以龍為裝飾。《山海經》記載，夏后啟、蓐收、句芒等都「乘雨龍」。另外，《大戴禮記・五帝德》記載「顓頊乘龍至四海」、「帝嚳春夏乘龍」等，都與龍有關。對現代中國人來說，龍的形象更是一種文化符號、一種民族情感的凝結，我們常常也自詡為「龍的子孫」、「龍的傳人」並深以之自豪。龍並不是實有的動物，而是由許多動物形象雜糅起來的虛擬物。東漢王充《論衡》說：「龍之像，馬首蛇尾。」龍最初的形象還比較簡單，即馬頭蛇尾。到了後世就越來越複雜，明代朱國禎《湧幢小品》則說：「鹿角、牛耳、駝首、兔目、蛇頸、蜃腹、魚鱗、虎掌、鷹爪，龍之狀也。」這顯然是經過長時間加工演化過的龍形象。與最初的龍比較，它複雜很多，許多圖騰形象被糅合了進去。前人把龍分為四種：有鱗者稱蛟龍；有翼者稱為應龍；有角者稱虯龍；無角者稱螭

龍。關於龍的主體原型，學者們先後提出了許多看法，有鱷魚說、蜥蜴說、馬說等，但普遍認同龍的主體原型是蛇。聞一多先生在《伏羲考》中指出，龍即大蛇，蛇即小龍。他還指出，以蛇為圖騰的氏族兼併別的氏族以後，「吸收了許多別的形形色色的圖騰團族（氏族），大蛇這才接受了獸類的四腳、馬的頭、鬣的尾、鹿的角、狗的爪、魚的鱗和鬚」，而成為後來的龍。此一觀點得到了學術界的普遍認同。後人在聞一多研究的基礎上，又作了許多補充，龍的形象由此得到廣泛傳播。

三星堆遺址中出土的青銅器物有許多龍的主題，如獨立龍造型、龍形飾物以及刻繪在器物上的龍紋，表明古蜀國也有龍崇拜的習俗。龍也是古蜀先民的圖騰之一。

三星堆一號祭祀坑出土的青銅爬龍柱形器，是典型的以龍圖騰為主體的器物。器身呈圓柱形，上粗下細。器上有一龍昂首站於器頂，下身垂於器壁，兩後爪緊抱器壁兩側。龍頭呈方形，龍口大張，作嘯吼狀。大耳，鐮刀狀犄角，頷下有細長鬍鬚，頭部極像「羊」的造型，和尊、罍上所鑄的羊有相似之處。龍身纖細，四肢粗短，龍爪肥大，龍尾上捲，整體形態與蜥蜴又極似。林向認為：「這是一條長著羊頭的神龍，龍的形象或說像豬、像鱷等。而此龍則像羊，透露出是與眾不同的羊種民族的神龍傳說。羌、姜均從『羊』，相傳『禹興於西羌』，如此看來，這正是興於西羌的夏禹的親族──蜀王所有的羊頭龍金權杖。」[25]蜀人的一支源於西羌，這條羊首之龍正有其圖騰的痕跡。我們從這條羊首之龍身上也看出了複合圖騰的雛形，有明顯的蜀地特色。屈小強指出：「此乃集燭蛇、羊、鱷、虎等古羌──蜀族集團

---

25 林向：《蜀與夏──從考古新發現看蜀與夏的關係》，《中華文化論壇》1998年第4期。

在長達一兩千年乃至兩三千年以上的發生發展史上曾擁有過的多種圖騰於一體的複合圖騰。」[26]這條集蛇、羊、蠶、虎為一體的複合圖騰，明顯不同於其它上古文化遺址中發現的「龍」的造型。它集多種蜀地不同種族的圖騰於一身，是古蜀人由不同部族走向融合的形象寫照。

　　青銅大神樹的主幹上有一身酷似繩索的殘龍。龍頭呈長方形，似馬面。頭上有犄角，長短不等。圓眼，每隻眼有四個稜角。張口露齒，昂首觸地。龍身細長，呈繩索狀蟠曲而下，有三處與神樹相接。五指龍爪，酷似人手。羽翼似刀，尾部朝天，似從天而降。這條攀緣於神樹之上、從天而降的巨龍，具有極其重要的宗教內涵。趙殿增指出：「神樹為上天的天梯通道，是社神的標誌。巨龍盤於樹上，首先具有護衛神樹的意義。中國古代以龍護柱的習俗由來已久，從原始社會圖騰柱到宋元明清一直盛行的華表，都有龍盤柱上守護神柱的意義。古代神樹是首領帝王上天的道路，這些神人也常常變化為龍，以便往來於天地之間，所以龍又是古代巫師君王的化身。龍攀樹而下，可能還是表現君王巫長從天上下到地上，代表上天把旨意傳到人間。神樹上的巨龍體形特殊，不同於其它龍的造型，應為本地信奉的某種龍神，可能是以這種龍為圖騰的一些氏族部落的標誌物。」[27]此外，祭祀坑中出土的大量龍體造型、龍形飾物以及器物上的龍形紋，如龍形杖頭飾物、龍柱形器、龍虎尊、青銅立人像法衣上的飛龍，都說明對龍的崇拜是古蜀先民宗教信仰的重要內容。

（三）虎圖騰

　　三星堆出土的虎形器物並不多，而且均出土於一號祭祀坑中。主

---

26 屈小強：《三星伴明月：古蜀文明探源》，成都，四川教育出版社，1996，第200頁。
27 趙殿增：《三星堆文化與巴蜀文明》，南京，江蘇教育出版社，2005，第335頁。

要有虎形銅器、金虎、龍虎尊三件。

　　虎形銅器是一件獨立的老虎造型，由一隻猛虎站立於圓形基座組成。猛虎身長11.4公分，高10.8公分，圓形基座直徑7.8公分，虎頭方闊，張口齜牙，虎牙緊密咬合，雙目圓瞪，神態猙獰。虎身壯碩，四爪著地，虎尾向上直愣地翹起，做靜態防守狀，威風凜凜。

　　三星堆二號坑出土的銅虎，殘長43.4公分，寬13.05公分。銅虎巨頭立耳，張口露齒，昂首怒目，雙耳豎立，虎尾下曳，尾尖翹捲，若咆哮狀。虎身一面是凸起的高浮雕，光素無紋，另一面全身鑄有虎斑紋凹槽，槽內由小方塊綠松石鑲嵌填充平整。銅虎前後腿部拱面有半環紐，應是用以套穿繩線或銅絲，以便懸掛。其造型以簡馭繁，氣韻生動，張力畢出，不僅說明蜀人對虎的觀察細緻入微，也表明虎的形象在其心目中有十分重要的地位。

　　金虎係用金箔捶拓而成，於一九八六年出土於三星堆遺址一號祭祀坑。長12公分，高約有7公分，重約7.3克。昂首卷尾，腰背部下陷，整體呈撲擊狀，力感和動感都顯得很強烈。虎頭碩大，虎口大開，作咆哮狀。虎耳巨大，呈勾雲狀。眼部鏤空。虎身較為細長，前爪伸舉，後退屈蹬，虎尾捲曲，整個金虎呈奔跑狀，也或許是正欲撲向獵物的伏擊狀，威武勇猛。飾片上還壓印有「目」形斑紋。這不僅是一件珍貴的藝術品，也體現了三星堆時代人們的虎圖騰崇拜觀念。

　　三星堆一號祭祀坑出土的青銅龍虎尊，圈足高12公分，殘高43.3公分。尊頸上有三周弦紋，肩上有一條高浮雕鑄成的呈蠕動遊弋狀的游龍。龍頭由器肩伸出，龍角為高柱狀構型，龍眼渾圓，身飾菱形重環紋。器腹部主紋是高浮雕的上虎下人合構的圖像：虎軀向兩側展開，尾下垂；人在虎頸下，手臂曲舉齊肩，兩腿分開下蹲，臀部下垂與腳平齊。虎身呈「門」字形，虎爪酷似人手握拳狀，虎口銜住人頭。這與商代人虎合體卣的圖像很是相似。此虎也是三星堆時代某個

部落民族的圖騰崇拜物。該銅尊出土時，器內裝有經火燒過的玉石器殘片、海貝和銅箔飾件等，說明銅尊在入坑前曾是盛物獻祭的用具。

　　虎在中國被視為百獸之王，是力量和威嚴的象徵。三星堆遺址出土的這些虎造型和飾物，是以虎為圖騰的民族的標誌物，反映了該民族可能曾經是三星堆時代比較強大的一個部落氏族。與蜀地相鄰而居的巴人就是一個崇虎的部落。唐代樊綽《蠻書》卷十有「巴氏祭其祖，擊鼓而歌，白虎之後也」的說法，考古發現的巴人遺物中也有許多虎形紋飾。彝族也盛行虎崇拜。《山海經・海外北經》說：「有青獸焉，狀如虎，名曰羅羅。」彝族人稱虎為「羅羅」，《山海經》中所說的青獸羅羅就是他們的圖騰崇拜物──虎。而學者考證彝族的祖先之一即為蜀人，彝族人對虎的崇拜很多就是承繼其蜀祖而來。虎之為圖騰，在西南地區乃至整個華夏文化中，都是極其普遍的。

　　除了鳥、龍、虎外，三星堆祭祀坑中還有蛇、象、牛、羊、雞、豬、狗、蟬等十幾種動物造型、飾物或者紋飾，用金、石、玉、陶、銅等多種材料製成。這些動物造型、飾物和紋飾是三星堆時代各民族的圖騰崇拜物，它們反映了當時民族構成的複雜狀況，透露出三星堆可能是當時政治、經濟和宗教活動的中心。眾多器物的出現，可能就是古蜀國召集眾民族集體舉行盛大宗教祭祀活動的產物。各種圖騰的彙集表明這些民族參加了三星堆古城的祭祀大典，它們共同構成了三星堆龐大的民族集團。

三　祖先崇拜

　　祖先崇拜是以祖先的亡靈為崇拜對象的宗教形式，即在親緣意識中萌生衍化出對本族始祖先人的敬拜思想。祖先崇拜最初始於原始人對同族死者的某種追思和懷念，在母系氏族社會向父系氏族社會的發

展過程中由圖騰崇拜過渡而來。氏族社會的演進逐漸確立了父權制，原始家庭制度趨於明朗、穩定和完善，人們逐漸有了其父親家長或氏族中前輩長者的靈魂可以庇祐本族成員並賜福子孫後代的觀念，並開始祭拜其祖宗亡靈的宗教活動，從此形成了嚴格意義上的祖先崇拜。其崇拜的形式，首先是將本族的祖先神化並對其祭拜，具有本族認同性和異族排斥性；其次是相信其祖先神靈具有神奇超凡的威力，會庇祐後代族人並與之溝通互感。祖先崇拜超越了圖騰崇拜和生殖崇拜的認識局限，不再用動、植物等圖騰象徵或生殖象徵來作為其氏族部落的標誌，而以其氏族祖先的名字取代，由此使古代宗教從自然崇拜上升為人文崇拜。祖先崇拜在整個中國古代社會的宗教傳統中至為重要。

三星堆時代的祖先崇拜主要表現為對「眼睛」這一獨特部位的崇拜。三星堆文化創造者以神秘而誇張的藝術手法創造出來的一些「眼睛」特別突出的面具、飾件和以「眼睛」為主題的紋飾圖案，表現出了超凡脫俗的氣質，令人觸目驚心。

如青銅凸目大面具（二號坑出土），眉寬接近7公分，長50公分。雙眼斜長，眼角上挑，每只長達45公分。而最奇妙的是瞳孔部分呈圓柱形向外突出，竟長達16.5公分，直徑也有13.5公分之長。勾雲紋青銅凸目面具整體造型與上面的大面具大體相仿。只是個體略微小些，高82公分，寬78公分，眉長而上挑，前額正中豎有一根高達68公分的勾雲紋飾件。而瞳孔部分也是呈圓柱形向外突出，長9公分，直徑達10公分，中間還有一圈手鐲狀的箍紋。

古蜀人對眼睛的崇拜還體現在眾多眼形飾件和紋飾上。三星堆祭祀坑中出土了數十對眼形飾件，有菱形、勾雲形、凸泡形等。每件飾物的邊角處均有兩個或四個小孔，用來組裝固定在神像、面具或其它大型祭祀器物上。「目」的形象還常常出現在人像和動物紋飾的醒目

位置，如大型青銅立人像的龍紋法衣的雙肩上各鑲有巨大的「目」形
紋飾，大銅人像華冠的兩側也各有一隻橢圓形的巨眼。所有這些現象
表明，三星堆時代古蜀人有著獨特的「眼睛」崇拜信仰。古蜀人對眼
睛的崇拜，實際上所代表的是對以「縱目」為特徵的蜀人始祖蠶叢的
崇拜。面具眼飾所具有的突出地位，說明當時這種祖先崇拜已成為一
種主要崇拜習俗，這與各種史籍中一致認為蠶叢是「蜀」的創始者的
記載相吻合。蠶叢被奉為祖先崇拜的主神，首先在於他「始稱王」，
成為第一個把蜀族凝聚在一起的公認的首領，即《蜀王本紀》所謂
「蜀之先稱王者曰蠶叢」；其次，傳說他正是養蠶的發明人，曾「教
民蠶桑」（馮堅《續事始》），被奉為「蠶神」、「青衣神」；他還曾聚民
為市，「所止之處，民則成市」（馮堅《續事始》），發展貿易。蠶叢是
一位亦人亦神的宗教首領，並且「神化不死」，後人為他建立的「祠
廟遍於西土，罔不靈驗」，因而被供奉為民族、國家的保護神。蜀人
對「縱目之神」蠶叢的崇拜，比較典型地反映了原始崇拜中祖先崇拜
所包含的始祖、領袖、英雄、護祐者等多方面的內涵。另外，也有學
者從文字學角度論證古「蜀」字與祖先崇拜的關係。甲骨文「蜀」字
最上面就是一個「目」字，這正是蜀民眼睛崇拜在文字上的映照。
「三星堆出土的銅面具，均有一雙大眼。除了凸目大面具外，一般的
平目面具的眼睛也是大而斜翹。這些面具均無身體，目前尚不能確知
其使用方法，但從面具半圓柱內空和四邊的榫眼等情況看，推測是被
組裝在柱子或樹幹之類的長物之上的，以便將它們高懸起來，供人膜
拜。也可能原來有木質或泥質的身軀，或者被戴在具有神靈之氣質的
禽獸頭上……這些面具眼飾當時都是由一個長長的物體支撐起來的。
這個長物或為身軀，或為神樹、圖騰柱之類的支柱，或為鳥蛇之類的
動物形象。總體上看便呈現為上部大眼巨頭，下部長身支撐的特定造
型。用象形字把它記錄下來就是甲骨文中的『蜀』字……甲骨文中的

『蜀』字，起源於對蜀人主神——始祖神『縱目人』蠶叢圖像的客觀
描繪與象形記錄。」[28]對古蜀先民來說，對眼睛的崇拜實際上所代表
的就是對先祖的崇拜，是祖先崇拜的獨特體現。

通過以上的論述，我們看到，三星堆時代是原始宗教居於主導地
位的特定歷史階段，宗教在先民的精神生活中起了至為重要的作用。
從三星堆出土的眾多器物、飾件以及紋飾來看，幾乎原始社會所有的
宗教信仰形式都有所體現，包括以樹、山、太陽崇拜為代表的自然崇
拜，以鳥、龍、虎崇拜為代表的圖騰崇拜，以「縱目神」崇拜為代表
的祖先崇拜等。這種宗教結構既具有原始社會普遍性的一面，又有古
蜀地區的獨特風格。它大大地開闊了我們研究早期先民精神發展狀況
的視野，也成為我們揭示古蜀國精神世界的樞紐。

第三節　瑰麗之美與超越精神

三星堆藝術所達到的成就舉世矚目，令全世界人嘖嘖稱奇，歎為
觀止。三星堆文物中既有獨立的和作為配飾的青銅雕像，又有大量的
線刻和紋飾圖案。製作材料不僅有青銅，還有玉、石、陶、金等，可
謂多種多樣。在人類文明的最初階段，藝術與宗教本來就有同根同源
的連帶關係。在政教合一、以宗教立國的神權社會裡，藝術不可避免
地帶有濃郁的宗教氣質。大批形制奇異、內涵深邃的人像造型、動植
物造型的青銅塑像以及人獸形狀的飾件和紋飾，在以三星堆為中心的
古蜀王國的祭祀典禮中大量使用，成為特有的神權政治的產物。這些
數量巨大、種類繁多、詭秘怪異的各類文物，證明了殷商中晚期至西
周早期的古蜀國，正處於各種原始宗教觀念雜存並茂的時代。在漫長

---

28 趙殿增：《三星堆文化與巴蜀文明》，南京，江蘇教育出版社，2005，第313-314頁。

而獨立的發展歷程中，三星堆古蜀文化孕育出了自己所獨有的瑰麗奇偉的造型藝術。它那在奇偉瑰麗之中力圖突破塵俗世界的超越精神，形成了中國藝術發展史上獨具一格的美學傳統。它是遠古洪荒世界中開出的一朵絢麗多姿的奇葩。

一　瑰麗奇偉：三星堆藝術之美

三星堆器物藝術門類多姿多彩，藝術手法多種多樣，其圓雕造型、浮雕造型以及線刻圖案和紋飾都達到了精妙絕倫的程度，體現出同時代其它地域所不具有的瑰麗奇偉之美。

（一）圓雕造型

三星堆雕塑主要有圓雕和浮雕兩種類型。圓雕又稱立體雕，從前、後、左、右、上、中、下進行全方位的雕刻，是藝術在雕件上的整體表現，觀賞者可以從不同角度對物體的各個側面進行觀賞。圓雕作品極富立體感，生動、逼真、傳神。而浮雕則是在平面上雕刻出凹凸起伏形象的一種雕塑，是一種介於圓雕和繪畫之間的藝術表現形式。三星堆圓雕造型有圓雕人像和圓雕動、植物，均表現出很高的藝術水準。圓雕人像有獨立的青銅立人像、為數眾多的青銅人頭像以及形態各異的小型青銅人像，等等。

三星堆二號祭祀坑出土的大型青銅立人像，是中國發現的距今最久遠也最高大的獨立青銅人像。銅人連同底座高達二點六二公尺，基座高〇點八公尺，銅像中空，重約一八〇千克。立人身高一點七〇公尺，與真人高矮相當。頭戴蓮花狀（可能是日神的代表）獸面紋和回字紋高冠，後腦勺上鑄有一凹痕，可能原有髮簪之類的飾物嵌於此。立人像腰身細長，四肢粗壯。兩臂一上一下舉在胸前，雙手各自握成

空拳狀，左右手中心軸不在一條直線上，手勢十分誇張。銅像五官突出，稜角分明，耳垂上穿有圓形的耳洞。銅人身著窄袖與半臂式右衽套裝，上衣三件，內層長至小腿，後擺開叉，衣服上刻有精美的花紋。最外一層為單袖半臂式連肩衣，衣上佩有方格狀似乎是編織而成的綬帶。綬帶兩端在背心處結襻，襻上飾物已脫失。衣左側有兩組相同的龍紋，每組為兩條，呈「己」字相背狀。衣服右衽前後兩邊各有豎行的兩組紋飾圖案，一組為橫倒的蟬紋，另一組為蟲紋和目紋相間的紋飾。中間一層為「V」形領口，短袖。衣左背後有一卷龍紋。最裡一層深衣分前後裾，前裾短而平整，後裾長，兩側擺角下垂近於腳踝。在前後裾上有頭戴鋸齒形冠的獸面紋。腳踝處戴有腳鐲，赤足立於獸面臺座上。人像大眼廓耳，長嘴方鼻，表情莊嚴凝重，神態威儀高貴，學者推斷可能是主祭的大巫師。這座青銅立人像，無論從高度規模、形體塑造還是從儀態神情、紋飾刻繪等各個角度來看，都是一件難得的藝術品，顯示了三星堆青銅藝術的高超水準。

祭祀坑中還出土了不少小型青銅人像，它們形態各異，有獨立的跪祭者像，有神壇上成排的小跪坐人像，有神殿中層的巫師，有跪在樹上的祭祀者等。三星堆二號祭祀坑出土有一具喇叭座頂尊跪坐小型銅人像，底座直徑十公分，座高五點三公分，通高十五點六公分。此器由喇叭形座和跪坐頂尊人像兩部分組成。喇叭形座座腰上鑄飾扉棱，座上有婉曲樸雅的鏤空花紋。人像上身裸露，乳頭突出，下身著裙，腰間係帶，腰帶兩端結紐於胸前，紐中插物。人像頭頂一件銅尊，雙手上舉捧護圈足尊腹部，表現的應是古蜀國巫師在神山頂上跪坐頂尊以獻祭神天的情景。因其胸部乳頭顯露突出，因此有學者認為該人像刻畫的是古蜀國的女性巫師或女神。規模雖然小一些，卻是極難求的珍品。這是一具極其完整的人物全身雕像，並為我們展示了「尊」這種器物在古代祭祀時的具體使用方式之一。其人像造型方面

的細緻刻畫，展現出古蜀國工匠高超的造型能力。整個人像結構完美、比例勻稱、美觀耐看，具有很高的觀賞性和藝術價值。

三星堆出土的青銅人頭像數量眾多，大概總共有五十七件，其中一號坑時三件，二號坑四十四件。出土時人頭像面部均有彩繪，而且耳垂上穿有耳洞，用以掛戴耳環耳飾，可以看出古蜀地區的先民們是極其愛美的。二號祭祀坑出土的盤辮青銅頭像，是一具較有特色的人頭像。頭像通高十三點六公分，通寬十點八公分。該人頭像頭頂較圓，面部戴有面罩，頭頂蓋和顱腔分鑄。臉形瘦削，刀眉栗眼，蒜頭鼻，耳形廓大。人像頭頂的辮繩狀裝飾可能是頭戴的帽箍或是將髮辮綰在頭頂上。該像造型簡潔明快，線條分明，面容樸實敦厚，體現出濃鬱的蜀地土著風格。再如二號坑出土的青銅金面罩平頂人頭像，高四十二點五公分，頭像為平頂，頭髮向後梳理，髮辮上端紮束垂於腦後。戴面具，立刀眉，杏眼，長直耳，耳垂穿孔，蒜頭鼻，直鼻梁，闊口，閉唇。頸以下鑄成倒三角形。金面罩用金箔製成，雙眼雙眉鏤空，用大漆（土漆）和石灰作黏合劑，將金面罩黏貼於銅頭像上。總體來說，這些人頭像的面部特徵較為一致，較少變化，但它們件件形象生動，栩栩如生。人頭像五官都比現實中的真人凹凸有致，立體感更強，給人以威嚴醒目之感。這些聲勢浩大、數量眾多的青銅人頭像無疑是一批受人頂禮膜拜的偶像，代表的是統治集團的高級成員。他們秉承神的意志統馭下民，反映了古蜀社會人神互通、天人合一的原始宗教意識和「政教合一」的政權結構。

三星堆青銅人物雕像群中，既有祭祀者的形象塑造，又有被祭祀的祖先神祇和想像中救苦救難的神靈的寫照。祭祀者中，既有雍容華貴、氣度非凡的蜀王和大巫，也有數量眾多的各部族首領和群巫。他們向神靈偶像進行虔誠的崇拜和祭祀以求得到祖先和眾神的庇祐，加強神權和王權的統治。這些非凡神奇的青銅群像，向我們展現的不僅

是一個令人歎為觀止的祭祀場面，更是古蜀先民世俗願望和神靈世界的生動的展示。

三星堆祭祀坑還有大量的圓雕動植物造型。這些動物雕象形象生動、活靈活現，而植物造型也被注入了想像和靈性。它們有的純樸古拙，有的詭譎神秘，形神兼備，具有強烈的震撼力和感染力。

青銅雞。三星堆二號坑出土。昂首引頸，軀身壯碩，尾羽豐滿。頸部和胸脯分別刻有羽形紋和菱形紋，裝飾細緻，造型生動，寫實性強，鑄造工藝精美，可能是古代神話中呼喚日出的「天雞」的形象寫照。

三星堆二號祭祀坑出土的青銅大神樹，前文中我們曾經介紹過。它通高接近四公尺，由於最上端的部件已經缺失，估計被毀損之前全部高度應該在五公尺左右。樹的下部有一個圓形底座，三道如同根狀的斜撐扶持著樹幹的底部。樹幹筆直，套有三層樹枝，每一層有三根小的枝條，全樹共有九根樹枝。所有的樹枝都柔和下垂，有隨風舞動之感。枝條中部伸出短枝，短枝上有鏤空花紋的小圓圈和花蕾，花蕾上各有一隻昂首翹尾的立鳥。枝頭有包裹在一長一短兩個鏤空樹葉內的尖桃形果實。在每層三根枝條中，都有一根分出兩條長枝。在樹幹的一側有四個橫向的短梁，將一條身體倒垂盤旋而下的巨龍固定在樹幹上。這株鑄造於三千年前的青銅神樹，極為壯觀，真可謂是獨領風騷，舉世無雙。

青銅花蕾狀鈴。三星堆二號坑出土。頂部是「門」形提紐，供提掛之用。鈴身為喇叭花形，頂部為花托，萼片四瓣，鈴舌做成花蕊形。銅鈴整體造型如同一朵盛開的鮮花，整個鈴身刻繪著不同的紋飾，優美無比。

三星堆出土的圓雕動植物造型還有很多，比如龍、虎、蛇、牛、羊、象等。製作素材也不止青銅一種，還有陶器。從功用上來說，這

些圓雕動植物應該都是跟祭祀有關的祭器和禮器。它們栩栩如生，製作傳神，不僅達到了很高的藝術水準，也具有深邃的宗教內涵。

（二）浮雕造型

　　三星堆浮雕造型主要是各種面具，包括人面具和獸面具。浮雕分深浮雕和淺浮雕兩種。三星堆中的人面具多採用深浮雕的方式，面部五官凹凸有致，比較接近真人的凹凸程度。獸面具多採用淺浮雕方式，面部五官、衣飾的突起幅度較小。採用深浮雕還是淺浮雕，是根據面具所承擔的具體功用來決定的。人面具大多是用來安裝在圓柱形器物上供祭祀用的，因此宜做成圓柱形，相應地，五官的凹凸程度也就大些，適合做成深浮雕。而獸面具大多用來固定在平面器物上，凹凸程度受限，因此適合做成淺浮雕。

　　青銅人面具。三星堆遺址二號祭祀坑出土。額正中及耳上下各有一個穿孔，大概是用來固定或組裝的配件。高二十五點五公分，寬四十二公分，臉形寬短，寬額，蒜頭鼻，鼻梁短直，鼻頭廓大，長方形耳廓，飾有雲雷紋，耳垂穿孔。長刀眉，杏眼，方頤，闊口，閉唇，嘴角下鉤，下頷向前斜伸。神情猙獰，大概是被祭祀的先祖神像。

　　青銅獸面具。二號祭祀坑出土。這件青銅獸面具是該類型獸面具中形制稍小的一件。獸面呈夔龍形向兩面展開，龍尾上卷，長眉直鼻，夔龍形耳朵，雙眼碩大，方頤闊口，齜牙咧嘴，形象猙獰詭譎。

　　由上可見，不管是人面具還是獸面具，都顯然採用了誇飾的手法。人與獸的五官和神情都有超離現實的誇張變形，讓觀賞者不由得產生陌生感和敬畏之情。學者們曾把面具的發展劃分為三個階段：「首先是動物的面具，而後是神的面具，最後是傳說中英雄的面

具。」[29]如果說三星堆青銅人面像展示的是神的面具，同時又保留了動物面具的一些特徵，那麼青銅立人像和眾多的人頭像顯示的則大都是傳說中英雄的面具特點了。這無疑說明了三星堆文明的發展程度，體現了三星堆文化的悠久。人類學家指出：「原始人裝束之所以顯得怪誕，從本質上說並不是由所謂的『審美趣味』決定的，而是由他們希望與神靈交往決定的……面具所代表的不是人們通常所熟悉的面孔，它是一種常人沒有的面孔，它要引起的是陌生感而不是親切感，因為面具所代表的不是人的表情，而是神秘世界中某些神靈所可能有的表情。正因為它要引起陌生感甚至恐懼感，因此它是不受人臉五官比例的支配的。它可以按照它的創造者的意圖任意誇大某一部分或縮小某一部分。只有這樣它才像是另一個世界中的神靈。」[30]眾多的青銅面具所力圖表現的，可能正是古蜀人心目中神靈的表情。通過這些具有神聖意味的表情，使世俗中人產生恐懼感和敬畏感；再通過虔誠的祭祀儀式向神獻饗，從而得到神的護祐。

（三）線刻圖案與紋飾

　　三星堆器物上各式各樣的線刻圖案和紋飾也是使器物表現出高妙的美學內涵和豐富意蘊的原因之一。不管是青銅器、玉器、金器還是石器、陶器，都繪有線刻圖案。一號祭祀坑出土的金杖上的人王、魚、鳥、箭圖案最具代表意義。

　　三星堆一號祭器坑出土的金杖。全長一點四二公尺，直徑二點三公分，用捶打好的金箔包卷在一根木杆上，淨重約五百克。由於年代久遠，木杆早已碳化，只剩完整的金箔。金杖的一端，刻有圖案，共

29　朱狄：《原始文化研究》，北京，生活・讀書・新知三聯書店，1988，第518頁。

30　朱狄：《原始文化研究》，北京，生活・讀書・新知三聯書店，1988，第498-500頁。

分三組：靠近端頭的是兩個前後對稱、頭戴五齒高冠、耳垂三角形耳
墜、面帶微笑的人頭像。另兩組圖案完全相同：上方是兩隻頭對頭的
鳥，下方是兩條背靠背的魚。它們的頸部，都疊壓著一根似箭翎的圖
案。魚鱗、鳥羽和箭翎的紋路清晰明瞭，構圖精緻，結構完美。

　　除了線刻圖案以外，器物上的各種紋飾也具有很高的審美價值和
象徵意義。根據紋路的不同，可以分為獸面紋、太陽紋、雲雷紋、火
焰紋、圓渦紋、條帶紋、乳釘紋、垂簾紋、弦紋、旋芒紋，等等。這
些紋飾，各有不同的象徵意義，如環形紋、旋芒紋等表現運動、運轉
之勢，寄寓「生生不息」之意。青銅太陽形器、青銅神殿屋頂上平行
的旋轉狀芒紋以及銅掛飾等其它器物上大量的太陽紋，均為表達動
態，暗示「旋轉」，象徵周而復始、永無窮盡的自然生命力量。此
外，三星堆器物上有時也刻繪一些動植物紋樣，如龍虎尊上的龍紋、
雙身虎紋，三牛六鳥尊上的立鳥紋，以及陶器上的大量動物形器紐，
如雞、羊、豬、狗、牛、蛇、鴟鴞，等等。相對於獸面紋、太陽紋、
雲雷紋、火焰紋、圓渦紋、條帶紋、乳釘紋等較為抽象的紋飾來說，
這些動、植物紋飾更加直觀明瞭，且能體現出古蜀地區的地域特色。

　　總之，三星堆藝術種類繁多，數量龐大，藝術手法多種多樣，藝
術風格多姿多彩。既有圓雕造型，又有浮雕和刻繪圖案；既有寫實主
義的樸拙之美，又有在寫實基礎上誇張變形的獰厲張揚之美。三星堆
藝術一方面充分顯示了遠古時代古蜀人對生活細緻入微的觀察和摸
索；另一方面也淋漓盡致地體現出他們內心世界的浪漫奇思和宗教信
仰，昭示出古蜀先民力圖超越俗常生活、嚮往永恆的精神追求。

二　超越塵世：三星堆藝術精神

　　藝術與宗教之間存在著不可分割的內在聯繫，尤其在人類文明的

初期，這種內在聯繫就更為緊密。從起源上看，原始宗教是藝術的搖籃，有些在今天看來純粹屬於藝術活動的歌舞、繪畫、雕塑、建築等，在人類社會的早期卻主要是一種巫術或宗教活動，而不是單純的審美活動。先民對原始巫術和宗教的信仰與崇拜，是原始藝術產生和發展的直接動因。人類最早出現的雕塑、刻繪藝術也與原始人的自然崇拜、圖騰崇拜和祖先崇拜有關。原始巫術、原始宗教對原始藝術的產生和發展，起了巨大的催化和推動作用，成為藝術直接的、生生不息的源頭活水。三星堆時代是一個政教合一、以宗教立國的時代，原始宗教和巫術在社會生活的各個方面都起著重要作用，是蜀人精神生活的核心內容。而宗教是一種對社群所認知的主宰的崇拜，是對超自然力量、宇宙創造者和控制者的信仰和崇敬。在生產力極其低下的文明初期，人們希望通過對本族所共同信仰的神靈和祖先的膜拜與祭奠，來獲得神的保祐。渴望超越日常生活的有限性，是人的天性追求。「生命像在非常嚴肅的場合的一場遊戲，在所有生命都必將終結的陰影下，它頑強地生長，渴望著超越。」[31]「人類精神活動的超越性是從現實的實踐活動中昇華出來的，因為實踐本身就具有自我超越的因素，這就是實踐作為一種『有意識的生命活動』和『自由自覺的生命活動』，本身所固有的精神性要素。」[32]如果說一般的社會實踐中就已經含有了追求超越的因素，那麼在宗教中，這種超越塵俗的精神訴求就更為強烈。恩格斯說：「一切宗教都不過是支配著人們日常生活的外部力量在人們頭腦中的幻想的反映，在這種反映中，人間的力

---

31 〔德〕雅斯貝爾斯：《存在與超越──雅斯貝爾斯文集》，餘靈靈、徐信華譯，上海，上海三聯書店，1988，第44頁。

32 鄧曉芒：《什麼是新實踐美學──兼與楊春時先生商討》，《學術月刊》2002年第10期。

量採取了超人間的力量的形式。」[33]宗教總是表現為高於人間的超越
氣質，「當人們把異己力量表象為超人間、超自然的力量的時候，也
就伴生了對這種超人間、超自然力量的敬畏感、依賴感和神秘感。情
動於中則形之於外，發之為崇拜、愛慕、畏怖、祈求、禱告的言辭，
表現為相應的崇拜活動」[34]。基於原始宗教和巫術發展起來的三星堆
藝術，必然也會帶有宗教和巫術特有的神秘意味和力圖超越塵俗、以
求生生不息的精神氣質。

　　三星堆器物創作者往往採用寫實與誇張兩相結合的藝術手法來表
現複雜糾纏的精神世界。寫實是其基本的表現手法，各種圖騰崇拜物
如虎、蛇、鳥、雞、羊、牛等造型都與現實動物基本相同，人像和人
面具五官的整體結構也與真人相仿，表現出一定的寫實水準。但是，
三星堆真正震撼人心的藝術，大概還是那些在寫實基礎上誇張、變形
的作品。在寫實的同時又不受制於現實，通過抽象的誇張和變形來表
達複雜的內蘊。即使是在整體上屬於寫實主義的作品中，也不忘在某
些特殊部位抽象誇張一番，如那座青銅大立人像，其身高、衣著、裝
扮都與真人無甚區別，但與頎長的身軀、纖細的腰肢相比較，其四肢
之粗大不禁讓人瞠目——這些粗大的肢體是力量的象徵。創作者在這
裡所要表達的是作為世俗人王和群巫之長的蜀王在盛大的祭祀儀式中
那絕地通天、駕馭神力的神奇力量。另一個典型的例子是青銅縱目人
面具，那凸長的雙眼，那嘴角直達耳際的闊嘴，那尖長的雙耳，簡直
達到了怪誕又恐怖的地步，整個神態都洋溢著盛氣凌人的氣勢，實際
上，它象徵的是方外世界神靈的威力和氣質，顯示出一種高絕於現實
之上的獰厲之氣。青銅縱目人面像作為古蜀地區共同敬仰的祖先神靈

33　《馬克思恩格斯選集》第三卷，北京，人民出版社，1995，第2版，第666-667頁。
34　呂大吉：《宗教學通論新編》，北京，中國社會科學出版社，1998，第75頁。

的象徵，創造者們特意將其鑄造成如此神異詭譎的形象，就是為了表現出祖先神祇那股超越於世俗常人的神奇力量和顯赫氣勢，以引起祭祀者的敬畏之情，同時也增強了本民族的凝聚力和宗族自豪感。原始先民們相信，只要虔誠地對身懷神奇力量的祖先頂禮膜拜，子孫後代就能夠得到祖先的庇祐，確保本宗族代代相傳，生生不息。

　　三星堆二號祭祀坑出土的青銅神壇是一件獨特的器物，它充分展示遠古時代古蜀人的精神氣質。神壇自下而上由獸形座、立人座、山形座及盞頂建築四部分組成。獸形座底部由圈足及其上正反平行站立的兩隻怪獸組成。怪獸蹄足、大眼、立耳，寬扁嘴，獨角呈外捲狀，羽翅成飛揚狀托起上面的立人座。立人座四方各有一個戴敞口高冠、著短袖對襟衣的立人，兩臂平抬於胸前，雙手呈抱握狀，所握杖狀物已殘，其下端彎曲並有鉤狀分叉。立人冠飾扁平式側面縱目神人頭像，其頭頂的山形座呈四山相連狀。四山頂部為方斗形建築，四面鏤空，內有大小造型相同、四排二十位跪坐人像。人像頂承方斗形建築上額，上額四面正中鑄人首鳥身神像。方斗形建築頂部正中有四方形凸起，似一座方臺。頂部四維飾有立鳥，雙翅上揚，其勢欲飛。神壇具有豐富的象徵意蘊，「神壇以下層圓盤和一對怪獸代表地下，中層以四個立人像代表人間，上層以四座高山代表通天之路，頂層則以有大量跪祭人像的聖殿代表天堂，以人首鳥身的精靈代表本族的主神，作為民族的標誌。這座神壇象徵著三星堆古國先民已經具有了天、地、人三界的相當完整的宇宙觀」[35]。在天、地、人三界等級關係當中，最高的主宰者是天，人只是大自然中渺小卑微的一部分，但是人的天性當中又有恐懼死亡、嚮往永生的精神追求。「正是由於對『生』的信仰，先民把對生命和萬物的主宰寄託在冥冥之中的『天

35 趙殿增：《三星堆文化與巴蜀文明》，南京，江蘇教育出版社，2005，第444頁。

命』上，通過對『以德配天』的感召之心，創造他們認為能『悅天』、『悅神』的各種工藝，用對天命運行規律的揣摩、效仿來開展各種神聖與世俗的行為儀式，使人產生生生不息的生命快意，信仰的情感也有了意味的情趣。」[36]青銅神壇就是這一精神理念的典型反映。神壇布局緊密，層次感很強。它以立體的實物模型遙擬天象、重構時空，充分顯現了古蜀人的精神實質及神話宇宙觀。神壇的結構布局及諸物象內涵暗合了《周易》「天行健，君子以自強不息」的文化精神：神壇地界的神獸在圓盤底座上呈順時針動勢，表天道旋轉，其嘴兩側並飾兩個太陽形符號，比喻日東升西落，神獸所託大地也表示旋動。呼應於此，其上次第布列的四方立人、四方山、四方神、四維神鳥等均在同一方位上下對應，形成同一軸心的整體迴環動勢並使神壇總體呈旋轉運動態勢，涵括了太陽東升西落、四季輪迴等諸多含義，暗喻著生生不息、不斷超越的精神追求，充分顯示了古蜀人的精神世界。

　　「沉睡數千年，一醒驚天下」，三星堆的發現堪稱中國文化史上的一聲驚雷，其面目在整個藝術發展史上也的確顯得有些突兀和靈異。它雖然在某些方面明顯受到中原文化及荊楚文化的影響[37]，保留了一些民族之間文化交往的痕跡，但其青銅神像、面具、神樹以及各種動物造型和紋飾等又顯現出古蜀人獨特的宗教信仰和精神追求。三星堆瑰麗奇偉、精美絕倫的造型與刻繪藝術，既有寫實主義的樸拙之美，又有誇張、變形的獰厲靈異之美，已經達到內容與形式、形與神的和諧統一，其造型手法的靈活和技術的高超，可以說已臻於完美純

---

36 蘇寧：《三星堆的審美闡釋》，成都，巴蜀書社，2006，第145-146頁。
37 李學勤：《帝系傳說與蜀文化》，《四川文物》1992年「三星堆古蜀文化研究專輯」；
　　《三星堆饕餮紋的分析》，見李紹明等主編：《三星堆與巴蜀文化》，成都，巴蜀書社，1993，第76-80頁；《商文化怎樣傳入四川》，《中國文物報》1989年7月21日。

熟的高妙境地。在中國藝術史上，三星堆藝術演繹出了一曲奔騰湧
動、生生不息的雄渾樂章，體現出古蜀人叩問終極的偉大人文情懷，
蘊涵著古代中國人超越塵俗、追逐永恆的精神追求。三星堆也因此成
為人們神往的文明聖地和藝術殿堂，成為人類藝術發展史上最靈光四
射的篇章。

第二編
神話傳說中的藝術精神

第六章

先秦神話傳說研究的一些關鍵問題

　　「Myth」（神話）概念已經成為二十世紀以降的社會歷史文化研究中，特別是文學分析中的最重要的術語和最熱門的概念之一。[1]現代人類學、民族學、考古學、歷史學、經濟學等一系列學科都已經在這片陌生的土地安營紮寨並種植著各自的莊稼，而追溯文學藝術起源的現代文藝批評家們，無論中國的或者異域的，所有軒昂奮發的歸宿也都在此寢息。但是直到今天，還沒有任何一門學科敢於宣稱自己強大到足以能單獨統治這片土地的程度。格羅塞說：「藝術的起源，就在文化起源的地方。」[2]故此，今天欲要探尋中國古代文明的起源，包括中國文學藝術精神的生成或者走向問題，我們必須向遠古人思想與文化的誕生地挺進，而神話傳說作為遠古人最早用心智和行動錘鍊而出的文化體系和文化符號，也就成為研究諸多問題的出發點了。

第一節　中國「神話」語源的生成與來源

　　在中國古典文獻之中，沒有「神話」一詞的用語，中國人原本是把「神」與「話」分開來說的。「神」字，甲骨文未見，初見於金

1　〔俄〕葉·莫·梅列金斯基：《神話的詩學》，魏慶徵譯，北京，商務印書館，1990，第26-27頁；〔美〕艾布拉姆斯：《文學術語辭典》（中英對照），北京，北京大學出版社，2009，第343頁。

2　〔德〕格羅塞：《藝術的起源》，蔡慕暉譯，北京，商務印書館，1984，第2版，第26頁。

文，多見於戰國以後。[3]《尚書》《詩經》中均亦有之，但並未多見。就「神」的字義言，漢許慎《說文解字·示部》說：「神，天神，引出萬物者也。從示，申聲。」又：「祇，地祇，提出萬物者也。從示，氏聲。」所以神、祇二字，在《說文》中是並列對舉的。分而言之，天神謂之神，而地神謂之祇。合而言之，則神、祇二字皆可謂之神。徐灝《箋》云：「天地生萬物，物有主者曰神。」又《禮記·祭法》云：「山林、川谷、丘陵，能出雲，為風雨，見怪物，皆曰神。」顯然又是就神祇二字合而詮釋的。這樣在中國傳統的字書詮釋上，天地萬物之主宰者，也即謂之神。至於「話」字，《說文解字·言部》說：「䛡（話之本字），會合善言也（按：善言，指賢智之人說的話，可以遺戒後人或著之竹帛），從言，昏聲。傳曰，告之話言。」而《爾雅·釋詁》所釋「言也」，也即今言「說話」之話。所以「話」用為動詞就是說話，用為名詞就是話語。「話」字與「話本」「平話」中的「話」字，字義相近，即「故事」。「神話」二字用字義來解釋，簡單地說就是創造萬物或各司其職的主宰；而「神話」一詞，就是用語言來傳述「神（天神、地祇）」的種種事情，神話也即是「神的故事」。[4]有學者懷疑「神話」一詞是從十九世紀末明治維新時代的日文「ShinHwa」西渡而來的，[5]至於歷史上最早把「神」與

---

3 甲骨文有「申」字（佚一六三·四、佚三二），有人認為即是「神」字，郭沫若釋「申」字，認為像以一線聯結二物之形，而古有重義。楊向奎認為這是正確的解釋，並進一步指出所謂「一線聯結二物」就是指天和人而言，「申」指的是一種媒介物而言。《爾雅·釋詁》云：「申……重也」，正是指人民不能和上帝直接交涉，必須經過「申」的一番手續而言。參見楊向奎：《中國古代社會與古代思想研究》上冊，上海，上海人民出版社，1962，第162頁。

4 可參見傅錫壬的考證。傅錫壬：《中國神話與類神話研究》，臺北，文津出版社有限公司，2005，第3-4頁。

5 柳存仁：《神話與中國神話接受外來因素的限度和理由》，見李亦園主編：《中國神話與傳說學術研討會文集》上冊，臺北，漢學研究中心，1996，第1-2頁。葉舒

「話」合為一個中文詞來使用，馬昌儀認為：「西方神話學傳入我
國，主要通過兩條途徑：間接的通過日本；直接的來自歐洲。『神
話』和『比較神話學』這兩個詞，最早於一九○三年出現在幾部從日
文翻譯過來的文明史著作（如高山林次郎的《西洋文明史》，上海文
明書局版；白河次郎、國府種德的《支那文明史》，競化書局版；高
山林次郎的《世界文明史》，作新社版）中。同年，留日學生蔣觀雲
在《新民叢報》（梁啟超於一九○二年在日本創辦的雜誌）上，發表
了《神話歷史養成之人物》一文。」[6]這一說法得到了神話學界的普
遍認同。[7]

　　考察中國「神話」語源的生成與來源，目的在於較為具體地展現
中國早期神話研究開展的具體的歷史情境，以及檢視他們如何借取思
想資源、如何構築自己的研究方法和學術風格。當然做這項工作也包

憲：《中國神話的特性之新詮釋》，《中國社會科學院研究生院學報》2005年第5
期。郭素絹：《論王孝廉的神話學研究》，佛光人文社會學院文學研究所，1993年
碩士論文，系統編號：093FGU00076003，第25頁。

6　馬昌儀：《中國神話學發展的一個輪廓》，見馬昌儀編：《中國神話學文論選萃》上
編，北京，中國廣播電視出版社，1994，第9頁。

7　袁珂、陳建憲、葉舒憲等都認同這種觀點。比如：「1903年留日學生蔣觀雲在《新民
叢報》發表的《神話歷史養成之人物》，是中國的第一篇神話學論文。」（陳建憲：
《精神還鄉的引魂之幡──20世紀中國神話學回眸》，《河北師範大學學報（哲學社
會科學版）》1998年第3期）但據劉錫誠的考證，一九○三年蔣氏一文是採用了梁啟
超在他之前已經用過的「神話」這一新詞，從而證明梁啟超是第一個使用「神話」
一詞的人。（劉錫誠：《梁啟超是第一個使用「神話」一詞的人》，《今晚報・副刊》
（天津）2002年7月9日）這是筆案，不敢奢談，但是梁啟超在一九二二年出版的
《中國歷史研究法》中，對於「神話」這一名詞的運用的確非常嫻熟。實際上梁啟
超也較早從日本明治維新時代的學者借助使用「宗教」一詞。在中國古代典籍中也
無「宗教」一詞，原本也是「宗」與「教」分開來說的，日本明治維新時代的學者
特別發明「宗教」一詞來翻譯西洋「Religion」。因為這是中文組合，中國學者就習
慣地使用這個用詞，梁啟超便是最早的使用者之一。（莊政道：《史記對先民信仰與
宗教意識之研究》，玄奘人文社會學院宗教學系，1993年碩士論文，第4-5頁）

括複查神話傳說研究在學術的現代性進程中一開始就沾染上的某些先天不足的因素，而這些思想基因卻一直流淌在中國先秦神話傳說的研究脈流之中。日本現代神話學研究起步較早，得西洋風氣之先，並在理論、方法上啟發和影響了一批中國學者，這些是無可爭辯的事實。如王孝廉考察日本明治維新（1868年始）以後當時的學術中心為東京大學和京都大學，而後來從事中國神話研究的學者都是直接或間接地出自這兩個系統。[8]眾所週知，日本的現代學術研究是在美國殖民者用炮艦打開日本國門之後，相隨日本積極開展明治維新的步伐，在政治和文化上「脫亞入歐」的思想大旗下進行的一種學術研究。關於中國的神話傳說研究也不例外，如他們開始主張用西學的新泉源、新方法替代一脈相承的傳統儒學研究，逐漸逸出了對儒家尊奉的道路並進行了初步的顛覆性的研究。就目前所知最早的一篇論文是井上圓了一八八二年（明治十五年）發表於《東洋學藝雜誌》上的《論堯舜是孔孟之徒所創造的聖人》。一八八二至一九〇四年間，日本學界有多篇（部）相關論著問世，如《周易起源的傳說》（赤松謙淳，1886）、《堯舜》和《續堯舜》（清野勉，1894）、《五帝論》（中村德五郎，1898）、《比較神話學》（高木敏雄，1904。該書被尊為「日本神話學的奠基性著作」）等，[9]這些著作都對中國古史提出了巨大的疑問。尤其等到日本中國神話研究的真正開拓者白鳥庫吉問鼎學界，更以一種全新的歷史觀念考察神話，全面洗滌儒家的舊塵。一九〇九年，他發表《中國古代傳說研究》一文，大膽提出了堯、舜、禹非歷史人物，而是神話傳說中的英雄的新見解，隨後進一步論證中國上古史所記載的人物都具有神話性。此即「堯舜禹抹殺論」，[10]曾引發激烈論爭，也

8　王孝廉：《中國的神話與傳說》，臺北，聯經出版事業公司，1977，第296頁。

9　賀學君：《中日中國神話研究百年比較》，《文學評論》2001年第5期。

10　「堯舜禹抹殺論」是否對顧頡剛有影響，學界有爭議，吳銳先生引用二十世紀三〇

有力地影響了日本漢學界中國神話研究的發展。再把目光轉向大約同時期的晚清學術，此時清季的今文家為變法改制，採取極端的「尊孔衛道」態度，甚至不惜「強古人以就我」，借託儒家的經典並對儒家經書做了種種令人匪夷所思的新解釋，比如廖平著《知聖篇》（1888）與《闢劉篇》（1897）、康有為著《新學偽經考》（1891）與《孔子改制考》（1898）等皆是如此。[11]值得注意的是清季今文家採取的「尊孔衛道」態度與同時期日本學者的「反孔」立場大相徑庭，但是這些本意在於「尊孔衛道」的「強古人以就我」的工作反而大開後世「疑古辨偽」之門。[12]時隔不久，一九一九年二月，胡適半部《中國哲學史大綱》開始「截斷眾流」，撇開當時無人不尊崇的堯、舜、禹、湯、文、武、周公，揮舞強有力的亞歷山大之劍從老子、孔子砍下去，拋捨前面的先秦神話傳說和許多可信的材料，如此果敢的行為得到了當時大多數學者的喝彩。[13]到了一九二三年，顧頡剛拋出「層累地造成的中國古史」說，[14]遍疑諸經和先秦典籍，更對古史人物如大禹是否具有神

年代賀昌群文章證明無影響，並認為他們有共同思想根源即白鳥庫吉的老師那珂通世一九〇四年刊校《崔東壁遺書》的啟示，從而駁斥李學勤、廖名春師徒、何星亮諸人。吳銳：《中國思想的起源・前神守——神守時代》第一卷，濟南，山東教育出版社，2003，第35-66頁。

11 錢穆、高本漢批康有為立說本意在政治。參見顧頡剛編著：《古史辨》第五冊，上海，上海古籍出版社，1982，影印本，第251、309-310頁。

12 清季今文家對儒家經典的歷史新解釋，其中「尊孔衛道」與「疑古辨偽」內在可能的關聯的探討，可參見王汎森：《古史辨運動的興起》，臺北，允晨文化實業公司，1987，第63-74頁。

13 梁啟超當時批評道：「這也不免讓人覺得老子、孔子是『從天上掉下來的』，……不惟排斥《左傳》《尚書》，連《尚書》也一字不提。殊不知講古代史，若連《尚書》《左傳》都一筆勾銷，簡直是把祖宗遺產蕩去一大半，我以為總不是學者應採的態度。」參見梁啟超：《評胡適之中國哲學史大綱》，見《飲冰室合集・文集之三十八》第三冊，北京，中華書局，1989，第52-53頁（據上海中華書局1936年排印本影印）。

14 「層累說」的正式表述是在一九二三年二月二十五日的《與錢玄同先生論古史

性提出疑問，認為「禹或是九鼎上鑄的一種動物」。[15]再以中國早期學者及民眾接受井上圓了所著《妖怪學》一書為例。

《妖怪學》是井上圓了留學德國歸來後，在一八九一年創立「哲學館妖怪學研究會」時用西方哲學觀點撰寫的一部提倡科學、消除迷信的啟蒙哲學讀物。[16]「鬼博士」談這些「不可思議」的妖怪之說，目的是為了本於學術之道理，增進國民之福利，所謂「以其心中之迷雲，隱智日之光，不去其迷心，則道德革新之功實無可期」。[17]這樣的意見完全「符合」清末民初不斷追求新知、以救國為目的「翻譯潮」之思想。因此，此種神話學思想傳播進入中國後，很快地進入了這個「救亡圖存」的場域。中國早期神話研究者對神話的認知也成為啟迪民智的工具之一。當然在此階段，中國的神話研究主要是從屬於古史研究，通過改造或進行古史研究來達成某些政治凤願。例如，蔣觀雲借用神話來「改進、教導國人民心」；[18]夏曾佑借助神話來談「中國史前史」；[19]特別值得注意的是以顧頡剛開展「古史辨」研究所表達的隱

書》，而其萌芽及類似的表述則多見於此前的書信之中。參見顧頡剛編著：《古史辨》第一冊，上海，上海古籍出版社，1982，影印本，第7頁。

15 顧頡剛：《與錢玄同先生論古史書》，見顧頡剛編著：《古史辨》第一冊，上海，上海古籍出版社，1982，影印本，第63頁。

16 身為知名哲學家的井上圓了，以近代妖怪研究的創始者聞名。著有《妖怪學》和《妖怪學講義》，也由於這樣的研究，井上被譽為「鬼博士」、「妖怪博士」。

17 〔日〕井上圓了：《妖怪學・妖怪學講義原序一（初版）》，蔡元培譯，上海，上海文藝出版社出版，1992，第1頁（據上海商務印書館1920年第7版影印）。此書最早譯名為《妖怪學講義錄總論》，井上圓了原書達二〇五八頁之多，蔡譯是原書「總論」部分。

18 蔣觀雲認為：「欲改進一國之人心者，必先改進其能教導一國人心之書始。」這種思考是利用神話或者歷史來改革民心，對神話的研究而言，神話僅是工具。蔣觀雲：《神話歷史養成之人物》，見馬昌儀編：《中國神話學文論選萃》上編，北京，中國廣播電視出版社，1994，第18-19頁。

19 夏曾佑：《上古神話》，見馬昌儀編：《中國神話學文論選萃》上編，北京，中國廣播電視出版社，1994，第21-27頁。該文是夏曾佑《中國歷史教科書》第一篇第一

微的政治心態：顧氏認為中國文化之所以會衰敗，原因是由於「漢以後的君主專制和儒教壟斷」，[20]於是作為體現這種精神的代表——儒家經典便成為顧頡剛的箭靶子。他認為漢代思想和文化是偽造「神話」的總根源，對《詩經》訓解中的「政典」意味極其反感，因此「古史辨」運動一開始即向遠古的先賢聖君舉起了鋒利的解剖刀，同時在其主編的《古史辨》第三冊收錄的有關《詩經》的五十一篇論文中，凝聚著反《序》觀點與歌謠觀點，開新時代風氣之先。然而待後人仔細加以審視與考究，卻多為過強的政治信念和大膽的「學術假設」使然，給中國學術造成的某些負面影響也是不容忽視的。[21]至於古史研究和神話研究的桴鼓相應的一面，常金倉指出：「疑古論者將儒家盛讚的堯舜禹從歷史傳說驅逐到鬼神世界卻使中國史前史變成一片空白，於是神話學家便乘虛而入，把這塊歷史學家的棄地變成原始神話花朵盛開的場所，許多產生甚晚的神話故事被移植進來填充空白。」[22]

　　中日早期神話研究在治學方法和學術取向上也有著驚人的相似。早期的日本漢學家都是對中國古籍鑽研很深而且治學很廣的學者，在

章《傳疑時代》的節選，文中提出中國的信史從黃帝開始。此書後更名為《中國古代史》，可見夏曾佑的觀點仍非以神話為主體思考。

20 顧頡剛認為：「……戰國時，我國的文化固然為了許多民族的新的結合而非常壯健，但到了漢以後便因君主的專制和儒教的壟斷，把它弄得死氣沉沉了。」（顧頡剛：《自序》，見顧頡剛編著：《古史辨》第一冊，上海，上海古籍出版社，1982，影印本，第89頁）

21 顧頡剛認為假如能證明《詩經》中含有真正的歌謠，便能跨越貴族文化（或廟堂文化）的羈絆，直接追尋到大眾文化的源頭，如此便可確證大眾的生命活力，也就有了喚醒民眾的希望。但顧頡剛尋求的結果是不得不哀歎「我們固然知道《詩經》中有若干篇是富有歌謠成分的詩，但原始歌謠的本相如何，我們已見不到了，我們已無從把它理析出來了」參見顧頡剛：《論詩經所錄全為樂歌》，見顧頡剛編著：《古史辨》第三冊，上海，上海古籍出版社，1982，第631頁。

22 常金倉：《中國神話學的基本問題：神話的歷史化還是歷史的神話化？》，《陝西師範大學學報》（哲學社會科學版）2000年第3期。

治學方法上遵從文字、音韻、訓詁的傳統考據法，受到大多數的日本學者和中國學者的追捧，這也包括「古史辨」派的實踐操作，[23]也即所謂「銖積黍累，乾嘉的蹊徑」。[24]這都曾經甚至是目前還一直在使用的研究方法，這種考據法的優點是利用中國文字的特色，特別是一字多義、語音上的互通以及字義上的假借的這套系統，去考釋古文獻。但是優點也正是其缺失之處，如精通文字學和古文獻學的神話研究大家丁山考證女媧的身分，得出如下結論：「這位開天闢地孕毓人類的女神，在先秦以前的載記裡，忽為舜妃，忽為禹妃，忽為炎帝少女，忽為炎帝母親，忽為吳回之母，忽為老童之妻，這還不離其宗，知道女媧本是女性；等到蟜極、蟜牛名詞發現，她就化身為男子了。」[25]傑克・彼得反思這種研究方法：「文詞的殘缺不全所造成的困難，由於中國古代語言的特性所決定的語言學上的困難而大大加深……文獻A 中的象形文字 X，在文獻 B 中，看起來像是象形文字 Y，而 Y 在文獻 C 中看起來又像是象形文字 Z，那麼 Y 和 Z 可以互相替代。許多中國學者用這種尋求方法，在解釋古代文獻方面創造了奇跡。但同

---

23 如楊寬認為神話演變為傳說的經過，例如：商人有服象為虐東夷的記載，舜的弟弟名象，封地名有庳，又作有鼻，傳說稱其為虐，而舜又是商人的祖先神，商人有服象為虐就演化出舜服其弟象的神話，「大約在神話裡，舜的弟弟就是一頭象」。又如：商人有玄鳥生商的記載，玄鳥是商人東夷的祖先神，秦人的祖先名伯益，益又寫作「嗌」，為燕鳴之聲，又與「燕」古為一字，而秦人為嬴姓，也是東夷之族，由商人有玄鳥生商就演化出秦人祖先伯益的神話，伯益「原本也只是神話裡的一隻燕子」。他並舉出使用神話演變分化說的學者，如毛宗澄、鄒漢勳等之證驩兜即丹朱，崔適之證黃帝即皇帝，宋翔鳳之證許由即伯夷，章炳麟之證許由即皋陶，蘇時學、夏曾佑之證盤古即盤瓠等，蓋無非以語音之訛轉為傳說分化之關鍵。參見楊寬：《中國上古史導論》，見呂思勉、童書業編著：《古史辨》第七冊上編，上海，上海古籍出版社，1982，影印本，第421頁。

24 近代史家效法的這種清人注釋經典常用的方法，也被余英時稱之為「訓詁治史」的路徑。余英時：《猶記風吹水上鱗》，臺北，三民書局，1991，第178頁。

25 丁山：《中國古代宗教與神話考》，上海，龍門聯合書局，1961，第243頁。

時，這種方法的濫用，卻使他們得出了完全不可靠的結論。」[26]日本學者池田末利晚年也反省這套研究方法，他認為：「用並不明確的古代字音，過分容易地用假借和互通的方法去看問題，是危險而應該反省和自戒的。」[27]

　　中日早期神話學者研究方法的趨同化傾向，還表現在對當時稱霸歐洲漢學界的以伯希和（Paul Pelliot）為首的巴黎學派和以高本漢（Bernhard Karlgren）為首的瑞典學派的共同推重上。歐洲漢學界慣用歷史與語言相結合的傳統語文學研究法，頗受日本學界推崇，更令中國學者神往。在當時西方漢學界屬異類突起但成果豐碩的葛蘭言（Marcel Granet）立志對正統的語文學方法糾偏，而採用一種宏闊的社會學與歷史思維結合起來的方法。在上古神話傳說或上古史研究缺乏可靠文獻支撐的情況下，社會學方法和人類學實較傳統語文學有優長之處，能為上古文化研究提供較大的迴旋空間和彌補餘地，也可以說葛蘭言的研究方法能為研究中國古代神話傳說與早期宗教思想開拓無限的可能性。但是當時的中國學界囿於既定的研究模式，缺乏對新生事物的敏銳力，致使葛蘭言的研究方法在中國學界的接受命運坎坷不平，遭到以丁文江為首的絕大多數學者從人文地理到古史研究上的質疑，日本學者也基本如此。[28]儘管東方學者之中也有人為之辯護，

26　謝選駿：《神話與民族精神——幾個文化圈的比較》，濟南，山東文藝出版社，1986，第173頁。

27　王孝廉：《嶺雲關雪——民族神話學論集·自序》，北京，學苑出版社，2002，第3頁。

28　何炳棣曾談到一九三八至一九三九年在北平燕京大學讀書期間，在當時我國唯一具有國際學術水準的英文期刊《中國社會及政治科學學報》（The Chinese Social and Political Science Review）上讀到丁文江批判葛蘭言的《中國古代舞蹈與傳說》中所描述的鬱鬱蔥蔥、池沼密布的黃土高原與平原，丁氏認為黃土高原其實是在長期的半乾旱的情況下形成的。這篇極重要的書評對何炳棣日後研究中國農業的起源影響甚為深巨。可見丁文江的批判影響至深。何炳棣：《讀史閱世六十年》，桂林，廣西師範大學出版社，2009，第126頁。

但均被時流所淹沒。[29]在這種學術氣氛下，我們就看到顧頡剛對巴黎學派正統門人馬伯樂（Henri Maspero）所著《書經中的神話》一書讚譽有加了。[30]其實，根據李春青的分析，中日早期神話（古史）研究所實踐的這種傳統語文學或訓詁治史的研究方法，是受一種內在的認知方式的規引，也就是那種旨在追問真相的求真求實的科學主義態度在暗地裡驅使，他們試圖借助對材料或知識的梳理從而復原歷史真相。但是經過當代學人的研究，特別是後現代主義歷史學的洗禮，[31]證實若按上述研究方法來進行研究無疑是走進了死胡同。不僅如此，李春青指出這種研究方法最大的弊端是忽視對歷史或文本本身的意義和價值的建構與闡揚上。[32]在我們看來，中日早期學者所提倡的「資料主義式」的研究做法，對於本身以「神聖性或信仰性」為構築特質的神話傳說來說，尤其方圓鑿枘。在上古史中，特別是在神話傳說中，許多文化現象是神話優於事實，信仰優於事實，當學者們採用實證主義的態度拼命地想去搞個「水清米白」，無疑是癡人說夢。用現在的俗話說，「古史辨」派旨在學術上「打假」，搞神話傳說是賣力「打鬼」，翻古人的舊賬可以，但是其輕蔑古人的心態實不可取。實

---

29 〔法〕葛蘭言：《古代中國的節慶與歌謠》，趙丙祥、張宏明譯，桂林，廣西師範大學出版社，2006。另有張銘遠譯本：《中國古代的祭禮與歌謠》，上海，上海文藝出版社，1989。《古代中國的節慶與歌謠》原版1919年初版，1929、1977年再版。另有關於此處的漢學材料，特別是葛蘭言的研究方法的得失及其研究方法在東方學者中的接受情況，可參見桑兵：《20世紀國際漢學的趨勢與偏向》，2005，載中國大學生線上網網址：http://www.univs.cn/univs/zzlm/edu_bbs/info_display.php？id=151692。

30 參見顧頡剛為該書中譯本所作《序言》。〔法〕馬伯樂：《書經中的神話》，馮沅君譯，長沙，國立北平研究院史學研究會，1939。

31 葛兆光：《中國思想史・導論：思想史的寫法》，上海，復旦大學出版社，2001，第115-136頁。

32 李春青：《20世紀中國古代文論研究史》，濟南，山東教育出版社，2008，第14-28頁。或參見李春青：《中國古代文論兩大基本研究路嚮之反思》，《思想戰線》2009年第1期。

際上，上述研究方法及學術態度也在中國學界有了更多反思與檢討的聲音。

另外，在具體的研究內容上，如中國神話的構成、神話與歷史的關係、神話人物考辨、神話的文化內涵、上古神話過早消亡的原因等，一直為中日學者所共同關注。他們有時各自獨立研究，卻得出相似相近的結論。同時以顧頡剛、楊寬為代表的「古史辨」派關於神話研究的成果，對日本學者也影響甚巨。總之，在中日早期神話研究的學術現代性進程中，學者們相互依倚與交相互攝，開創基業之艱辛和業績之輝煌均令人感佩，但是其自身研究所存在的某些先天不足之處更是值得今天加以痛徹地反思。

第二節　「神話」內涵的探討與界定

對於研究神話的學者來說，首先要處理的問題就是神話的定義或內涵，日本學者大林太郎說：「有多少個研究神話的學者，就有多少個神話的定義。」[33]到目前為止，對「神話」一詞還未能取得一個令所有人滿意的精準的定義。即從西方「神話」的語源來說，英語「Myth」一詞至十九世紀初才出現，[34]但是十八世紀義大利的維柯在《新科學》裡就較有預見性地論述了現代神話觀念，如他根據埃及人的觀念提出並詳盡論述了「三個時代」，即神的時代、英雄的時代、人的時代。另有對三種語言、三種政權、三種法律、詩性智慧、詩性

---

33 〔英〕羅伯特‧A.西格爾：《神話理論》，劉象愚譯，北京，外語教學與研究出版社，2008，第31頁。

34 〔英〕雷蒙‧威廉斯：《關鍵字：文化與社會的詞彙》，劉建基譯，北京，生活‧讀書‧新知三聯書店，2005，第313頁。

玄學、詩性政治與詩性邏輯等概念的論述，令人耳目一新；[35]同時，維柯認為神話故事的起源都是些真實而嚴肅的敘述，因此 mythos 的定義就是「真實的敘述」。[36]王孝廉考證「神話」一詞的英語是 myth，法語是 mythe，德語是 mythos……這些語言都是源於希臘語 mythos（或是 muthos）。希臘語 muthos 語辭的根源是 logos，如西元前八世紀或上溯於更早的前十二世紀時荷馬，對 muthos 一詞的定義是「話語」或「被說的一些故事」……由此，從 muthos 的語源上來看，可以推出神話就是「以神或英雄為內容的故事」。[37]關永中也從語言學角度引證古希臘語，分析隸屬於「神話」一詞的詞彙意涵：Mythos，其表層意義指語言、文字、故事；它剛好相應了印歐語系中的 Meudh 一詞，意味著「去反省、去思索、去考慮」；即有些語言文字蘊涵著深奧的意義、值得我們去反思，以求體悟出其中的最終含義。為此，Mythos 一詞的深層意義乃意味著宣布最有決定性、最徹底、最終極的意蘊。Mythologia，意指講述故事。而所講的故事，在某種意義下是真實的、具權威性的、發人深省的、使人肅然起敬的。這一名詞後演繹成為英文裡的神話學（Mythology）。由此得出結論：Mythos 與 Mythologia 等詞都宣揚著莊嚴而具權威性的事理。[38]結合前面關於「神話」語源的生成問題，可見各方對「神話」主要內容的框定基本一致。[39]自十

---

35 〔義〕維柯：《新科學》，朱光潛譯，北京，人民文學出版社，1986，第44、52、53、74、96、173、206、290、445頁等。

36 〔義〕維柯：《新科學》，朱光潛譯，北京，人民文學出版社，1986，第425頁，相似的說法或論述見第60、105、177、179、221、366頁等。

37 王孝廉編譯：《神話的定義問題》，《民俗曲藝》（臺北），第27期，1983年12月。

38 關永中：《神話與時間》，臺北，臺灣書店，1997，第9頁。

39 鍾宗憲：《圖騰與中國神話研究的迷思》，《民族文學研究》2004年第1期。關於對西方神話的概念梳理，可參見〔美〕布魯斯・林肯：《古希臘神話概念的誕生》，劉宗迪譯，載 http://blog.tianya.cn/blogger/post_show.asp？BlogID=279938&PostID=20564469&idWriter=0&Key=0。

九世紀以來，不斷有西方學者間接或直接地指出神話具有「神聖性」或屬於「神聖的敘事」，這種說法被國內大部分學人接受，逐漸成為了中國學界的主流性學術觀點。[40]正是基於這個現代神話學的基本觀念的認同，儘管諸家對「神話」的較為準確的定義仍處於「各說各話」的狀態，然「百家騰躍，終入環內」。

伊利亞德是二十世紀對宗教進行科學研究的最有影響的學者之一，他詳細地分析了神話在原始社會裡的作用方式並對西方近五十年的神話研究做了概括：

> 至少在過去的五十年間，西方學者研究神話的觀點同十九世紀有著顯著的不同。他們不像他們的前輩那樣只把神話視為普通意義上的「寓言」、「虛構」、「故事」。相反，他們也如古代社會所理解的那樣來看待神話，在古代社會裡「神話」意味著「真實的故事」。不只如此，這些故事還是最為珍貴的財富，因為它是神聖的，規範性的，意義重大的。[41]

當代世界神話學研究的權威阿蘭·鄧迪斯給「神話」下了一個簡明的定義：

> 神話是關於世界和人怎樣產生並成為今天這個樣子的神聖的敘事性解釋。[42]

---

40 陳金文：《神話何時是「神聖的敘事」——與楊利慧博士商榷》，《社會科學評論》2007年第2期。楊利慧：《神話一定是「神聖的敘事」嗎？》，《民族文學研究》2006年第3期。

41 魯剛：《文化神話學》，北京，社會科學文獻出版社，2009，第50頁。

42 〔美〕阿蘭·鄧迪斯：《西方神話學讀本·導言》，朝戈金等譯，桂林，廣西師範大學出版社，2006，第1頁。

中國神話研究的先行者茅盾也指出：

> 神話是一種流行於上古時代的民間故事，所敘述的是超乎人類
> 能力以上的神們的行事，雖然荒唐無稽，可是古代人民互相傳
> 述，卻確信以為是真的。[43]

臺灣神話學家王孝廉認為：

> 神話是持有非開化心意的古代民眾，以與他們有共生關係的超
> 自然威靈的意志活動為基底，而對周圍自然界及人文界的諸現
> 象所做的敘述或說明所產生的聖性或俗性的故事。[44]

　　現在值得反思的是袁珂所提出的「廣義神話」的概念，這個概念
從二十世紀八〇年代以來，在神話學界廣為人知，被稱之為「具有中
國特色的中國神話」概念，是和其它國家民族的神話概念不同的。袁
珂認為不僅原始社會有神話，階級社會的各個時期都有神話，在現代
社會既有原始社會的神話繼續流傳，又會有新的神話產生。在這種理
論指導下，袁珂將傳說、仙話等帶有神話色彩的東西統統納入神話體
系，進行全面考察研究。袁珂的觀點，是把神話起源和神話思維的變
化相混淆了，神話產生於遠古，而神話思維卻可以變化於任何時代。
烏丙安比較中肯地指出，「廣義神話」論的提出依然基於中國神話學
當初面臨的最大遺憾，即中國神話貧乏之說。為了打破這一定說，

---

43 茅盾：《中國神話研究初探》（插圖本），上海，上海古籍出版社，2005，第118、
　　152頁。
44 這個定義不是王孝廉自己的創見，是參照松村武雄《神話學原論》中的神話定義。
　　王孝廉編譯：《神話的定義問題》，《民俗曲藝》（臺北），第27期，1983年12月。

「廣義神話論」將極為豐富的傳說故事材料納入神話，使本來不屬於神話的材料改變了性質，同時也失去了神話的科學概念和範疇，導致二十世紀八〇年代以後神話研究方面的許多不應有的偏離，同時也使中國的神話研究在很大程度上脫離了國際性的比較神話學的正常軌道，這自然又成為神話研究進入九〇年代以來不能不反思的重要問題。[45]按「廣義神話」論的論斷，無邊地拓展神話的界限與研究空間，也即取消了神話自身，故遭到諸多學者的反對。陳金文認為如此可能對神話的「神聖性或真實性敘事」進行了否定性的回答。[46]王青認為該體系由於自身的不完善，僅僅是一個較粗糙的想法，所以學術界對此未能形成共識。[47]呂微對此更是有許多精微的批判：「我們一旦將神話最大限度地認同於文學的想像，而將神話疏離於歷史、宗教甚至科學對於『真實性』的信仰，那麼我們就將從根本上喪失神話學對於歷史及社會文化現象的學科判斷力……但我們須臾不可忘卻的是：神話總是對某種自稱是真實性的信仰。」[48]

　　確認遠古神話中的「神聖性或真實性」的原則是理解神話傳說所有問題的關鍵，也即是說神話傳說自身具有典型的二重性的因素與功能：其一，具有解釋的理解性因素及其功能；其二，信仰性因素及其文化功能結合在一起。英國學者勞埃德曾舉霍布斯思考「上帝是三而一」的例證，對神話的思考極具啟發性：

---

45 關於袁珂「廣義神話學」概念也可參見烏丙安：《中國神話學百年反思之三：關於中國「廣義神話」論的提出》，載 http：//www.chinesefolklore.org.cn/web/index.php？NewsID=3195。

46 陳金文：《神話何時是「神聖的敘事」——與楊利慧博士商榷》，《社會科學評論》2007年第2期。

47 王青：《漢朝的本土宗教與神話》，臺北，洪葉文化事業公司，1998，第51頁。

48 呂微：《神話何為——神聖敘事的傳承與闡釋》，北京，社會科學文獻出版社，2001，第427頁。

開始霍布斯對這個問題流露出相當的迷惑，然後提出三位一體
的意思也許是指聖父、聖子和聖靈三者每一位都是同一個人的
表現……不，神學家們堅持說，上帝不是有三種表現的同一個
人，而是三個人——三個人但仍舊是一個人。事實上，在某些
情形下，悖論不是拿來解決的，而是拿來堅持的：例如，它能
夠強調談論上帝的那種非常特殊的性質。[49]

　　也就是說對各種不同的悖論和明顯的非理性行為的模式，我們不
應該低估他們的多樣性和信仰性。比如古人相信靈魂不滅，死亡常被
視為新生的開始，以為死與生有如一環的兩端，循環不盡，沒有什麼
值得悲哀的，甚至有時還認為是可喜的情況。因為通過死亡，可以用
老弱之軀換來一個新生的身體與生命。[50]也許對於遠古有神話信仰的
人來說，墳墓是更光明的未知世界裡更好更幸福的生活的開端。所以
中國遠古有把老人打死以便其超生的習俗，如殺死老人的習俗反映於
甲骨文「微」字的字形「𢼸」。[51]《莊子・至樂》記載「莊子妻死，鼓
盆而歌」的故事，莊子認為生與死是一種回歸，本來沒有生命，是雜
草等物體衍生出了元氣，而元氣又化成形體，這樣才成了一個生命。
這就跟四季更迭一樣，是自然而然的事情。莊子把存亡視為一體，實
際上也是承認生死的連續性而解除了對生死觀念的執著，從而安於自
然之化。從某一方面說，莊子受到神話思想的啟發，是很順理成章

---

49 〔英〕G.E.R.勞埃德：《古代世界的現代思考：透視希臘、中國的科學與文化》，鈕
　　衛星譯，上海，上海科技教育出版社，2008，第6頁。
50 許進雄：《中國古代社會：文字與人類學的透視》，北京，中國人民大學出版社，
　　2008，第391頁。
51 許進雄：《中國古代社會：文字與人類學的透視》，北京，中國人民大學出版社，
　　2008，第394頁。

的。[52]《山海經・海外北經》說：「夸父與日逐走……未至，道渴而
死，棄其杖，化為鄧林。」有學者認為夸父追日出自先民渴望認知太
陽東起西落的關心真諦之企求。[53]但是神話中又提到其杖化成桃林，
或許可以看成是古人在靈魂中的、在社會整體內用持續不斷的「重複
出生」的信念去克服不間斷的死亡。[54]同理，女媧托體精衛與盤古化
身萬物等也可作如是觀。古代中國把文字創造的智慧財產權，歸於黃
帝之史倉頡。從漢代石刻所繪的倉頡像來看，倉頡有四隻眼睛，《春
秋演孔圖》云：「倉頡四目，是為並明。」印度耆那教經典也談到四
眼佬，證實緯書上所說沒有誇張之處。作為一位聖人，要具有耳目比
人聰明的特異功能，中外的傳說正是一樣的。[55]另外古書《尸子》載
孔子對「夔一足」與「黃帝四面」的解釋，是在孔子不語「怪力亂
神」的口號下被加以系統化與合理化的結果，或者說是孔子在新的歷
史條件下進行新闡釋的結果。實際上，「夔一足」與「黃帝四面」也
可能蘊涵豐富的神話傳說的資源，這樣說即是為了突出聖人超出常人
與本領非凡的一面。遠古的知識多藉口耳相傳，太平凡的事物不但無
法廣被異域，也容易為人所遺忘。唯有「神奇」的事物才能愈傳愈
遠，也愈傳愈奇。今天我們研究神話傳說（古史），倒應該感謝古人
把某些歷史事件「神奇化」，我們才得以知道它們的蹤影。[56]

　　神話學界也常對神話（Myths）、傳說（Legends）、民間故事
（Folktales）等形式進行某種程度的區分，[57]正如呂微所說：「國際民

---

52 陳鼓應：《莊子今注今譯》中冊，北京，中華書局，1983，第450-452頁。

53 張步天：《山海經解》，香港，天馬圖書有限公司，2004，第382頁。

54 〔美〕約瑟夫・坎貝爾：《千面英雄》，張承謨譯，上海，上海文藝出版社，2000，
　　第12頁。

55 饒宗頤：《符號・初文與字母──漢字樹》，上海，上海書店出版社，2000，第34頁。

56 杜正勝：《古代社會與國家》，臺北，允晨文化實業公司，1992，第67-68頁。

57 鄧迪斯的《西方神話學讀本》首篇論文區分三者絕佳。〔美〕阿蘭・鄧迪斯：《西方

間文學界對敘事體裁神話、傳說和（狹義）故事之間的區別早已約定俗成，就廣義故事（包括神話、傳說和狹義故事）的內容來說，神話是神聖的，傳說是真實的，而故事是虛構的。」[58]也即是說神話與傳說在流傳的當時對講述者和聽聞者來說，都是「認真」對待的，也就是說神話和傳說中的「敘事」內容被認為是真實可信的，關於神話的描述更是被當成神聖的事情看待。而民間故事的講述主要是以消遣為主，參與民間故事講述的人通常是懷著輕鬆的心態來娛樂大眾，不可信仰與認知。在學理上再細分，神話與傳說也有差別，比如魯迅在《中國小說史略》說：「神話大抵以一『神格』為中樞，又推演為敘說，而於所敘說之神之事……迨神話演進，則為中樞者漸近於人性，凡所敘述，今謂之傳說。傳說之所道，或為神性之人，或為古英雄。」[59]杜正勝也表達了類似的看法：也就是說神話與傳說分判的標準在一個「人」字，凡是人的成分重的，即比較合乎自然律、人性人情的，屬於傳說；反之屬於神話。比如后羿，自天下凡，射九日，人間大旱乃解，這段故事是神話。後來射封豨長蛇就屬於傳說範圍了。[60]但是茅盾也承認神話與傳說不易區分，人們通常把傳說併入神話裡，混稱神話。袁珂比較認同這個觀點，並認為：「在一個故事當中，總是互相交織在一起的，裡面既有神的行事的描寫，也有人間英

神話學讀本》，朝戈金等譯，桂林，廣西師範大學出版社，2006，第5-37頁。馬林諾夫斯基也較詳細地探討過幾個概念的區別，見〔英〕馬林諾夫斯基：《巫術科學宗教與神話》，李安宅編譯，上海，上海文藝出版社，1987，第131頁（據商務印書館1936年初版影印）。

58 呂微：《神話何為──神聖敘事的傳承與闡釋》，北京，社會科學文獻出版社，2001，第48頁。

59 魯迅：《中國小說史略》，北京，東方出版社，1996，第7-8頁。此說與其弟周作人和茅盾的說法基本相仿。周作人：《神話與傳說》，見馬昌儀編：《中國神話學文論選萃》上編，北京，中國廣播電視出版社，1994，第71-72頁。

60 杜正勝：《古代社會與國家》，臺北，允晨文化實業公司，1992，第68頁。

雄的描繪，人神同臺。」[61]袁珂實際認為神話與傳說實在難以區分得開或者認為不易區分好，仔細讀讀有關三皇五帝的故事，「人神同臺」的特徵表現非常明顯。

在神話研究中，神話與儀式之間的關係也常被探討。大部分神話都與社會儀式——祭典中的固定的形式和程序有關，但社會學家在究竟是宗教儀式產生了神話還是神話催生了宗教禮儀這一問題上還未達成一致。[62]勞里·杭柯認可神話與儀式之直接相連：「神話傳達並認定社會的宗教價值，它提供應遵循的行為模式，確認宗教儀式及其實際結果的功效，為行為的神聖儀式提供意識內容，樹立神聖物的崇拜。而神話的真正環境是在宗教儀式和禮儀之中，儀式通過不斷地操演賦予了神話以生氣，並使它們不斷地在此時此地重現。」[63]神話——儀式理論的運用最為顯著的例證也是在文學之中。例如，代表人物英國學者哈里森，她大膽地宣稱不僅是文學，一切藝術均起源於儀式。[64]中國學者陳炳良、王昆吾（王小盾）、美籍華人學者王靖獻等利用這種研究思路對中國文學的某些專題或個案有很好的解讀。

綜上所述，我們不妨在此給「遠古神話傳說」下一個描述性兼具操作性的定義：

---

61 袁珂：《中國神話傳說》上冊，北京，人民文學出版社，1998，第45-46頁。

62 〔美〕艾布拉姆斯：《文學術語詞典》（中英對照），吳松江主譯，北京，北京大學出版社，2009，第341頁。神話與儀式之間的關係論述，可參見〔英〕羅伯特·A.西格爾：《神話理論》，劉象愚譯，北京，外語教學與研究出版社，2008，第228-246頁。實際上，神話、儀式何者居先的問題，在很大程度上就如「先有雞還是先有蛋」一樣毫無意義。

63 〔美〕阿蘭·鄧迪斯：《西方神話學讀本》，朝戈金等譯，桂林，廣西師範大學出版社，2006，第61-65頁。至於神話與儀式之間的微妙區別，可參〔美〕保羅·唐納頓：《社會如何記憶》，納日碧力戈譯，上海，上海人民出版社，2001，第63-65頁。

64 〔英〕簡·艾倫·哈里森：《古代藝術與儀式》，劉宗迪譯，北京，生活·讀書·新知三聯書店，2008，第1-14頁。

遠古神話傳說是指在殷周禮樂文化產生之前的（也包括小部分
同期產生的）一種占主導地位的文化系統，它是一種集中體現
遠古初民的心智活動與行動體系的各種文化形態的綜合體，具
體包括神話、傳說、儀式、舞蹈、音樂等形式，在創作或者講
述它們的社會中，它們被認為是真實可信的事情。

對於上面的定義，必須有幾點說明：

第一，我們所說的狹義「神話傳說」的概念，近於徐炳昶（徐旭
生）與蘇秉琦所限定的原生性神話傳說，[65]立足神話傳說的狹義範
圍，深入分析神話傳說的根源問題，才能逐步深入認識和清理出神話
傳說發展的脈絡。遠古神話傳說與後世的再生性神話的精神面貌差異
很大，如即便是漢代的神話創作者或社會中的一部分人也並不一定相
信製造出來的一些神話，因為這些神話往往利用這一時期流行的某種
信仰或觀念來供給一種實際的解釋或例證。換言之，兩漢時期的神話
創作往往是受政治意圖的促發，就像公孫卿為了讓漢武帝接受其封
禪、候神等建議，編造了「黃帝升仙」神話等。原生性神話傳說強調
的是「神聖性與真實性」。

第二，眾所週知，古代世界神話的核心部分是創世神話，包括宇
宙起源神話、人類起源神話、文化起源神話等所謂「本格神話」。以
往宣稱的「中國神話貧乏論」也主要指的是中國缺少創世神話（自然
神話）。而記載在漢文籍中的創世神話如盤古開天闢地、女媧補天，

---

65 徐炳昶與蘇秉琦合撰的《試論傳說材料的整理與傳說時代的研究》一文，把這些
材料分為原生和再生兩類：原生的包括所有見於早期記載的傳聞異說，再生的包
括一切見於後期記載的、偽託的、滋生的傳說故事。再生的部分基本發生在東漢
以後，但其中並非完全沒有原生的內容。徐炳昶、蘇秉琦：《試論傳說材料的整理
與傳說時代的研究》，見杜正勝編：《中國上古史論文選集》上冊，臺北，華世出
版社，1979，第95-124頁。

另外一些自然神話如羲和駕日，燭龍、燭陰神話，月亮神話與星辰神話等，不僅較之西方神話少之又少，而且從文獻記載的時間來看，中國的創世與自然神話都記載很晚。[66]故此，以西方自然神話作為典型的形態，自然得出中國神話較為貧乏的結論。例如，黑格爾直接說中國「無神話」「無民族史詩」。[67]從西方學者涉及先秦神話傳說的論著名稱慣用「Legends」（傳說）一詞，也看得出他們是嚴格按照狹義的或西方的神話觀念來進行的，如馬伯樂（HenriMaspero）《書經裡的神話和傳說》（*Légendes mythologiques dans le Chou king*, 1924）；葛蘭言（Marcel Granet）《中國古代的舞蹈和傳說》（*Danses et Légendes de la Chine ancienne*, 1926）；高本漢（Bernhard Karlgren）《中國古代的傳說和宗教》（*Legends and Cults in Ancient China*, 1946）等。

　　第三，借助於神話傳說作為「神聖性敘事」的基本觀念也可幫助我們校正「古史辨」派對歷史與傳說之間關聯的誤解。印順認為「古

---

66 中國早期僅有的盤古開天闢地神話見於唐代《藝文類聚》引三國吳人徐整《三五歷紀》中的簡單記述。女媧補天神話始見於《淮南子·覽冥訓》，也只是「二度創世」的斷片故事。女媧摶土造人神話始見於《風俗通》的幾句零散記載。另外，關於二十世紀八〇年代中期到現在的中國多民族的創世神話的大發現的意義，特別是漢族神話史詩《黑暗傳》及漢族中原神話群從神農架及河南盤古山、夸父山、女媧城等地採錄成功並公開發表後，對神話學界狹隘的漢文古典正統觀的糾正，烏丙安先生探討頗詳。見烏丙安：《中國神話學百年反思之四：中國創世神話的大發現》，載http：//www.chinesefolklore.org.cn/web/index.php？Page=4&NewsID=3196。論者有理由相信中國新挖掘的資料將會發揮如同西方早期人類學者引用原始資料的功效，能在材料整理與理論挖掘方面貢獻於世，然而這需要一定的時間積累和歷史沉澱，目前的神話研究主流仍在漸變之中，也仍然是以漢族文化為主導。

67 除了謝林之外，美國的傑克·波德認為「中國上古典籍中沒有可以稱作神話的專門體裁，也沒有一部可以從中發現記敘連貫和完整的神話的文學作品」，伊藤清司則認為「中國原本就是神話的不毛之地」「漢族是與神話無緣的民族」等。參見烏丙安：《中國神話學百年反思之一：關於零散、斷片的中國古典神話》，載 http://www.chinesefolklore.org.cn/web/index.php？Page=2&NewsID=3193。

史辨」派「求之過深，草木皆兵」，「『古史辨』證明為神話，就達成否定古代史主要是夏代史的目的。在我看來，恰好相反，古代史話是不離神話形式的；沒有神話的古代史，才是經過改編的，不可輕易相信的。」[68]徐旭生批評「古史辨」：「對於摻雜神話的傳說和純粹的神話的界限似乎不能分辨，或者是不願意去分辨。在古帝的傳說之中，除顓頊因為有特別的原因以外，炎帝、黃帝、蚩尤、堯、舜、禹的傳說裡面所摻雜的神話並不算太多，可是極端的疑古派都漫無別擇，一股腦兒把他們送到神話的保險櫃中鎖起來，不許歷史的工作人再去染指！」[69]顧頡剛提出的「古史層累說」認為傳說既無歷史源頭又是出於有意造偽，而非自然累積。錢穆曾對偽造與傳說有過精微的區分：「偽造與傳說，其間究是兩樣。傳說是演進生長的……而偽造是改換的。傳說漸變，而偽造突異。」[70]傳說往往是無意的積累而偽造是刻意造偽，這是兩者之間根本的不同。說實話，針對「古史辨」學者「對於我國古代，傾向於年代越短越好，史實越少越好，區域又越小越好」的「怪事」，[71]印順疑惑：「戰國時代不過兩百年，這麼多的古帝傳說能在這麼短的時間完成麼？顧頡剛過分重視書面的記錄——什麼時間寫在竹簡上，而漠視了社會的廣泛傳說，想用原始手稿或最初版本考證那樣的考辨方法，根本就是錯誤的。」[72]顧頡剛聲稱看到當

---

68 印順：《中國古代民族神話與文化之研究・序》，臺北，正聞出版社，1991，第3版，第3頁。

69 徐旭生：《中國古史的傳說時代》，北京，文物出版社，1985，第28-29頁。

70 錢穆：《評顧頡剛五德終始說下的政治與歷史》，見顧頡剛編著：《古史辨》第五冊，上海，上海古籍出版社，1982，影印本，第620頁。

71 印順：《中國古代民族神話與文化之研究》，臺北，正聞出版社，1991，第3版，第136頁。

72 印順：《中國古代民族神話與文化之研究》，臺北，正聞出版社，1991，第3版，第6-7頁。

時的考古文物「燦然陳列」，並對「周代以前的中國文化作了許多冥想」，又見到「器物的豐富，雕鏤的精工，使我看了十分驚詫」，顧氏只是因為自己精力有限而放棄考古從事古史辨偽的研究。[73]但是顧氏身處如此好的學術氣氛卻犯了杜正勝所指出的幾個失誤：「不理會卜辭金文等第一手文字資料；也不深究考古文物的意涵；不論殷周社會的來源。」[74]如此看來，儘管顧頡剛身處考古學橫行的時代，所走的路真與康有為和晚年章太炎相似，重蹈傳統學者只重「文」不重「獻」的老路。三代歷史長達數千百年，中國人在這漫長時間內所建立的社會，形成的國家，創造的文化，都落入了朦朧的虛無之中。遠古傳統時間已被「層累造成說」真空化了。

第三節　先秦神話傳說的生與死

中國神話研究有兩個核心的觀念，幾成學界共識。這兩個觀點是：第一，中國神話的「貧乏論」，即與世界其它國家相比，中國的神話顯得零碎化、片段化而不成系統；第二，中國神話的「歷史化」，即把造成中國神話貧乏的主要原因歸結為中國神話在發展中經歷了一個歷史化的過程。[75]到目前為止，諸家對上述兩大基本觀念的詮釋可謂汗牛充棟、玉石俱陳。現在看來，也只有諸家說明了上述兩大基本觀念之間的歷史疑難與文化關聯，才等於初步地切入了中國神話傳說的「研究瓶頸」。

---

73 顧頡剛：《自序》，見顧頡剛編著：《古史辨》第一冊，上海，上海古籍出版社，1982，影印本，第57頁。

74 杜正勝：《古代社會與國家》，臺北，允晨文化實業公司，1992，第29頁。

75 參見烏丙安：《中國神話學百年反思之一：關於零散、斷片的中國古典神話》，載http://www.chinesefolklore.org.cn/web/index.php？Page=2&NewsID=3193。王青：《漢朝的本土宗教與神話》，臺北，洪葉文化事業公司，1998，第54-69頁。

　　上面論及中國神話的「貧乏論」，主要是根據西方神話的典型形態來規範中國神話的結果。現在一些中國神話學者對此表示異議並強調中國神話的獨特性，比如認為中國創世神話（或自然神話）較西方為少，但是中國的人文神話卻相對發達，現存文獻的神話記載就恰如其分地反映了中國上古神話的構成情況，也體現了中國的文化特色。呂微認為神話的產生既以敘事的形態出現，也以觀念的形式存在。如「天圓地方」就是一種中國本土的神話觀念，[76]它儘管需要借助一定的敘事形式才能表達出來，但觀念並不是敘事本身。西方的史詩主要是一種敘事體裁，而中國採用西方以史詩為基準的敘事性技巧為主的神話概念，自然覺得「中國」不如「希臘」，這種看法無疑是忽視了中國十分發達的神話觀念，無視了神話所表達的「意義層」。上古中國漢語神話之敘事簡略反倒凸顯了中國神話自身的特點。[77]常金倉認為：「關於文化和歷史的研究不能停留在一人一事的局部考證上，而要把局部考察與文化的整個背景：文化的精神主流統一起來。中西神話在膚淺者看來即使承認二者的差異，恐怕也只是系統與零星、生動與呆板的不同。我以為這兩種神話最本質的差別是西方神話以自然神為中心展開它的故事，而中國神話的主體是文化英雄的崇拜。」[78]這是一種很有說服力的看法，但是常氏又疑惑：「我們的學者總是這樣思考問題，其實勞動的雙手、聰明的頭腦完全可以創造出別的什麼東西來作那文化的嚆矢、先河，不必非創造出神話才是可以理解的……如果我們願意稍許放棄一下單線進化論的信念，承認人類文化的多樣

---

76 葛兆光：《中國思想史：七世紀前中國的知識、思想與信仰世界》第一卷，上海，復旦大學出版社，2001，第17-18頁。

77 呂微：《神話何為——神聖敘事的傳承與闡釋》，北京，社會科學文獻出版社，2001，第422-429頁。

78 常金倉：《中國神話學的基本問題：神話的歷史化還是歷史的神話化？》，《陝西師範大學學報（哲學社會科學版）》2003年第3期。

性，中國原始神話的先天不足是很容易理解的。」[79]這樣的論述顯然又走向另一個極端了，連人類最早的文化源頭根源於「神話」是否存在也岌岌可危了。聞一多曾推測：「四個古老民族 —— 中國、印度、以色列、希臘……約當紀元前一千年左右，在這四個國度裡，人們都歌唱起來，並將他們的歌記錄在文字裡，給流傳到後代，在中國，《三百篇》裡最古部分 ——《周頌》和《大雅》。印度的《黎俱吠陀》，《舊約》裡最早的《希伯來詩篇》，希臘的《伊利亞特》和《奧德賽》——都約略同時產生。」[80]王孝廉據此推測：「認為如果上述事實不是偶然的話，那麼由其它三個民族的詩是以他們的神話為母胎的事實來看，似乎沒有理由說只有中國例外的沒有神話。而中國神話之所以如此是因為中國神話產生了流變並且發生了神話的解消、純化、變形與異質化等現象，如流入了社會組織與道德意識、流入了新起的宗教哲學、流入歷史文學等各個領域。」[81]顯然這種看法也代表著一種對中國神話傳說具有獨特人文風貌的解釋。我們注意到，王青認同中國神話傳說的人文特質並進而引用張光直的觀點指出這種明顯不同於西方的構成特徵乃是基於中國在文明演進中採用的是一種不同於西方的方式。換言之，現存文獻中的神話構成正好是與中國文化的獨特類型相吻合的，即當時的政治秩序乃是以父系氏族為單位的社會組織確定的，也因而決定了中國古代的神話在根本上是以氏族團體為中心的人文神話。氏族祖先，同時又是政治首領及文化英雄，在中國神話中將佔據主角的位置。[82]王青的借用與詮釋都極具啟發性，但是

79　常金倉：《中國神話學的基本問題：神話的歷史化還是歷史的神話化？》，《陝西師範大學學報（哲學社會科學版）》2003年第3期。

80　聞一多：《神話與詩》，上海，上海世紀出版集團，2006，第164頁。

81　〔日〕御手洗勝等著，王孝廉主編：《神與神話》，臺北，聯經出版事業公司，1988，第250頁。

82　王青：《漢朝的本土宗教與神話》，臺北，洪葉文化事業公司，1998，第56-58頁。

似乎沒有將問題說通透，他沒有指明或通盤考慮張光直的理論自身所存在的若干問題。

眾所周知，張光直提出連續性與破裂性的兩種文明演進模式，認為就世界範圍來看，文明的產生，即從原始社會向階級社會的轉變有兩種方式：一種是以人與自然關係的改變為契機，通過技術的突破，借技術與商業貿易等程序，通過生產工具和生產手段的變化引起社會的質變，這以古代兩河流域的蘇美爾文明為代表；另一種則以人與人關係的改變為主要動力，它在技術上沒有大的突破，以生態平衡的整體性與連續性的宇宙論為基礎，主要通過政治權威的建立與維持，這以瑪雅——中國文化連續體為代表。中國文明的起源，也就是夏商周三代文明的起源，關鍵是政治權威的興起與發展，而政治權威的取得，主要依靠道德、宗教、壟斷稀有資源等手段，其中最重要的是對天地人神溝通手段的獨佔，即採取「薩滿政治」。由此，張氏強調夏商周三代統治具有極強烈的政教合一色彩和巫術氛圍，但是這一切又都是著眼於政治，即通過巫師控制巫術手段來干預爭奪政治權力。[83]張氏是這樣來解釋「中國神話歷史化」的：

> 絕大多數研究中國古代神話的學者，都同意下面這一種有力而合理的解釋：中國古代神話之少與在這甚少的資料中英雄故事之多，主要的原因是商與西周時代的歷史化……我想證明，中國古代的神話在根本上是以親族團體為中心的，親族團體不但決定個人在親屬制度上的地位，而且決定他在政治上的地位；從商到周末，親屬制度與政治制度之間的密切聯繫關係發生了

---

[83] 張光直：《美術、神話與祭祀》，郭淨譯，瀋陽，遼寧教育出版社，2002，第72-83頁。

　　劇烈的變化，而神話史上的演變是這種政治與親屬制度之演進
所造成的。[84]

　　張光直是公認的考古學大家，但是在「神話歷史化」的基本觀念
上與「古史辨」派一脈相承。如其早年所撰《商周神話之分類》，非
常贊同顧頡剛、馬伯樂、楊寬與孫作雲等人提出的基本看法：古代的
聖賢王臣都是那些神物變化出來的。[85]而張氏之所以認同這種看法，
主要原因還是因為經過一番考古學摸索之後，「絕大部分的神話先殷
史，恐怕永遠也不可能在考古學上找到證據的⋯⋯也只能以現存的古
文獻為依據加以考察」。[86]所以他將「中國神話歷史化」形成的歷史動
因歸結為各親族群（氏族群），如子姓商族、姬姓周族（氏族群），為
掌控政治權力從而把各自祖先的出生由神變人的結果。[87]

　　仔細考察張光直的論證，難免會生發諸多的學理疑問：

　　第一，張光直借取美國人類學家彼得・佛爾斯脫（Peter Furst）
所提出的所謂「亞美式薩滿教」的意識形態，[88]強調薩滿教「迷魂失
身」、精靈滿天飛的原始宗教特質。他認為從新石器時代開始，特別
是夏商周三代文明都是「薩滿主義」，這樣薩滿式的巫術生活決定一
切。但是張氏轉而說三代統治者進行的藝術、文字、青銅器等種種巫
術活動，只不過是用來達到鞏固政治權力或獲取財富的政治目的與手
段，這樣一來又揭示出三代政治上的極現實的理性主義特色，似乎又

84　張光直：《中國青銅時代》，北京，生活・讀書・新知三聯書店，1999，第392-393
　　頁。

85　張光直：《中國青銅時代》，北京，生活・讀書・新知三聯書店，1999，第388頁。

86　張光直：《中國青銅時代》，北京，生活・讀書・新知三聯書店，1999，第360頁。

87　張光直：《中國青銅時代》，北京，生活・讀書・新知三聯書店，1999，第397-423
　　頁。

88　張光直：《中國青銅時代》，北京，生活・讀書・新知三聯書店，1999，第482頁。

可以說明一切巫教是本著現實的政治動機出發。張氏用一言來蔽之為「政教合一」，但是宗教和政治究竟是如何巧妙接樺並進行運作的呢？許多人往往會陷入張說的「泥淖」之中難以自拔，而沒有發現「薩滿」作為巫術性文明與「政治」作為世俗性文明之間的衝突，這尤其表現在中國上古三代文化中氏族社會的根深蒂固的文化傳統，以及這種文化傳統所體現出來的血緣性文明與巫術力量的內在張力。

第二，張光直認為遠古中國神話傳說異常豐富，只是到了「氏族群」互相進行「權力爭奪」時進行「歷史化」運動而變質了。但是我們知道「氏族群」作為中國古史的典型社會結構是一直存在的，這種社會組織存在的歷史時間越靠前就可能越盛行。如晁福林說：「它（氏族）濫觴於舊石器時代晚期，經過新石器時代到夏商時期有了比較充分的發展，至西周春秋時期社會上大量湧現宗族，氏族時代進入了新階段，氏族時代在戰國時期臨近尾聲，秦王政統一六國標誌著氏族時代的終結。」[89]張光直顯然已經敏感地觸摸到「氏族群」在形塑中國神話傳說的「人文性」方面意義重大，但是這種中國神話傳說人文性的「基色」不是在「氏族群」爭奪現實權力中產生的，而恰恰是在「氏族群」根深蒂固的久遠存在中形成的。我們不能以三代社會生活中的「變態生活」來說明「常態生活」，[90]也即是說三代文明中「氏族群」的廣泛存在應該是「歷史神話化」的天然沃壤，而不僅僅是商周政治演進期或變動期才「神話歷史化」的產物。

第三，張光直「神話歷史化」說仍然無法逃脫當代學者對「古史

---

[89] 晁福林：《論中國古史的氏族時代——應用長時段理論的一個考察》，《歷史研究》2001年第1期。

[90] 論者接受杜正勝的合理解釋，杜正勝認為：「古代的氏族關係，大抵和平相處是常態，戰爭攻伐是變態。文化交流，氏族融合端賴平時的交往，但在歷史的記載中，這一方面失傳，所以流傳的卻是觸目驚心的事件。比如黃帝戰蚩尤，夏禹伐三苗等。」杜正勝：《古代社會與國家》，臺北，允晨文化實業公司，1992，第72頁。

辨」派一樣的責難：三代有悠久的歷史、燦爛的文化、高明的政治運作，這些事實已達千年以上，是絕不會處在一片虛無的朦朧之中。這期間一定有偉大的人物與英雄出現，不必非由神變人，也可能是由人加上神性，進行所謂「歷史的神話化」才對。故此，我們發現張光直用「親族制度的變遷」來解釋「神話歷史化」現象，而王青反其意而用之來說明「歷史神話化」，[91]為什麼會出現這種有趣的弔詭現象呢？於是，一些學者乾脆直接宣稱「神話歷史化」與「歷史神話化」是同時或雙向進行的，但是說來說去總使人覺得好像是在無奈地打圓場。

可以說，有關中國神話傳說命運的諸多的思考，常常使人覺得好像僅僅是出於直覺的推測，為了探明中國神話傳說命運的真正秘密，我們必須再向前多走幾步。十九世紀英國人類學家泰勒（Edward Tylor）曾對「文化」下了一個經典的定義：「文化，或文明，就其廣泛的民族學意義來說，是包括全部的知識、信仰、藝術、道德、法律、風俗以及作為社會成員的人所掌握和接受的任何其它的才能和習慣的複合體。」[92]美國學者露絲‧本尼迪克特（Ruth Benedict）認為文化又具有一種「整體屬性」或「整體傾向性」，這種文化的「整體傾向性」也可稱作文化的「主旋律」或「民族精神」，也即是人們「所共同具有的觀念和準則」或「習俗」。本尼迪克特認為：「真正把人們維繫在一起的是他們的文化，即他們所共同具有的觀念和準則。」所以，「至關重要的是，習俗在經驗和信仰方面都起著一種主導性作用」。[93]這就突出了文化整體對民族精神的決定性作用。結合上

---

91 王青：《漢朝的本土宗教與神話》，臺北，洪葉文化事業公司，1998，第58-69頁。

92 〔英〕愛德華‧泰勒：《原始文化》，連樹聲譯，桂林，廣西師範大學出版社，2005，第1頁。

93 〔美〕露絲‧本尼迪克特：《文化模式》，王煒等譯，北京，生活‧讀書‧新知三聯書店，1988，第18、5頁。本尼迪克特提出「文化模式」這一概念，是相對於個體行為來說的。論者是借取文化中所具有的「整體傾向性」特徵。

面兩位學者對文化特性的基本看法，我們可以認為中國神話傳說作為
在遠古社會廣泛存在的一種文化體系或文化現象，既容納了先民的知
識、信仰、法律、道德等文化複合體，也指引或塑造著華夏文明精神
的萌芽、形成以至逐漸走向成熟。也正如布洛克所說：「每一個社會共
同體都有它的傳說、智慧、知識、技術、教育……每一個社會都生活
在一個完整的『世界』中。它並不像造一座房子——先是奠基，然後
是基本框架的完成，直到很晚我們才說房子最終竣工。每一階段都發
展出關於人類社會潛力的一整套組織系統，它必須由它自身來判
斷。」[94]總之，中國神話傳說作為伴隨遠古社會共同體產生的一種自
主的存在，只有把它放置到遠古時代整個的文化長河之中才能分辨出
一些清晰的發展軌跡，這當然不能局限於某一點甚至某一面的「盲人
摸象」的做法。故此，借取二十世紀法國年鑑學派的代表人物布羅代
爾（Fernand Braudel）所提出的歷史時段理論來分析中國神話傳說的
命運問題。布羅代爾的理論影響巨大，不僅僅在於它具有一種巨觀的
視野，更在於滲透著一種歷史文明的穿透力，可以幫我們找到一些深
具根源性與關鍵性的問題。[95]

　　布羅代爾將歷史時間作了三種劃分：一種是長時段或超長時間段
（或譯遠端時間）的歷史時間，[96]這是歷史發展中的結構性因素（布

---

94 〔美〕簡・布洛克：《原始藝術哲學》，沈波、張安平譯，上海，上海人民出版
　　社，1991，第48-49頁。

95 應用布羅代爾長時段理論的設想，與李春青教授的建議不謀而合。論者所見利用
　　布羅代爾「長時段理論」分析較為成功的個案有晁福林：《論中國古史的氏族時
　　代——應用長時段理論的一個考察》，《歷史研究》2001年第1期。另外葛兆光撰寫
　　思想史也是借鑑此種思路，葛兆光：《中國思想史・導論：思想史的寫法》，上
　　海，復旦大學出版社，2001，第16、30頁。

96 〔法〕費爾南・布羅代爾：《論歷史》，劉北成、周立紅譯，北京，北京大學出版
　　社，2008，第30頁。

羅代爾稱之為「網狀構造」),[97]是一種緩慢的層積的歷史,包括地理、社會組織、經濟、社會心理等因素,也就是在相當長的歷史時段可能看不到有什麼激動人心的事件,它迂緩而有序;一種是中時段(或譯中程時間),指一些描述性的周期、局勢,比如某時社會經濟出現的局部情況;一種是短時段(或譯短程時間),就是一般的歷史事件,只是瞬間發生的事件,猶如流火飛螢一樣,轉瞬即逝。[98]在布羅代爾的著作中,「長時段」實際上是對於歷史發展起著決定作用的、長時期有影響的因素。另外,布羅代爾運用這三種時間觀念也主要是用來研究社會經濟史的問題,但是這種「長時段」理論對於開展中國先秦神話傳說的研究也很切題,因為中國神話傳說的命運也正是在長期的多重的文化因素的支配與影響下構成了其歷史的生命線。

以研究中國先秦神話傳說問題為例,我們可以觀察到一些長時段的結構性因素,比如人類在從自然文明走向人文文明過程中所體現的巫術性力量與人文文明之間的內在張力,這在中國的三代文化中突出地表現在巫術性力量(巫統)與血緣性文明(血統)之間的內在張力上。[99]從這一根深蒂固的文化結構出發,我們可以看出上古三代在國家形態上從「前神守——神守——社稷守」依次演進,[100]這也是巫統

97　〔法〕費爾南・布羅代爾:《論歷史》,劉北成、周立紅譯,北京,北京大學出版社,2008,第55頁。

98　〔法〕費爾南・布羅代爾:《論歷史》,劉北成、周立紅譯,北京,北京大學出版社,2008,第27-60頁。

99　「巫統」與「血統」原是陶磊借鑑薩滿教中血統與巫統之分的基本框架。參見陶磊:《從巫術到數術——上古信仰的歷史嬗變》,濟南,山東人民出版社,2008,第10、11、32-40頁等。陶磊主要以此概念分析所謂「巫術」與「數術」的,比如他認為中國巫術體現了巫統文明,以鬼神信仰為核心;而數術是通過數的排列組合來推求,以數的信仰為特質,體現了所謂「血統」文化的特色。

100　「神守」與「社稷守」的概念的含義與來源,可參見吳銳:《中國思想的起源・前神守——神守時代》第一卷,濟南,山東教育出版社,2003,第161、170-176、

上的神權與血統上的王權相互角爭的結果。同樣我們也可以發現，從
殷商後期大力開始的禮制改革也正是為解決巫統與血統的內在張力而
發，而周代新的「天道觀」的形成及周公制禮作樂也正是巫統與血統
之間的互相角力的表現。故此，正是中國三代文明中的巫統力量與血
統文明的文化結構規引著文化演進的方向，也可如是說，中國神話傳
說的「人文性」或說「歷史的神話化」的形成根源正在於此。它既不
在於單純的「親族制度」一極，也不在於單純的所謂「薩滿主義」的
一極，而是充分體現了一種巫術力量與血緣力量的內在張力，即形成
了一種互爭也同謀的結構關係。這是一些緩慢的層積的文化因素，沒
有這個長久的結構性文化因素，中國神話傳說的基本面貌也可能會凝
固成西方神話那樣的典型形態。[101]同樣，如果沒有從殷周時代逐漸開
展和大興禮樂文化的運動，沒有從中發展出一套更好地去制御或改造
巫術文明的人文力量的話，那麼神話傳說的巫術力量依然可以雄踞於
文化的制高點上。再把目光放得稍近一些，如果沒有禮崩樂壞之後的
諸子時代的「告別神話運動」，也即此時中國「軸心時期」對神話傳
說的理性改造，[102]那麼神話傳說依然可以在中國的歷史文化舞臺上苟

184頁等。古代諸侯國分為神守與社稷守之國：「神守」，指任、宿、顓史等小諸侯
國，可以忙於宗教、不設兵衛、不務農戰、不守社稷等。反之，為社稷守之國。
吳銳認為在舊石器時代，還沒有形成政教合一的「神守」這種社會實體，尚處於
「前神守」階段，神守是新石器時代的社會形態（第130頁）。

101 張光直指出「親族制度」或者說「血緣性的社會組織」造成了中國神話傳說的
「歷史化」，可以說已經敏銳地捕捉到某種信息，不愧是卓識，雖失之片面，但是
也極具啟發性。參見張光直：《中國青銅時代》，北京，生活・讀書・新知三聯書
店，1999，第393頁。

102 德國哲學家雅斯貝斯提出所謂「軸心時期」的概念，指西元前八百至前二百年這
一時期。在古希臘、以色列、印度和中國幾乎同時出現了偉大的思想家，古希臘
有蘇格拉底、柏拉圖，中國有老子、孔子，印度有釋迦牟尼，以色列有猶太教的
先知們，經由反思產生思想，並使思想成為自己的對象，他們都對人類終極關切
的問題提出了獨到的看法，形成了不同的文化傳統。按照雅斯貝爾斯的說法，在

延殘喘。在此可以簡單舉幾例說明。《論語・雍也》載孔子對子夏說：「汝為君子儒，無為小人儒。」楊向奎指出此處「小人儒」原指追逐飲食的俗儒，但他們也從事襄禮的事業，而襄禮本是以前巫祝的專職。[103]孔子短短的一句話就揭示了在此時代神話傳說（神話傳說的言說主體是巫者）的命運。《大戴禮記・曾子立事》載：「君子亂言而弗殖，神言弗致也，道遠日益云。」曾子對於擾亂人群的話，不去傳播；對於鬼神無稽的話，不去接受；卻因為喜歡道（真理）的微妙，就天天去增加他的解說而用來闡發它。[104]這種情況說明在當時的「君子世界」裡，神話傳說的位置已經被取締了。《荀子・天論》云：「日月食而救之，天旱而雩，卜筮然後決大事，非以為得求也，以文之也。故君子以為文，而百姓以為神。以為文則吉，以為神則凶也。」實際上，這裡所謂的「文」，是「文飾」之意，是相對於「質樸」而言；「禮」為「文飾」之具，「文」為有禮的標誌。荀子主要是強調應該把救蝕、雩雨、卜筮等帶有原始巫術色彩的儀式作為一種具有人文精神的「禮儀」來看待，而不要把它作為一種求助於神靈的巫術儀式去看待。這種看法，顯然距離上古「神」在人間橫行的情況相距甚遠了。

社會結構中的巫術文化與血緣文化的精神之爭、禮樂文化的強勢

人類歷史上，軸心時期是一個非常獨特的極其重要的時間段。因為差不多所有重要的文化選擇，亦即差不多所有的文化傳統都是在這個時期被確認和建立起來的，自那以後，人類文明雖然有了長足的進步，但是人類文化生活中卻再也沒有發生過任何類似的具有新的意義的事件。也就是說，各個民族或各個地域的文化傳統基本上就是在這個時期奠定下來的，當然這也標誌著人類神話時代的結束。參見〔德〕卡爾・雅斯貝斯：《歷史的起源與目標》，魏楚雄、俞新天譯，北京，華夏出版社，1989，第7、27、31、280、302頁。論者留意到雅斯貝斯對「軸心時期」時間界定前後有不一致之處。

103 楊向奎：《宗周社會與禮樂文明》，北京，人民出版社，1992，第411-412頁。

104 高明注譯：《大戴禮記今注今譯》，臺北，臺灣「商務印書館」，1975，第149-150頁。

推進、諸子時代的理性改造正好說明了長時段、中時段與短時段因素的重要性。由此，我們把中國神話傳說的命運懸係在由這三股線擰成的繩子上，這種做法也許比搭載在任何一支單獨的線上更安全。由這三個逐進的步驟，從三條時間的脈絡出發，可以比較清晰而全面地呈現神話傳說作為一個古老文化體系的發展情形。

第七章
遠古神話世界的原始思維與藝術啟示

　　前人追溯中國歷史的起源，不外乎兩種看法：一種是從盤古開天地開始，續接三皇，中國人有句家喻戶曉的民諺：「自從盤古開天地，三皇五帝到於今」；另一種是以黃帝為斷，不說三皇，後人也常說「我們都是炎黃子孫」。仔細比較上述兩種看法，發現兩者的歷史脈絡有異、文化淵源也有別。盤古開天闢地神話和黃帝共祖傳說至今在華夏大地還廣為流傳，並且相隨有許多的文化遺跡、紀念儀式、廟宇祭拜、膜拜活動等，這些文化載體本身已帶有強烈的歷史意義，擔當著文化記憶載體與媒體的功能。[1] 當然上述兩種「文化記憶」的方式比較起來，其文化差異也相當明顯：其一，戰國秦漢以後華夏子民常說「我們都是炎黃子孫」，但是宣稱自己是「盤古子孫」的比例甚少。其二，臺灣學者王明珂認為以「黃帝」為起始的「歷史」是凝聚華夏「同出一源」的「根基歷史」的一種方案，[2] 在戰國晚期的華夏認同中，「黃帝」已成為此一群體之共祖，並蘊涵領域、政治權力與血緣之多重起源隱喻。透過「得姓」以及與姓相聯結的祖源歷史記憶，愈來愈多中國周邊的非漢族的統治家族，以及國域內的社會中下

1　關於「盤古」神話的文化記憶及神話流變情況，可參見張振犁：《中原古典神話流變論考》，上海，上海文藝出版社，1991，第23-42頁。

2　王明珂：《英雄祖先與弟兄民族——根基歷史的文本與語境》，北京，中華書局，2009，第27-30頁。

層家族，得與「黃帝」（或炎黃）有血緣聯繫。也即是說所謂「華夏」並非由共同血緣、語言與文化播衍所形成的人群，而是由人們之「主觀認同」所構成的群體。[3]由此說明，「黃帝共祖」現象是華夏正史文化的典範說法，一直流傳在正統的歷史敘事和歷史心性之中；而現存可考的文獻記載中盤古傳說是出自緯書野史之類的典籍，只在民間廣為流傳，一直難登官方歷史敘事的殿堂。把「黃帝共祖」現象稱為正統的官方記憶，而把盤古傳說稱為典型的民間記憶似乎更為精當。令人感興趣的是，在中國人的文化記憶中，能同時允許這兩種不同風格的文化記憶方式存在，本身就是值得思索的問題。其三，尤為重要的是，「黃帝共祖」現象作為一種華夏意識的體現，後面續接了諸多帝王譜系和家族譜系，充分體現了華夏民族重視「血緣性文化」的生命力，由此成為中國傳統史家和正統文化中最悠久、最漫長的歷史記憶之一；而盤古神話和與之相仿的混沌神話卻很少談及血緣關係，可以說是比較純粹的神話式的記憶方式，它們一直留存在民間的宗教信仰之中。在某種程度上，這也暗合了中國前人所具有的兩種極端且模糊的概念：「大始」與「大還」。「大始」一詞指的是宇宙的初始，《周易・繫辭上》說：「乾知大始，坤作成物。」《禮記・樂記》注所說：「大始，百物之始生也。」「大還」則指人類重歸一種神秘時刻的體驗，即李白所描繪的「赫然稱大還，與道本無隔」（《草創大還贈柳官迪》）的一種精神狀態。前者為宇宙層面的，後者為心理層面的，實際上兩者在中國人的思想中經常交織在一起。「大還」的渴望驅使著人們去做無限地接近文明和藝術原初狀態的努力，然而與「大始」本身的接觸，只能以有限的歷史知識拓展自身，以當下的直覺在

3　王明珂：《英雄祖先與弟兄民族——根基歷史的文本與語境》，北京，中華書局，2009，第31頁。

「大還」的理想狀態中存在。讓我們先分析盤古與混沌神話所蘊涵的原始思維及藝術啟示。

第一節　盤古與混沌神話的思想關聯

　　盤古神話的研究已愈百年，茅盾、聞一多、呂思勉、張振犁、李福清、饒宗頤等諸多現當代學術名家都曾涉足，可謂成果豐碩，但也積案如山。不同的學者從不同的角度進行研究探討，因而也得出不同的結論。[4]如何劈開這些藤蔓纏繞的問題？正如侯紅良所論，解決問題的關鍵是如何論證盤古神話產生的時間問題。現在看來，進行所謂「文史考辨的路徑」來加以研究，未解決的問題似乎還是永遠會陷入

4　總體上分為兩派：其一，本土說，茅盾在《中國神話 ABC》（1929）中認為盤古神話來自南方荊粵，現代學者如馬卉欣，認為盤古神話產生於中國的中原地帶，張振犁、李福清、饒宗頤等也認同此說。其二，外來說，由於盤古屍體化生宇宙的情節，與印度神話中梵天用感官化生的情節相近，而故事又晚出，故有許多近世學者對盤古的來歷產生懷疑。最早提出盤古為印度之神的是明代的馬歡，他在《瀛涯勝覽・錫蘭國》中將盤古等同於印度的創世大神阿達摩（Adam，亦有譯為阿聃、安荼），他說：「王居之側，有一大山（Adam's Peak），侵雲高聳，山頂有人腳跡一個，入石深二尺，長八尺餘，雲人祖阿聃（Adam）聖人，即盤古之足跡也。」（轉引自楊寬：《中國上古史導論・盤古槃瓠與犬戎犬封》，見呂思勉、童書業編著：《古史辨》第七冊上編，上海，上海古籍出版社，1982，影印本，第158頁）在《外道小乘涅槃論》中，有 Adam 神創世的神話：「本無日月星辰，虛空及地，唯有大水。時大安荼（Adam）生，形如雞子，周匝金色，時熟，石破為二段，一段在上作天，一段在下作地。」（（元魏）菩提流支譯：《提婆菩薩釋楞伽經中外道小乘涅槃論》，見《新編縮本乾隆大藏經》第87冊，臺北，新文豐出版公司，1991）此外，還有另一種中國人種西來說的理論，則認為盤古乃巴比倫巴克族（Bak）之音轉。這種理論曾經得到一些中國學者的支持，例如〔清〕丁謙《中國人種從來考》中就說：「西史謂徙中國者為巴克民族，巴克乃盤古轉音。中國人謂盤古氏開闢天地，未免失實，而盤古氏之為中國始邊祖，則固確有可考矣。」（轉引自柳詒徵：《中國文化史》，臺北，正中書局，1958，第13頁）

泥淖之中而難以自拔。為此，冷靜地去反思「為什麼」會出現這種「研究困境」也許是最明智的做法，這樣也許更有利於解決問題：其一，上古文獻的遺失情況，正如李福清所說：「根據傳世史料作結論，但三國之前古籍無聞不代表民間沒有盤古神話流傳。古書一向保存不全，完整的記載還是我們從《藝文類聚》與《太平御覽》兩本書才知道的。」[5]其實，我們知道先秦的古書經秦漢以後，時移勢易，其隨世代改變而沉埋亡遺者，不可勝數，傳世之書寥若晨星。就《漢書・藝文志》所載錄文獻的遺失情況而言，已經明見無疑。其二，經典文獻的宰制力量，秦漢以後，中國原生性的神話傳說作為舊文化傳統逐漸受到新興的文化理性主義傳統的宰制，代表新興文化方向的經典文獻如《詩》《書》《禮》《易》《春秋》等經典或若干諸子子書逐漸凌駕於巫術、方技或野史等舊文化傳統之上，從而使後者只是作為「異例邊緣」而存在，像盤古之類的神話只能出現在《三五歷記》這類野史性質的書籍之中。精英和經典文獻對邊緣文本的遮蔽是一股不容忽視的重要力量，而同時作為「邊緣異例」的文化成分倔強掙扎的生命行為也值得注意。比如《漢書・藝文志》作為一類體現秦漢新文化傳統的典型文獻，把當時的知識歸為「六藝略」、「諸子略」、「詩賦略」、「兵書略」、「數術略」、「方技略」六類，根據後世知識界普遍的研究共識，通常只注意前三類而忽視後三類，但是後世出土的文獻大部分卻是「兵書」、「數術」、「方技」之類。[6]故此，盤古神話由於隸屬於邊緣異類，可能被忽略以致遺失不清也是可能的。也可以如是說，盤古與混沌神話自身的命運軌跡也恰好說明了整個先秦神話傳說

5　〔俄〕李福清著，李明濱編選：《古典小說與傳說——李福清漢學論集》，北京，中華書局，2003，第191頁。

6　葛兆光：《中國思想史・導論：思想史的寫法》，上海，復旦大學出版社，2001，第102頁。

的文化命運。其三，思想與文字剝離的問題，臺灣學者陳啟雲認為盤古與混沌神話存有所謂「時差」問題：「一種思想的源起、發展，和它寫成文字及記載在流傳下來的文獻之間，可能有很長的時差……神話傳說，最初是口語相傳，距寫成文字時的時差可能更長。因此，盤古神話在漢代以後始見諸文字，不能斷定這種神話必然晚出。至於從文字上把『盤古』『盤瓠』連結起來，更是一『文字障礙』。」[7]其實「盤古」的名字和神話文字出現的時間可能比較晚，但神話中包含的「元義」（開天闢地的元始、終極等主題意義）則可能源出得很早。[8]也即是說，「盤古」的名字可能採自漢代或漢代以後邊疆民族「盤瓠」的傳說，但是其所包含的主題意義和所代表的文化心態，卻是先秦所固有。[9]和「盤古」神話關係最密切的是「混沌」宇宙的原始觀和神話。如《淮南子・詮言訓》開章明義便說：「洞同天地，渾沌為樸。未造而成物，謂之太一。同出於一，所為各異，有鳥、有魚、有獸，謂之分（方）物。」《淮南子・天文訓》：「天墜（地）未形，馮馮翼翼，洞洞灟灟，故曰：太昭（始）。」陳啟雲認為：「從主題意義上說，『盤古』神話和《淮南子》『宇宙論』代表的都是：『最初一切（天、地、萬物、人）大通混冥，後來才分裂剖判』的想法。從『名字稱謂』上看，……在《淮南子》中，對『最初一切大通混冥』，也有『渾沌』、『太一』、『馮馮、翼翼、洞洞、灟灟』、『泰始』……不同的稱言。據羅夢冊的研究，與『渾沌』主題意義相同，或相近、相關，但『名字稱謂』不同的稱言，不但有程瑤田《螺嬴轉語記》所搜

7　陳啟雲：《中國古代思想文化的歷史論析》，北京，北京大學出版社，2001，第52頁。

8　陳啟雲：《中國古代思想文化的歷史論析》，北京，北京大學出版社，2001，第68頁。

9　陳啟雲：《中國古代思想文化的歷史論析》，北京，北京大學出版社，2001，第53頁。現在諸家一般研究相當晚出的古典文獻或事件，承認和其它許多古文獻一樣，可能吸收了來自更古老時期的歷史資料，此即為古代文本分歷史層次的問題。

集了『螟蠃』、『蒲盧』等轉語者三百事，並且有『混淪』、『崑崙』、『帝鴻』……稱言……同一主題意義，以不同的稱言散布在古代諸子經傳各處。」[10]

在世界各民族的神話中，普遍存在一種英雄殺死混沌海怪的創世母題，英雄殺死象徵前世無序狀態的混沌海怪並用海怪的屍體創造大地同樣意味著世界的開端（鯀正是此類混沌海怪——北冥之鯤），而殺死海怪的英雄在神話中則往往是具有創世能力的、黑暗之神的兒子太陽——光明之神。而在中國洪水神話中，鯀之竊息壤、堙洪水的失敗與禹之卒布土、定九州的成功不過是前創世無序狀態（違帝命創世）與創世後的有序狀態（受帝命創世）的象徵狀態。禹最重要的歷史業績為治平洪水，而洪荒之後也標識了文化另一個階段的開始。孟子說，洪水治平後，人們得以安居；然後后稷教人耕種，使人不虞饑渴；契教人以人倫，於是人類的文化再一次地燦爛成熟了。而這一切都是以禹的治水為契機。[11]所以在鯀、禹神話傳說中，關鍵是禹治水成功後的象徵意義。中國自古以來便擁有關於混沌的神話和思想，神話本身就是人類早期思想的混沌狀態，其中含有對自然和社會最初的疑問和解釋。楚國屈原在《天問》中發問：

> 曰：遂古之初，誰傳道之？上下未形，何由考之？冥昭瞢暗，誰能極之？馮翼惟像，何以識之？明明暗暗，惟時何為？陰陽三合，何本何化？

---

10 陳啟雲：《中國古代思想文化的歷史論析》，北京，北京大學出版社，2001，第54頁。

11 《孟子‧滕文公上》：「當堯之時，天下猶未平，洪水橫流，氾濫於天下，草木暢茂，禽獸繁殖……禹疏九河，瀹濟、漯而注諸海，決汝、漢，排淮、泗而注之江，然後中國可得而食也。」

　　屈原還在此描述了宇宙創生之前，天地尚未分開，世界是一團「冥昭瞢暗」、「馮翼惟像」的混沌世界。

《山海經‧西山經》云：

> 又西三百五十里，曰天山，多金、玉，有青雄黃。英水出焉，
> 而西南流注於湯谷。有神焉，其狀如黃囊，赤如丹火，六足四
> 翼，渾敦無面目，是識歌舞，實為帝江也。[12]

　　這個叫帝江的混沌究竟是什麼呢？「畢沅云：『江讀如鴻，《春秋傳》云：帝鴻氏有不才子，天下謂之混沌。此云帝江，猶言帝江氏子也。』珂案：經文實為帝江，宋本、毛扆本作實惟帝江，於義為長。畢說江讀如鴻，是也；謂帝江猶言帝江氏子，則曲說也。古神話必以帝鴻即此『渾敦無面目』之怪獸也。帝鴻者何？《左傳‧文公十八年》杜預注：『帝鴻，黃帝。』《莊子‧應帝王》：『中央之帝為渾沌。』正與黃帝在『五方帝』中為中央天帝符，以知此經帝江即帝鴻亦即黃帝也。」[13]這便是混沌神的名號了。從《山海經》對於混沌神的形象的描繪即可知道混沌神其形「狀如黃囊」，其色「赤如丹火」，生有「六足四翼」，卻「渾敦無面目」。[14]綜合這些說法，最初的世界

---

12 袁珂：《山海經校注》，成都，巴蜀書社，1993，第65-66頁。

13 袁珂：《山海經校注》，成都，巴蜀書社，1993，第66頁。

14 葉舒憲等對《山海經》混沌諸相的解說為「混沌」是「崑崙」這一東方神話世界山的物化或物態形式，是「匏：葫蘆」的對應物與存在的自然「實體」，是「混沌：宇宙」的縮微與「原初的美妙」。（葉舒憲、蕭兵、〔韓〕鄭在書：《山海經的文化尋蹤》，武漢，湖北人民出版社，2004，第891頁）從「混沌」二字的語符來看，吳澤順認為：「崑崙一名，語源於混沌……渾淪、混淪、崑崙並為混沌之轉語形式，混淪與崑崙古音同。（轉引自葉舒憲、蕭兵、〔韓〕鄭在書：《山海經的文化尋蹤》，武漢，湖北人民出版社，2004，第892頁）從語義來看「混」為混茫，「渾」為圓渾，二者皆含封閉、黑暗之義，即混沌或渾淪、混淪、崑崙為一黑

在原始初民的認知裡是一個黑暗的、圓渾的、呈中空形式的幽暗物
體，且象徵著「原初的美妙」。可以看出上古時期人們曾將「混沌」
作為黃帝的形象之一。作為「人」的外貌，首先在於其有眼、耳、
鼻、口等七竅，有了七竅才能與外界有所交流而聰明。此正如《莊
子・應帝王》所載：

> 南海之帝為儵，北海之帝為忽，中央之帝為渾沌。儵與忽時相
> 與遇於渾沌之地，渾沌待之甚善。儵與忽謀報渾沌之德，曰：
> 「人皆有七竅以視聽食息，此獨無有，嘗試鑿之。」日鑿一
> 竅，七日而渾沌死。

　　袁珂指出混沌與古人時空觀念之產生的關係：「這個有點滑稽意
味的寓言，包含著開天闢地的神話的概念。混沌被儵忽——代表迅疾
時間——鑿了七竅，混沌本身雖然是死了，但是繼混沌之後的整個宇
宙世界卻也因之而誕生了。」[15]而且，他在《中國神話通論》中進一
步明確指出：「儵、忽，譬喻的是一瞬間的時間，當宇宙還是混沌一
團的時候，就連一瞬間的時間觀念也不會產生；直要到混沌開闢，才
有時間的觀念產生。」[16]「人」的特徵在於「皆有七竅以視聽食息」，
具備了這點才是能夠正常生活的人，否則就不是人，而黃帝正是那個
被開「七竅」者。渾沌（亦即黃帝）有了「七竅」，也就有了聰明。
《史記・五帝本紀》謂，黃帝「生而神靈」「成而聰明」，與這個說法
多少有些相聯繫之處。後世曾將許多發明創造繫於黃帝，以彰顯其神

　　暗、圓形的實體，此為三說。（劉向政：《「混沌」創世神話的原始象徵意義與宇宙
　　觀》，《求索》2007年第2期）

15 袁珂：《中國古代神話》，北京，華夏出版社，2004，第17頁。

16 袁珂：《中國神話通論》，成都，巴蜀書社，1993，第67-68頁。

靈，這正反映了在遠古時代黃帝是最早的開了竅、有了「聰明」的
「人」這一認識。就此而言，黃帝應當是傳說時代「人」走出自然的
標誌。混沌被鑿七竅而死，恰如鳳凰涅槃，從而得到了新生。這裡面
其實也隱含了一個弔詭的事實：混沌之死，結束的是「無知無欲」的
世界；混沌之後開展的是「有知有識」的世界，從某種意義上可以
說，死不是生的終結而是新生的開始，後世人們說黃帝是「人文初
祖」，這就意味著他是真正的大寫的「人」。[17]故此，研究如「渾沌‧
盤古」神話這樣晚出的記載於文獻中的神話傳說，最重要的是研究它
所代表的主題含義和原始心態。[18]

第二節 遠古神話世界中的原始思維與神話產生的意義

　　法國人類學家列維-布留爾被公認為是研究原始思維的理論大
家，布氏的名作《原始思維》主要是分析原始初民是如何思考的。作
者吸取法國社會學家涂爾幹的社會學研究思路，力求從集體表象入手
來分析原始思維，他認為在自然民族中個體意識對集體意識絕對服
從，以致意識不到個體意識的存在，這是一種「集體表象」：「原始人
的集體表象以其本質上神秘的性質有別於我們的表象」，「原始人的意
識已經預先充滿了大量的集體表象，靠了這些集體表象，一切客體、
存在物或者人製作的物品總是被想像成擁有大量神秘屬性的。」[19]原

---

17 此處解讀參見晁福林：《認識「人」的歷史——先秦時期「人」觀念的萌生及其發
　　展》，《學術月刊》2008年第5期。

18 陳啟雲：《中國古代思想文化的歷史論析》，北京，北京大學出版社，2001，第53-
　　55頁。

19 〔法〕列維-布留爾：《原始思維》，丁由譯，北京，商務印書館，1981，第62、69
　　頁。

始人的智力活動是集體的智力活動，有它特有的規律，即「互滲律」。互滲是指原始人的一種信仰，認為在兩件事物和兩種現象之間存在著部分同一或相互之間有一種直接影響，儘管它們之間並無空間上的聯繫或明顯的因果關係。如按照我們熟悉的邏輯──語言敘述邏輯──同時既認定自己是人類又認定自己是一種長著長長的紅色羽毛的鳥類，這是自相矛盾的。但是對於受「互滲律」支配的思維來說，這樣做絲毫不值得詫異：「在原始人的思維的集體表象中，客體、存在物、現象能夠以我們不可思議的方式同時是它們自身，又是其它什麼東西。它們也以差不多同樣不可思議的方式發出和接受那些在它們之外被感覺的、繼續留在它們裡面的神秘力量、能力、性質、作用。」[20]「互滲的實質恰恰在於任何兩重性都被抹煞，在於主體違反著矛盾律，既是他自己，同時又是與他互滲的那個存在物。」[21]如波羅羅人硬要人相信他們現在就已經是真正的金剛鸚哥了，他們既可以是人，同時又可以是長著鮮紅羽毛的鳥。也即是說原始思維根本不按照邏輯思維進行，不接受以邏輯思維的規則來評價他們的研究者所能接受的解釋。[22]布留爾的基本看法，與弗雷澤、凱西爾諸人的認識也有相似之處，如弗雷澤所說「原始人並不受迂腐的邏輯推理的束縛」。[23]凱西爾也反覆闡明原始人的心智不是一開始就被賦予了種種邏輯範疇，[24]原始神話的真正基質不是思維的基質而是情感的基質，[25]

---

20 〔法〕列維-布留爾：《原始思維》，丁由譯，北京，商務印書館，1981，第69-70頁。

21 〔法〕列維-布留爾：《原始思維》，丁由譯，北京，商務印書館，1981，第450頁。

22 〔法〕列維-布留爾：《原始思維》，丁由譯，北京，商務印書館，1981，第77頁。

23 〔英〕J.G.弗雷澤：《金枝》下冊，徐育新、汪培基、張澤石譯，北京，新世界出版社，2006，第659頁。

24 〔德〕恩斯特·凱西爾：《語言與神話》，余曉等譯，北京，生活·讀書·新知三聯書店，1988，第43頁。

25 〔德〕恩斯特·凱西爾：《人論》，甘陽譯，上海，上海譯文出版社，1985，第105頁。

也就是那種所謂一般生活的情調，從而原始社會的條理性更多地依賴於情感的統一性或者說一種「交感理論」，而不是依賴於邏輯的法則：「有一種基本的不可磨滅的生命一體化溝通了多種多樣形形色色的個別生命形式……所有生命形式都有親族關係似乎是神話思維的一個普遍預設。」對神話和宗教感情來說，自然成了一個巨大的社會——生命的社會。透過這樣的心靈所感受到的自然界中，人在這個社會中並沒有被賦予突出的地位，生命在其最低級的形式和最高級的形式中都具有同樣的宗教尊嚴或者說神聖性，人與動物、動物與植物全部處在同一個層次上。[26]從這一意義上延伸開去，我們可以發現莊子「萬物一齊，孰短孰長」的齊物思想，雖然具有深奧的哲理，但是卻跟這種原始心態有密切的思想關聯。

　　借助於原始思維的觀念來分析，似乎可以進一步估測圖騰的文化意義，它應當是原始初民混沌不清的思維體現。「圖騰」一詞源於北美印第安人的土語，原意是「彼之血族」、「種族」、「家庭」，[27]是他自己的「親族」，說明此前這些動物、植物或某種自然物就是他自己。[28]按照「互滲律」，這種「親族」觀念已經是比較進步的混沌思維，這與純粹的自然崇拜相比，應當可以看得更清楚。自然崇拜是人們對某一些自然現象的盲目崇拜，而圖騰崇拜則是對某一種特定的動物或是植物及自然物有目的的崇拜。圖騰崇拜是在自然崇拜的基礎上發展起來的，由於人們仍然不能擺脫自然界的各種威脅，在飢寒交迫之下，正好有些動物為他們提供了亟需生存的來源，從某種特定意義上來

---

26 〔德〕恩斯特·凱西爾：《人論》，甘陽譯，上海，上海譯文出版社，1985，第106頁。

27 岑家梧：《圖騰藝術史》，上海，學林出版社，1986，第1頁。

28 〔德〕恩斯特·凱西爾：《人論》，甘陽譯，上海，上海譯文出版社，1985，第106頁。

說，這些動物與人類在無形之中產生了一種特殊的相互依存體系。當然也不可否認的是在原始居民的狩獵活動中，遭到了一些猛獸的侵入威脅時，人們又不得不去畏懼它，於是又產生了另外一種以恐懼感受的體系，而人類也只能去尋找精神上的寄託，求助於另一種具有超自然的動物圖騰來保護自己，這是以另一種克服對某種野獸的恐懼為體系的圖騰，綜合以上因素，所以就產生了以動物為圖騰崇拜的現象，圖騰信仰盛行於母權制度發展時期，通常所說的圖騰時代，也就相當於原始人類的母權制度時代。在布留爾看來，互滲律起作用操縱著原始人的信仰，互滲是圖騰信仰的基礎。《左傳・昭公十七年》記載的少皞之國，就是鳥圖騰的國度，其百官皆以鳥為名：「昭子問焉，曰：『少皞氏鳥名官，何故也？』郯子曰：『吾祖也，我知之……』」再如，中國的社樹也與祖先的靈魂聯結在一起。按古代習俗，祭社之處必植樹，「夏后氏以松，殷人以柏，周人以栗」（《論語・八佾》）。對社樹，據《白虎通・社稷》所載，人們「尊而親之，與先祖同也」。因為這些社樹與祖先的靈魂互滲，所以「侮人之鬼者，過社而搖其枝」（《淮南子・說林訓》）。其實，互滲律只能從屬於萬物有靈論，即靈魂觀念的一種特殊形式。但「互滲律」在審美發生學上占有重要地位，因為萬物有靈論是通向未來審美意識最直接的橋梁。這一點，只要我們把古代的「物化說」與「互滲律」作一比較，就可以清楚地看出來。如著名的莊周與蝴蝶的寓言故事，是這方面的生動說明：

> 昔者莊周夢為胡（蝴）蝶，栩栩然蝴蝶也，自喻適志與，不知周也。俄然覺，則蘧蘧然周也。不知周之夢為蝴蝶與？蝴蝶之夢為周與？周與蝴蝶，則必有分矣。此之謂物化。（《莊子・齊物論》）

　　莊周夢蝶主要是說明一種主客體由分離而合一的理想境地。周與蝴蝶必有分是在現象界的分，或者說是人主觀意識下的分，由分而造成的對立。莊子正意圖泯除這種分，所設的夢境實際上是超越的精神境界。夢為蝴蝶，則「栩栩然蝴蝶」，這是思維（夢）掌握了客體；「自喻適志與，不知周也」，這是思維被客體掌握，最後達到連周與蝴蝶都分不清的程度。在這種境界中，周與蝴蝶可以互相變易，主體與客體之間也不再是對立的狀態，化為一體。莊子稱這種境界為「物化」。莊子這種「天地與我並生，萬物與我為一」的物化境界，與布留爾強調的「互滲律」文化有相通之處：「原始人的思維在把客體呈現給他自己時，它是呈現了比這客體更多的東西：他的思維掌握了客體，同時又被客體掌握。思維與客體交融，它不僅在意識形態的意義上而且也在物質的和神秘意義上與客體互滲。這個思維不僅想像著客體，而且還體驗著它。」[29]

　　布留爾認為隨著集體的每個成員的個人意識趨於確立，社會集體與周圍的存在物和客體群體之間的神秘的共生關係就變得不太完全、不太直接、不太經常了，當已經不再真實地被體驗但是仍然被感到迫切必要的互滲，可以借助一些中間環節來獲得，[30]而神話正是這個中間環節之一，它是確保那個已經不再是活生生的現實的互滲的時候才出現的。[31]《竹書紀年・帝舜元年》云：「擊石拊石，以歌九韶，百獸率舞。」《拾遺記・炎帝神農》云：「奏九天之和樂，百獸率舞，八音克諧。」這些神話儀式和舞蹈的目的，就是要通過神經興奮和動作的忘形失神來復活並維持這樣一種與實質的聯繫，在這種聯繫中匯合了

29　〔法〕列維-布留爾：《原始思維》，丁由譯，北京，商務印書館，1981，第429頁。

30　〔法〕列維-布留爾：《原始思維》，丁由譯，北京，商務印書館，1981，第432- 433頁。

31　〔法〕列維-布留爾：《原始思維》，丁由譯，北京，商務印書館，1981，第435頁。

實在的個體、在個體中體現出的祖先、作為該個體的圖騰的植物或動物中，對於原始意識來說，是力求個體、祖先和圖騰合而為一的。[32] 德國著名哲學家恩斯特・凱西爾提出「人為符號的動物」的著名觀點，神話、語言、藝術、知識等是人類為其自身所創造出來的一些獨特的介質（或符號），藉著這些介質，人類乃得以使其自身與世界相分離，而正因為這一種分離之緣故，人類反得以更為緊密地與世界聯結在一起。[33]因此，人實際上不是生活在單純的物理宇宙之中，而是生活在一個自己創造的符號宇宙之中。從某種意義上講，人是在不斷地與自身打交道而不是應付事物本身。象徵符號表現了人與動物的差異，人被定義為象徵符號的創造者和使用者，動物可以理解信號，但只有人可以駕馭象徵符號。人類處於自己編織的人類的經驗之網之中，人類被包圍在語言的形式、藝術的想像、神話的符號以及宗教的儀式之中，以致除非憑藉這些人為媒介的中介，他就不可能看見或認識任何東西。即使在實踐領域，人也並非生活在一個鐵板事實的世界之中，並不是根據他的直接需要和意願而生活，而是生活在想像的激情之中，生活在希望與恐懼、幻覺與醒悟、空想與夢境之中。[34]而神話正是人類處於戀愛或處於仇恨中，是處於希望或處於畏懼中，是處於喜悅或處於怖慄中的感情。[35]總之，神話本身即反映了人性的躍進和進步，正如王爾敏所說：「古人創造神話傳說，宗旨原在人類地位

---

32 〔法〕列維-布留爾：《原始思維》，丁由譯，北京，商務印書館，1981，第85-86 頁。

33 〔德〕恩斯特・凱西爾：《人文科學的邏輯》，關子尹譯，上海，上海譯文出版社，2004，第34頁。

34 〔德〕恩斯特・凱西爾：《人論》，甘陽譯，上海，上海譯文出版社，1985，第33- 34頁。

35 〔德〕恩斯特・凱西爾：《人文科學的邏輯》，關子尹譯，上海，上海譯文出版社，2004，第66頁。

之提升。不願下儕於動物，往往自為族類附庸於天上神種，必須自命非凡，方能裁制萬物。」[36]其實在中國人看來，也早知道人是來自於禽獸，《大戴禮記‧易本命》將人作為五蟲之一：

> 有羽之蟲三百六十，而鳳凰為之長；有毛之蟲三百六十，而麒麟為之長；有甲之蟲三百六十，而神龜為之長；有鱗之蟲三百六十，而蛟龍為之長；倮之蟲三百六十，而聖人為之長。此乾坤之美類，禽獸萬物之數也。[37]

　　古人創造神話正在於提升人之地位。中國先民講人的來歷，絕對和禽獸劃清界限，而要與天帝拉上正統血親關係，全靠編織動人的神話故事，向本族外族不厭其煩地解析來歷，而這種高度的智慧，只有人類才能創造。[38]借助神話等中介環節標誌著人向更高思維形式的邁進，隨著神話中神秘力量和情感因素的逐漸減少，智力的、認識的因素在這些表象中開始占著越來越重要的地位。當思維變得比較注意經驗的時候，當我們注意事物之中客觀因素超過了神秘和情感的力量，集體表象逐漸趨向於獲得概念的形式。比如，當石頭的本質特徵記錄和固定在「石頭」的概念中時，再要想像石頭說話、山岩隨意移動、它們生出人來等，就成為不可能了。概念也就是具有某種形式之觀

---

36 王爾敏：《先民的智慧：中國古代天人合一的經驗》，桂林，廣西師範大學出版社，2008，第2頁。

37 郝懿行《爾雅義疏‧釋蟲》云：「《考工記‧梓人》云：『外骨、內骨、卻行、仄行、連行、紆行，以脰鳴者、以注鳴者、以旁鳴者、以翼鳴者、以股鳴者、以胸鳴者，謂之小蟲之屬。』《月令》：『鱗、毛、羽、介，通謂之蟲。』《大戴禮記‧易本命》篇又以人為倮蟲，而聖人為之長。」

38 王爾敏：《先民的智慧：中國古代天人合一的經驗》，桂林，廣西師範大學出版社，2008，第78-79頁。

念，文字或一形式之概念一旦在一形式關係之世界中被操作了，那麼即刻它就被一切形式關係所捆綁（如因果、主客、時空、次序等）。[39]但是在我們的時代裡，對互滲的需要紮根更深，它的來源更為久遠。即便在今天都有神秘力量的殘留。[40]

第三節　原始藝術的精神呈現

　　古今中外的現代學者，關於原始藝術方方面面的研究成果很豐富，相對於其研究對象原始遺存的卻屈指可數，用汗牛充棟來形容之，也非虛言。[41]但客觀地說，即便對原始藝術研究領域裡的一些最基本的問題，也存在諸多爭議之處，比如精研原始藝術美學的美國學者布洛克說：原始藝術「之所以是藝術，並非是因為那些製造和利用它的人說它是，令人啼笑皆非的是因為我們說它是，它是由於外來的宣判成了藝術」。[42]將現代的藝術範疇，如審美、結構、對稱、形式或內容等強加到所謂原始藝術的頭上，很可能令遠古人莫名其妙；再套用現代審美經驗的「三 D」原則，即非功利性（disinterestedness）、超越性（detachment）、情感距離（emotional distance），[43]原始藝術尤

---

39 史作檉：《二十一世紀宗教與文明新探》，北京，宗教文化出版社，2007，第60-61頁。

40 〔法〕列維-布留爾：《原始思維》，丁由譯，北京，商務印書館，1981，第451、446頁。

41 對於西方現代學者開展原始藝術的研究進程、研究方法及研究成果等基本情況，可參見〔法〕埃馬努埃爾・阿納蒂：《藝術的起源》，劉建譯，北京，中國人民大學出版社，2007。

42 〔美〕簡・布洛克：《原始藝術哲學》，沈波、張安平譯，上海，上海人民出版社，1991，第3頁。

43 用通俗的話說，如果人們看到的事物不是以它為手段去達到別的目的，不是為眼前的私利或功利性動機，這就是審美的。即是說他是為這東西的本身去看，或者只是為看它的樂趣而去看。

顯得格格不入。因為與現代審美觀念的高度抽象化和沉思化相比，原始審美的力量在於能和神話、儀式一起促使觀察者積極體驗的那種完全情感化、審美化、宗教化或神秘化的力量，也就是一種共同參入的原則，如同上文所提到的所謂「百獸率舞」的熱鬧場景。這些是遠非一位坐在電影院或藝術博物館當一位超然的藝術欣賞者所能體會到的。[44]這樣一來，我們剛踏入研究原始藝術的起點，就有可能陷入了布洛克所說的「一種尷尬的處境之中」：一方面，如果說原始藝術是藝術品，這就暗指它們在當時的社會中是被當做純藝術品來製造或欣賞的，實際上並非如此。藝術在古代的確是公共事業，這與現代個人性的審美趣味差異甚大；另一方面，如果我們說它不是藝術品，就暗示製造和使用它們的人沒有審美鑒賞力和優劣評判能力，這同樣可能也是誤解。[45]正如博厄斯所說：「即使最貧窮的部落也會生產出自己的工藝品，從中得到美的享受，自然資源豐富的部落則能有充裕的精力用以創造優美的作品。」[46]比如中國出土的新石器時代的石器用具，比如西安半坡村出土的骨器其形狀、紋飾、圖案等都呈鮮明的左右、上下對稱；原始人注意線條，特別是色彩的運用，如在北京山頂洞發現的石珠、骨墜、獸齒等就有赤鐵礦粉末塗染的紅顏色，這或許是出於某些具體的宗教原因，但是利用選擇過的色彩以掩蓋原本的天然色澤，無疑就是一種審美價值觀的體現。結構人類學的開創者列維·斯特勞斯研究土著人對周圍的動植物幾乎全部都有濃厚的興趣，「不使任何一個生靈、物品或特徵遺漏掉，要使它們在某個類別系統中都占

---

44 〔美〕簡·布洛克：《原始藝術哲學》，沈波、張安平譯，上海，上海人民出版社，1991，第10頁。

45 〔美〕簡·布洛克：《原始藝術哲學》，沈波、張安平譯，上海，上海人民出版社，1991，第19頁。

46 〔美〕弗朗茲·博厄斯：《原始藝術》，金輝譯，上海，上海文藝出版社，1989，第1頁。

有各自的位置」[47]。也就是原始人力求把周圍的秩序都分配好它們各自的位置以維持一個秩序，這種追求秩序的衝動，就體現了原始人有顯著的審美能力，體現了人類的審美追求。一堆亂石成不了建築，除非按照一定的秩序排列起來才成為建築。

現代原始藝術的大量遺存的確反映出原始人類不僅適應人類環境的要求而且有能力擴展自我的情感與精神空間。正如凱西爾指出的藝術、神話、儀式等無非是人類自身編造的符號之網，本身就反映了人性的覺醒和精神的躍進。[48]故此，對於原始人類來說，原始藝術與其說是一種藝術，不如說是一種蘊涵著精神力量的文化載體。它往往能與神話儀式聯繫起來共同加強「互滲感」的神聖力量，並能強化一種原始初民集體力量的行動和願望。至於中華原始藝術在華夏藝術史上的地位，編撰《中華藝術通史》的名家認為：「中華原始藝術，不僅是中華藝術的源頭，而且也是它的有機部分。在後來逐漸成熟並繁榮起來的中華藝術所具有的許多性質、品格和特徵，都發軔於中華原始藝術。幾乎可以說，在中華原始藝術中，可以直接或間接地找到中華藝術的主要因素，特別的母體或萌芽。」[49]關於中華原始藝術的若干基本特徵和精神風貌，諸家常常以「混沌一體」、「天人相偕」、「寫意」特徵、「象徵」特徵等歸納概括之，這些研究結論也基本是學界的共識。[50]但當我們再立志向前跨一步的時候，頓時感到舉步維艱，有時只能匍匐而行。因為當站在萬年以後的土地上，那遠古神話世界

---

47 〔法〕列維・斯特勞斯：《野性的思維》，李幼蒸譯，北京，商務印書館，1987，第14-15頁。

48 〔德〕恩斯特・凱西爾：《人論》，甘陽譯，上海，上海譯文出版社，1985，第87-91頁。

49 劉峻驤主編：《中華藝術通史・原始卷》，北京，北京師範大學出版社，2006，第298頁。

50 劉錫誠：《中國原始藝術》，上海，上海文藝出版社，1998，第43-54頁。

中稀薄而鮮活的文化空氣反而令我們不知所措，憑藉那高妙的想像力所達到的境界永遠令今人感到蒼茫得很。解決問題的辦法也許有多種，但是有一種路徑是值得嘗試的，我們除了繼續進行對原始藝術材料的發掘、整理與闡釋的慣常路徑之外，特別需要加大對原始藝術精神的研究、反思與理論建構。

在原始藝術的研究過程中，為了減少研究對象的不確定性和簡化研究內容，學界常用的辦法是將原始藝術進行「二分式」的研究：一是重其形式因素，認為原始藝術的形式特徵是最富有特色的審美特徵和最純粹的藝術性因素，最不需要社會學的知識，我們可以不顧遠古藝術創造的社會環境和社會關係，此條路徑可以廣泛研究各類藝術形式，甚至進行跨地區的研究，早年的中國考古學者常通過考察出土藝術品形式風格的變化判斷各個原始文化遺址之間的遞承關係。20世紀早期美國學者博厄斯的《原始藝術》至今是這方面的典範之作；二是側重藝術品內容方面的研究，或突出其象徵因素或強調其社會條件或說明其文化功用，二十世紀早期德國學者格羅塞的《藝術的起源》是這方面的開山之作。[51]二分式的研究進路，各顯妙用，這種分離性的研究方法其弊端也是毋庸置疑的，但是面對原始藝術自身存在的無窮無盡的未知數來說，只能是一種明智的選擇。如對於一位彩陶之圖形表達者來說，他可能是一個純粹形式意義上的藝術加工匠，也可能是一個藝術情感的表達者，甚至是一位當時當地的思想家。我們不得不選擇一種身分來加以研究，儘管這種身分也是想像的產物。儘管這些遠古的藝術作品已經被發掘了出來，而這些藝術的創作者則將永遠掩埋在黃土之下。藝術作品的創作者的身分既已不可知，那麼原始藝術產

---

51 中國學界比較有代表性的原始藝術研究方面的權威教材與著作，都深受格羅塞的影響。如劉錫誠《中華原始藝術》等，包括上文提及的大型藝術叢書的一部分《中華藝術通史·原始卷》，其基本思路也是類同格羅塞。

生的具體情境，特別是其背後存有的情感取向和價值取向更不可知。
但原始藝術最令人感興趣的恰恰就是背後的故事：「藝術的關鍵並不
在於藝術家們所表現的物品，而是通過他的藝術表現再創造的那個對
象，因為真實的物品對他們來說是沒有意義的，他們只是希望憑藉種
種的藝術表現手段，表達出他們更想表達的文化意義。」[52]這藝術背後
意義的不可重現性，令後來的研究者似乎永遠感到是走在茫茫無知的
原始叢林之中，甚至好像是一直在以自己可憐的智力玩猜謎的遊戲。

　　原始藝術的各種形式，無論是岩畫、陶紋、雕塑、人體裝飾、原
始建築、繪畫、舞蹈、音樂，還是原始詩歌與神話，都主要以自然為
底色，特別是彩陶象形紋飾，其數量不多，而且僅限於魚、蛙、鳥、
蟲、人等有限的幾種形象，但在中國原始美術乃至全部美術史中占有
舉足輕重的地位。[53]彩陶象形紋飾體現著與人相近似的情感，促使人
們在較為親切和諧的關係中對世界與人類進行自身的認識，達到所謂
「天人相偕」的理想狀態。[54]這些藝術形象的創造成為中華民族藝術
精神的寫照，也體現了中華民族藝術精神在原始時期的基本特徵。在
史前時期形成的人與自然的關係及相應的觀念，在以後曲曲折折的歷
史長河中，一直有著深刻的影響。也可以說，在原始社會，藝術成為
詮釋自然的一種表達方式，中華遠古人與自然相親相近，充分體現了
人類自身對天地萬物及草木鳥獸的觀察和體認。《周易‧繫辭下》：
「古者包犧氏之王天下也，仰則觀象於天，俯則觀法於地，觀鳥獸之

---

52 〔英〕羅伯特‧萊頓：《藝術人類學》，李東曄、王紅譯，桂林，廣西師範大學出
　　版社，2009，第130頁。此語為藝術史家岡布里奇的話。

53 據目前發掘的早期彩陶遺址和物品，彩陶數量不超過陶器總數的百分之十；在象
　　形紋飾出現較多的遺址中，象形紋飾器物的數量不及彩陶的百分之十。而幾何紋
　　彩陶約占全部彩陶的百分之九十以上。參見劉峻驤主編：《中華藝術通史‧原始
　　卷》，北京，北京師範大學出版社，2006，第222、302頁。

54 劉峻驤主編：《中華藝術通史‧原始卷》，北京，北京師範大學出版社，2006，第
　　227頁。

文，與地之宜，近取諸身，遠取諸物，於是始作八卦，以通神明之德，以類萬物之情。」在此不論包犧氏到底是上古何時何地的神話人物，但是這種「仰觀俯察」的自然心態倒很符合原始時代的實踐情形。從某種「仰觀俯察」的原始心態出發，也產生了原始先民對「文」的觀念，這都是與自然界的事物相聯繫的，如「物一無文」（《國語・鄭語》）、「物相雜，故曰文」（《周易・繫辭下》）諸說。「文」又泛指一切紋理、花紋，與「紋」相通，《說文》釋云：「錯畫也，象交文。」以許慎的推想，「錯畫」是由許多的線、色所構成的美麗花紋，這是人對於自然客觀事物外部觀察所獲得的視覺印象，「文」正是對這種印象的直觀描述。日本學者白川靜受格羅塞研究思路的啟發，[55] 從「文」的甲骨文和金文的字形著手研究，從民俗學的研究視角出發修正了許慎的說法。「文」的甲骨文為「🧍」，金文為「🧍」，白川靜認為「文」是文身說，是在胸部加上文身之人的正面形，文身原是具有加入與聖化禮儀的文身之意，也就是以一定的儀式形式目的而所加身體的裝飾。文身似乎關聯著一個文化的起點，而文身在東亞的文化圈中，係沿海民族幾乎都有的習俗。人生於天地之間，長於天地之間，被自然的條件所制約。然而，在如此被制約的生活中，無本來意義的文化。一說「文化」本來就具有「栽培」的意義。人是由農耕生活而知道了自然的秩序，理解了自然的季節推移與地理的諸條件，於是發現了秩序，使之調和，因此人才能夠安定、提高其生活，此乃「經天緯地」之事情。即文，人文也，就是人類所創造的秩序與價值，人也由此獲得了其自主的方法。[56] 在古漢語中「藝

---

55 〔日〕白川靜：《中國古代文化》，〔日〕加地伸行、范月嬌譯，臺北，文津出版社，1983，第179頁。格羅塞把藝術的始源分成身體裝飾、描寫藝術、舞蹈等類別。

56 〔日〕白川靜：《中國古代文化》，〔日〕加地伸行、范月嬌譯，臺北，文津出版社，1983，第1-26頁。

術」之「藝」,[57]本作「埶」,亦作「蓺」,原意是種植或栽培的技能,在先秦典籍裡這個字的使用,也多是指人工技能。藝術最初是與生產技能融為一體的,這倒符合原始藝術與宗教、巫術活動「混生」的情形。[58]

---

57 在《後漢書・孝安帝紀》有「藝術」一詞,中國古代有六藝。至於現代「美術」一詞是出自日本明治維新時期的翻譯。

58 參見劉峻驤主編:《中華藝術通史・原始卷・總序》,北京,北京師範大學出版社,2006,第2頁。

第八章
帝系神話傳說的產生及文化意義

　　在華夏先民的原始心態中，混沌初開是以混沌與盤古元神的雙雙犧牲為代價的，即便造人補天的「女媧」神話其所表達的「死亡」意旨也非常明顯，如在《山海經・大荒西經》中說：「有神十人，名曰女媧之腸，化為神，處栗廣之野，橫道而處。」[1]中國創世神話的系列主神已死，這是與西方《聖經・舊約》中的《創世記》神話和古希臘神話中的主神最大的不同：《創世記》中的神（上帝）是永恆的，上帝存在於宇宙創造之前，上帝創造了宇宙萬物和人以後繼續存在，而在宇宙萬物毀滅之後，上帝仍然永恆存在；[2]古希臘奧林匹斯山上萬神殿中的眾神跟大地上人類與動物分享的生存區分開的最基本的東西：「是神不知有疾病、痛苦、衰老與死亡。他們不斷地活著，不斷地以他們看不見的輝煌存在著，就像天上閃亮的星辰，眾神是永遠年輕的幸運者、不朽者、長生不死者。」[3]因此，陳啟雲認為在中國神話中，「開天闢地」元神之死是一個極重要之「悲劇元義」，且認為產生這種極端激烈心態的原因可能來自於新石器文化後期或《路史》所

1　袁珂：《古神話選釋》，北京，人民文學出版社，1979，第18頁；楊利慧：《女媧的神話與信仰》，北京，中國社會科學出版社，1997，第169-171頁；張步天：《山海經解》，香港，天馬圖書有限公司，2004，第496頁。張氏認為《山海經》中只有女媧「造人」事，尚沒有「補天」一事。

2　陳啟雲：《中國古代思想文化的歷史論析》，北京，北京大學出版社，2001，第66頁。

3　〔法〕讓・皮埃爾・韋爾南：《神話與政治》，余中先譯，北京，生活・讀書・新知三聯書店，2001，第271頁。

謂「自剶林木以來，何日而無戰」的情狀之中[4]，積累下來的「元義」心態。[5]中國創世主神已死的悲劇心態，不排除有戰亂因素激發的可能性，但是我們認為與其說來源於此，不如說更多地根源於遠古神話世界在自身的實際發展進程中的具體呈現，也就是說「盤古・渾沌」神話在新的歷史文化空間下出現了精神危機與發展困境，而原始初民又在新的歷史時空中尋求到了突破危機與重建精神信仰的文化之途，總之，「盤古與渾沌」之死不過是一個歷史發展進程中的文化表徵罷了。也可以如是說，中國創世主神已死或許並不是一種悲壯的宣告，而是預示著在一場危機產生之後孕育而出的新生機、新希望。上古傳說中的一則經典個案——「絕地天通」神話正處在遠古神話從危機到轉型的十字路口上。故此，如果把「絕地天通」神話置放在一種文化變遷的視角之下加以分析，或許能說明一些問題。

第一節　絕地天通

　　重、黎絕地天通的事蹟，見於《山海經・大荒西經》《尚書・呂刑》和《國語・楚語下》。其中《山海經》的描述富於神話色彩，一般的研究者很少注意，但是袁珂對「絕地天通」的一番推論卻極具啟發性：

　　　　天空和地面相距原本是比較近的，到顓頊派遣重、黎去做「絕

4　〔宋〕羅泌《路史・前紀》（卷五）回顧古代「有巢氏」傳說，不禁說：「太古之民……（有巢氏以來）有剶林木而戰者矣，勝者以長……自剶林木以來，何日而無戰？太昊之難，七十戰而後濟。黃帝之難，五十二戰而後濟。少昊之難，四十八戰而後濟。」（轉引自陳啟雲：《中國古代思想文化的歷史論析》，北京，北京大學出版社，2001，第65頁）

5　陳啟雲：《中國古代思想文化的歷史論析》，北京，北京大學出版社，2001，第67頁。

地天通」的工作，二神各伸出一雙碩大無朋的手臂，一個仰身
將天空盡力往上面舉，一個俯身將地面盡力往下面按，這樣就
使本來接近的天地漸漸「相遠」乃至於「不復通」了。因此顓
頊「命重、黎絕地天通」的神話，便忠實地反映了階級社會形
成之初的階級劃分的情景，這以後本來是人們的「教師和同
事」的神，便隨著奴隸主的愈有權威而在天空升得愈高了。[6]

　　袁珂認為「絕地天通」是為了建立新的社會秩序而產生的一個神
話，帝顓頊是想通過「絕地天通」來整頓人神社會秩序、創造一個理
想有秩序的社會狀態。袁珂能把「絕地天通」傳說的背景知識置放在
一個新舊交替的文化氛圍中加以審視，不愧為通達之見，在這裡尚需
對「絕地天通」傳說所發生的文化根源和其中所包含的文化變遷抽繹
一二。

6　袁珂：《古神話選釋》，北京，人民文學出版社，1979，第183-184頁。袁珂的此處論
　　述是來源於對《山海經・大荒西經》中一則「絕地天通」神話的解釋。《山海經・大
　　荒西經》：「顓頊生老童，老童生重及黎，帝令重獻上天，令黎邛下地。」郭璞云：
　　「古者人神雜擾無別，顓頊乃命南正重司天以屬神，命火正黎司地以屬民。重寔上
　　天，黎寔下地。獻、邛，義未詳也。」珂案：郭注此語，本於《國語・楚語》。《楚
　　語下》云：「昭王問於觀射父曰：『《周書》所謂重、黎實使天地不通者，何也？若無
　　然，民將能登天乎？』對曰：『非此之謂也……是謂絕地天通。』」此社會發展，第
　　一次階級大劃分在神話上之反映也。「古者民神不雜」，歷史家之飾詞也；「民神雜
　　糅、不可方物」，原始時代人類群居之真實寫照也：故昭王乃有「民能登天」之
　　問……至於「使復舊常、無相侵瀆」云云，則無非「絕地天通」後統治者建立之
　　「新秩序」，非可以語於「舊」與「常」也。此經「帝（顓頊）令重獻上天、令黎邛
　　下地」，即《國語》之所謂「絕地天通」也；而郭璞注卻云：「獻、邛，義未
　　詳。」……疑「邛」初本作「印」，印，甲骨文作𝄐，像以手抑人而使之跽，義即訓
　　抑訓按，此印之本義也。後假借為印信之印，漸成專用詞，又造「归」字以替之，
　　謂之為「抑」，云：「按也，從反印。」（見《說文》九）其實抑、印古本一字，印即
　　抑也。「帝令重獻上天，令黎印下地」，韋昭所見《山海經》或即如此，義固朗如
　　也。殆後「印」字一訛而為「卬」，再訛而為「邛」「邛」，則晦昧難曉矣。參見袁
　　珂：《山海經校注》，成都，巴蜀書社，1993，第461-462頁。

　　在遠古神話世界的早期，原始初民是處於「渾沌」互滲的階段，
人與自然渾成一體，初民是運用非邏輯與神秘的原始思維去認識與體
驗世界，甚至連神話、巫術、文字、藝術等中介手段也不需要。那時
的原始人類，比起成年時期的人類，好像還是些兒童，相信天不過像
山頂那樣高，並且相信天神在地上對人類留下了許多重大福澤。荷馬
經常說到諸天神定居在奧林匹斯山峰，而地上最高的山峰就被看做支
撐諸天的柱子。其實在整個希臘人的黃金時代，人們也相信天神們也
是住在塵世間和英雄們結伴的，他們也確信自己在塵世間看到天神
們。[7]翻檢中國《山海經》裡的眾神的生活居處也是如此，眾神似乎
僅比凡人住得高了一些，如《五藏山經》中的群山到處都住滿了精靈
與神話人物，「長留之山，其神白帝少昊居之」（《西山經》）；「天
山……有神焉，其狀如黃囊，赤如丹火，六足四翼，渾敦無面目，是
識歌舞，實為帝江也」（《西山經》）；「大荒之中，有山，名曰大荒之
山，日月所入。有人焉三面，是顓頊之子，三面一臂，三面之人不
死」（《大荒西經》）；「大荒之中，有山名成都載天。有人珥兩黃蛇，
把兩黃蛇，名曰夸父」（《大荒北經》）。「高山」也成為「群巫所從上
下」之天梯（《海外西經》），有一名巫師柏高能登肇山至於天（《海內
經》）；如此等等，在先秦其它文獻中類似的說法也比較常見。另外中
國古人對「天」的認識是它既高高在上，又與人不遠，這種觀念表現
在漢字「天」字的寫法上。「天」在甲骨文和金文裡分別寫作大（甲
三六九〇）、天（牆盤）等，這些都是在人的形象上有一個顯著的頭，
「天」的形象就是人的頭。天在人的頭上，可以說很遠，以致高不可
攀；也可以說是很近，就在人的頭上，甚至就是人的頭頂。總之，在
華夏遠古人的心目中，神也住在人間且與凡人渾然而處。如同前文所

7　〔義〕維柯：《新科學》，朱光潛譯，北京，人民文學出版社，1986，第5頁。

述，「盤古開天地」與「渾沌」初開的象徵意義最直接的表達就是開啟了原始心態的罅隙，推進了向人類知識進軍的步伐，這也暗含了現代人類學家的研究共識——在原始初民的小規模社會中，「巫術宗教」與「前科學知識」也是雙線平行發展的。[8]巫術促進了科學的萌芽，[9]人並非所有事情都依賴於巫術信仰，也並非都以巫術的方式去控制自然。在生產實踐中，首先以所擁有的知識、經驗和智慧作為指導，去理性地協調各種工作，只是在經驗、理性不及的地方，在人類知識還沒有把握的活動範圍內才用巫術、宗教的方式。其實在整個人類歷史的文化進程中來說，如此品格迥異的文化因素也時常巧妙地結合在一起。原始初民雖然運用人類的心智只有一種混沌而笨拙的本能，但是渾身洋溢出強烈的感覺力和廣闊的想像力，無知是驚奇之母，使一切事物對於一無所知的人們都是新奇的，而好奇心是無知之女，知識之母，是開人心竅的。[10]故此，隨著人類探求知識欲望的發展，促進了人類智力的發展，隨著人類心靈的無限力量不斷向前攀升，隨著前科學知識如利用觀天象來占卜的需要迫使各族人民不斷地仰觀俯察。隨之，在各族人民的心目中，諸位天帝就日益升高，而神們和英雄們也就隨著諸天而日益升高。東方人、埃及人、希臘人和拉丁人由於這種思想的一致性，雖然彼此各不相識，但是後來都把諸神

---

8 吳銳：《中國思想的起源·前神守——神守時代》第一卷，濟南，山東教育出版社，2003，第193頁。

9 即便是鼓吹原始思維的布留爾也不像許多學者指出的那樣整個原始人的心靈和本性都是無差別的互滲。參見凱西爾對布留爾的批判，〔德〕恩斯特·凱西爾：《人論》，甘陽譯，上海，上海譯文出版社，1985，102、105頁。馬林諾夫斯基對此批判尤烈，見〔英〕馬林諾夫斯基：《巫術科學宗教與神話》，李安宅編譯，上海，上海文藝出版社，1987，第13頁（據商務印書館1936年初版影印）；布留爾也指出原始初民在實際生活中，比如雨來了也注意避雨、逃避野獸襲擊等，〔法〕列維-布留爾：《原始思維》，丁田譯，北京，商務印書館，1981，第93頁。

10 〔義〕維柯：《新科學》，朱光潛譯，北京，人民文學出版社，1986，第162-163頁。

分配到日月星辰上去了。[11]

　　由此看來，《山海經・大荒西經》記載的這則重、黎「絕地天通」的故事，是把天與地逐漸分開以致隔離，這恰恰反映了人類智慧躍進的一例光輝的路標。但是尼采也說過：「誰用知識把自然推向毀滅的深淵，他必身受自然的解體……智慧之鋒芒反過來刺傷智者；智慧是一種危害自然的罪行。」[12]與之相伴隨的，也引發了人類在精神層面乃至社會運作等方方面面的問題。《國語・楚語下》所講述的另一個版本的「絕地天通」傳說就吐露出了這個信息。因為《國語・楚語下》的記載較為翔實，諸家頗愛徵引。為後文討論問題的方便，茲錄《國語・楚語下》中的材料如下：

　　　　昭王問於觀射父，曰：「《周書》所謂重、黎寔使天地不通者，何也？若無然，民將能登天乎？」對曰：「非此之謂也。古者民神不雜。民之精爽不攜貳者，而又能齊肅衷正，其智慧上下比義，其聖能光遠宣朗，其明能光照之，其聰能聽徹之，如是則明神降之，在男曰覡，在女曰巫。是使制神之處位次主，而為之牲器時服，而後使先聖之後之有光烈，而能知山川之號、高祖之主、宗廟之事、昭穆之世、齊敬之勤、禮節之宜、威儀之則、容貌之崇、忠信之質、禋絜之服而敬恭明神者，以為之祝。使名姓之後，能知四時之生、犧牲之物、玉帛之類、彩服之儀、彝器之量、次主之度、屏攝之位、壇場之所、上下之神、氏姓之出，而心率舊典者為之宗。於是乎有天地神民類物之官，是謂五官，各司其序，不相亂也。民是以能有忠信，神

11 〔義〕維柯：《新科學》，朱光潛譯，北京，人民文學出版社，1986，第377頁。

12 〔德〕尼采：《悲劇的誕生》（插圖修訂本），周國平譯，桂林，廣西師範大學出版社，2002，第73頁。

是以能有明德，民神異業，敬而不瀆，故神降之嘉生，民以物
享，禍災不至，求用不匱。及少皞之衰也，九黎亂德，民神雜
糅，不可方物。夫人作享，家為巫史，無有要質。民匱於祀，
而不知其福。烝享無度，民神同位。民瀆齊盟，無有嚴威。神
狎民則，不蠲其為。嘉生不降，無物以享。禍災薦臻，莫盡其
氣。顓頊受之，乃命南正重司天以屬神，命火正黎司地以屬
民，使復舊常，無相侵瀆，是謂絕地天通。其後，三苗復九黎
之德，堯復育重、黎之後，不忘舊者，使復典之。以至於夏、
商，故重、黎氏世敘天地，而別其分主者也。其在周，程伯休
父其後也，當宣王時，失其官守，而為司馬氏。寵神其祖，以
取威於民，曰：『重寔上天，黎寔下地。』遭世之亂，而莫之
能御也。不然，夫天地成而不變，何比之有？」[13]

　　觀射父為楚國的第一國寶，[14]上面所載的一大段宏論，主要是觀
射父追憶早期宗教發展的歷史。按其說法，古代的民神關係也經歷了
三個階段：

　　其一，少皞以前，民神不雜，巫、覡、祝、宗各司其職，民神異
業，天下太平；

　　其二，少皞以末，民神雜糅，人人作享，民神同位，天下大亂；

　　其三，顓頊時代，絕地天通，民神不雜，天下復歸太平。

　　觀射父「絕地天通」傳說的議題似乎構建了一個歷史發展階段論

13　上海師範大學古籍整理組校點：《國語》，上海，上海古籍出版社，1978，第559-
　　564頁。

14　楚大夫王孫圉出使晉國，趙簡子問他：「楚國把一塊叫做『白珩』的玉佩當做國
　　寶，有多少世代了？」王孫圉說楚國從來不把白珩當做國寶。楚國的國寶第一是
　　觀射父，第二是左史倚相……見上海師範大學古籍整理組校點：《國語》，上海，
　　上海古籍出版社，1978，第579-580頁。

或循環論，頗似維柯在其《新科學》中所表達的人類歷史發展三階段
（或三種時代）的觀點，[15]也與中國傳統史家所認為華夏歷史發展的
三階段，即聖人作物時代、帝王創制時代與建立王朝的信史時代有相
合之處。[16]維柯基於古埃及人的歷史觀念，歸納了上古以來人類歷史
發展的三大進程，即「神的時代」、「英雄時代」、「人的時代」。觀射
父所說的「民神不雜」的時代，即中國古史的第一階段，都是一些創
造器物的半人半獸的神話人物，這些聖人次第發明各種改善人們生活
的勞動方法和器物，人們只從自然界平等地擷取資源，此時都還沒有
觸及政治設施所必需的人為制度，這時的聖人或領袖只是人們主動的
依附，不具有王者的權威。這種情形可以相應於維柯所說的「神的時
代」，在維柯看來，在那個時代，人們相信一切事物都是由天神所造
成的或做出來的，一切都得聽神諭或占卜來發號施令與安排人間事物
的秩序。觀射父認為「民神雜糅」的時代，大概相當於「絕地天通」
傳說發生的前後，也相當於中國古史中以黃帝為代表的「五帝時代」
之前後。在此階段，與聖人作物不同的是此時期開始加強社會的各種
人為制度和設施，如黃帝被稱為「人文初祖」，開始禮制的創建，國
家形態的萌芽等，此時期最高的領袖稱為「帝」。此時期對應於維柯
所說的「英雄時代」，維柯認為這是階級社會與早期國家逐漸產生的
時代，也是貴族政體即將誕生的前夜，此時出現了若干強力人物並試
圖在宗教的約束力下尋求突破。按荷馬的說法，阿喀琉斯的一貫做法
就是先求神問卜然後再用自己的矛尖去決定一切權力。這種人宣稱來
源於神，生來就具有生性高貴的優越性，因此一切權力也都由這種人

---

15 〔義〕維柯：《新科學》，朱光潛譯，北京，人民文學出版社，1986，第33、327、
395、465、540頁等。

16 許進雄：《中國古代社會：文字與人類學的透視》，北京，中國人民大學出版社，
2008，第26頁。

獨佔著。觀射父所說的「絕地天通」傳說之後的漫長時代，相當於中國建立王朝的信史時代，這以夏、商、周三代為代表，在此時期階級已確立，國家制度化，個人對於社會的義務強化且已有文字記載，用維柯「人的時代」的說法，是已經開始極為充分地運用人類理性的時代。

　　根據現代人類學的常識，在階級社會出現以前，即「神的時代」，也即是「以人事神」的時代，人人平等，人們的宗教權利也是平等的，任何人可以與神溝通，所謂「夫人作享，家為巫史」，即如龔自珍在《壬癸之際胎觀第一》中所云：「人之初，天下通，人上通，旦上天，夕上天，天與人，旦有語，夕有語。」[17]這也就是弗雷澤所說的「個體巫術」階段。[18]觀射父的「民神雜糅、家為巫史」說法的確是初民的實際情形，而他指出的信仰危機歸結為「民神雜糅」的惡果，其實只是在「神的時代」晚期出現的文化弊端，也就是個體巫術發展到極端的時候呈現出的文化衰敗的情形：

　　　　及少皞之衰也，九黎亂德，民神雜糅，不可方物。夫人作享，
　　　　家為巫史，無有要質。民匱於祀，而不知其福。烝享無度，民
　　　　神同位。民瀆齊盟，無有嚴威。神狎民則，不蠲其為。嘉生不
　　　　降，無物以享。禍災薦臻，莫盡其氣。（《國語・楚語下》）

　　以觀射父的看法，等到少皞氏衰落，九黎族擾亂德政，民和神相混雜，不能分辨名實。每人都舉行祭祀，各家都自設巫史，沒有了相約誠信。百姓窮於祭祀，而得不到福澤。祭祀沒有法度，民和神處於

17　〔清〕龔自珍：《龔自珍全集》，上海，上海人民出版社，1975，第13頁。

18　〔英〕J.G.弗雷澤：《金枝》上冊，徐育新、汪培基、張澤石譯，北京，新世界出版社，2006，第64-65頁。

同等地位。百姓輕慢盟誓，沒有敬畏之心。神對人的一套習以為常，
也不求祭祀潔淨。穀物不受神靈降福，沒有食物來獻祭。禍亂災害頻
頻到來，不能盡情發揮人的生機。總之，一切都似乎亂了套，什麼人
都可以祭祀，民與神之間的差異被逐漸抹平，神明被褻瀆而失去了威
嚴。祭神是當時社會最重要的大事，如果人人都可以同神，神還是神
嗎？不規範禮儀範式，不使神成為神，神還有什麼意義？上述文化衰
敗的情形似乎直接宣告了主神「已死」的信息。所以我們可以大膽地
估測，在「絕地天通」之前的漫漫長夜，原初先民是生活在極度的精
神虛空與信仰失調的煎熬之中。帝顓頊實行「絕地天通」的新舉措，
首先就是要解決人的信仰缺空的問題。故此，也只有放在這個大的文
化時空中才能深刻地理解帝顓頊「絕地天通」的意涵。

> 顓頊受之，乃命南正重司天以屬神，命火正黎司地以屬民，使
> 復舊常，無相侵瀆，是謂絕地天通。（《國語‧楚語下》）

理解「絕地天通」的關鍵點在於如何理解這個「屬」字。韋昭在
《國語》注中將「屬」釋為「會」，從訓詁的角度看，並不確切。《說
文解字》云：「屬，連也。」可知「屬」的本義當為連續。由於事物
相互連續就能會聚在一起，所以「屬」字才會引申出「會」義來。因
此，「屬」雖有「會」義，但用於解釋屬神、屬民卻並不恰當。

許兆昌認為：

> 屬神、屬民的意義不應是會聚神、會聚民從而對他們進行管
> 理——這一種解釋顯然把重、黎的職權想像得太大，而是連續
> 神、連續民，從而使他們之間能相互溝通……因為「絕地天
> 通」的目的和意義都並不在於斷絕，而是在於連續，或者更可

以說，是在於對「連續」的壟斷。由於這種壟斷改變了「夫人作享，家為巫史」的混亂局面，杜絕了神和民的隨意直接溝通，所以也就成了「絕地天通」。因此，顓頊「乃命南正重司天以屬神，命火正黎司地以屬民」，只能作為一種宗教活動內部的分工來看，其具體操作過程就是由重負責聯繫神，將神的旨意通過黎傳達給民眾；由黎負責聯繫民，將民的祈求通過重上達給神祇，如此而已。[19]

故此，把許兆昌的解釋放在「渾沌」主神已死的信仰缺空的時空背景之下加以考察當更加可信。「絕地天通」乃是重、黎作為神和民之間溝通的橋梁，並將此類工作納為此二人所專有，其它人不再具有此能力。由於這種壟斷改變了「夫人作享，家為巫史」的混亂局面，杜絕了神和民的隨意直接溝通，所以也就成了「絕地天通」。在這新局面下，民、神重新各歸各位，一個基於敬畏意識的等級秩序重新建立起來。以上舉措恰好強化了「英雄時代」的禮制創建，此即為帝顓頊的宗教改革。帝顓頊通過「絕地天通」圈限了眾多巫者的權力而規範了若干專業巫者的許可權，防止了神話世界的徹底崩毀，也重新保證了神話傳說世界的神聖性。在某種程度上可以說，這是以犧牲原始初民的宗教自由為代價的，也就是說帝顓頊用不平等的權利取代了過去社會的平等權利，老莊之學所深深眷戀的那種「過去的美好時光」真是一去不復返了。

---

19 許兆昌：《重、黎絕地天通考辨二則》，《吉林大學社會科學學報》2001年第2期。

第二節　從巫到帝

　　《史記・五帝本紀》述顓頊功績:「帝顓頊高陽者,黃帝之孫而昌意之子也。靜淵以有謀,疏通而知事;養材以任地,載時以象天,依鬼神以制義,治氣以教化,絜誠以祭祀。」古人認為顓頊的作為主要有兩方面:一是上述所講的「絕地天通」的宗教改革,將神、巫、人事幾個範疇各得其序,許多學者認為這一「宗教改革」在信仰領域是將巫術文化發展為祭司文化,由巫掌管的神人之間的交通的本領為帝王所獨佔,由自然崇拜之下的多神信仰發展為祖先崇拜,從而導致了原初社會的精神生活由巫術而向國家宗教的遞變,也預示著「由人事神」向「神道設教」的基本轉型;二是帝顓頊懂得治理天下且致力於物質生產,開啟宗教與政治分割而治明的思想,如《國語・楚語下》所謂「於是乎有天地神民類物之官,是謂五官,各司其序,不相亂也」。顓頊不重在武功,卻聲名顯赫,甚或超過黃帝,於是乎成為「五帝時代」承上啟下的重要代表人物,這種卓越的地位的形成能得到傳統史家的首肯,現代人也許不易理解,但是把他放在中國神話傳說命運的大走向大格局中才能明曉其義。在「神的時代」,原始初民生活中的方方面面都得聽從神話傳說的力量或巫術的力量,而帝顓頊「絕地天通」傳說作為「五帝時代」最具標識性的事件之一,開始合理地轉化並制御了巫術的力量,並向現實的世俗政治之途推進,這一舉措既突出了華夏初民開始重視人間現世的精神品格又充分彰顯了中國神話傳說中「英雄時代」的基本風貌,乃至奠定了中國古典世界的若干文化基調乃至秦漢以後傳統世界的文化走向。總之,帝顓頊的作為對中國文化的走向產生的影響既深且巨,把帝顓頊的作為放進人類史上「從巫到王」的歷史大脈絡中去加以考察,當更會明白這一歷史事件的獨特風貌與價值。

　　中國遠古占卜的事實，從發掘的材料來看，五四○○年前就有骨卜的習慣，但是直到七八百年後的龍山文化（黑陶時期）才較普遍，此時出現了以動物肩胛骨占卜的習俗。[20]此後，用甲骨占卜的巫術極為盛行，借獸甲骨與龜甲為媒介，以求獲得神明對於人類詢問的解答。至於巫術的產生原因，[21]一般人認為原始初民對於自然界的各種事物，頗覺某種神秘，欲對此加以解釋，便來求助於自然對象。不僅如此，原始人亦在生產力極端低下且思維極為幼稚的情況下，對自然力軟弱無力，又盡受沉重的壓抑，並自然力時常使得人類產生恐懼之感，因此人類對自然有所求。如此一來，人類對於自然界的神秘感或冥冥可怖的恐懼感，基於人類自有好奇與征服自然的心理一面，希冀深層了解而影響或征服自然力。於是，根據自己的願望，利用一定的方式，影響自然或其它人，以便使自然與他人的行為符合自己的願望，從而產生巫術。[22]巫術發展的最初階段是在不同感知基礎上的個體巫術，經過諸多個體巫術的積累，為著整個部落共同利益的目的而集中了這種積累中有普遍意義或被公認為可以廣泛使用者，便能上升至所謂公眾巫術（即普遍巫術）的地位。[23]用列維-布留爾的觀點，當在原始初民的社會集體中認為那些最重要的互滲需要借助中間環節或者「媒介」，如巫術、神話等來保持互滲的時候，可能就越來越集中在選定的某些特定的人身上，也逐漸地意味著要把神聖的人和物與世

---

20 文物出版社編：《中國重大考古發現》，北京，文物出版社，1990，第52-57頁。許進雄：《中國古代社會：文字與人類學的透視》，北京，中國人民大學出版社，2008，第560-561頁。

21 梁釗韜對巫術起源的各派學說及評價有過簡略地概括，可參見梁釗韜：《中國古代巫術——宗教的起源和發展》，廣州，中山大學出版社，1992，第19-25頁。

22 宋兆麟：《巫與巫術》，成都，四川民族出版社，1989，第218頁。

23 張紫晨：《中國巫術》，上海，上海三聯書店，1996，第4頁。

俗的人和物之間的越來越明確、越來越穩定的差別確定下來。[24]這樣就為公共巫術的產生孕育了條件，也為王者的產生鋪平了道路，如許進雄的論述：

> 在古代原始宗教迷信彌漫的時代，不論中外，能夠與鬼神交通的人，是非常受尊敬，享有很高地位的。甚至文明發展的許多專案也得力於他們的努力。巫並不是遠古蒙昧時代的產物。而是到了有原始的宗教概念的時候，即人們對於威力奇大而又不能理解的自然界開始有了疑惑與畏懼，才想像有了神靈以後的事物。神靈不會直接和我們說話，所以如何把願望上達，如何得到神靈的指示，無疑是很重要的事。如果有人有能力與鬼神交通，肯定就會得到大家的信賴和尊敬。譬如說，一般人不曉得燒裂甲骨的訣竅，只有巫有辦法在短時間內燒裂甲骨而問卜，故巫在古代的社會能享崇高的地位。但是早期的社會尚無等級，人人的社會地位平等，還沒有神靈的世界是有組織的世界的觀念。因此被認為有特別能力而能與鬼神交通的人，只是業餘的接受別人的請託，沒有特殊的社會地位，不成為一種專業。要等到社會有了等級，產生了對別人具有約束力的領袖後，鬼神的世界也才有等級，有了至高的上帝。那時宗教的活動也成了生活的重要內容，才有專業的神職人員，享有高出眾人的社會地位和威望。[25]

---

24 〔法〕列維-布留爾：《原始思維》，丁由譯，北京，商務印書館，1981，第440-441頁。

25 許進雄：《中國古代社會：文字與人類學的透視》，北京，中國人民大學出版社，2008，第505頁。

做巫師是需要一定的技術手段的，比如用骨頭占卜就不是一件簡單的事。首先是材料的價格不菲，一隻牛只有兩塊肩胛骨，並且牛也不是一般人能輕易宰殺的；占卜所用的骨頭要經過很多修整的手續，包括鋸、磋、挖、刻等，均需要專業人才，有時可能因為燒灼不得法，一天也難以顯現一片兆紋。巫者在燒灼時控制兆紋的角度更是難度極大。巫者每次卜問都需要經過繁瑣的手續，這都是相當費錢和費時的事情。所以巫術的技術不是一般人所能從事的，它不但增加了巫術的神秘性，也建立了巫者的權威性。[26]另外在原始初民時代，巫師隨時可能因為自己的一個錯誤被發現而付出生命的代價，這種尊貴而又冒險的職業使他們除了善於隱藏自己的無知而實行欺詐外，更多的則是提供了最為強大的思想動力，推動他們用真才實學來代替騙人的把戲。因此，巫師在治病、預告未來與調整氣候等方面都積累了廣博的知識。[27]在此時，巫術知識正是改善人的命運的最卓越、最有力的工具。[28]

中國先民從蒙昧進化到有組織的文明社會，是由無數人的勞力和經驗逐漸累積發展起來的結果。一些智力較高的人，開了文明的端緒，激起文明的進一步提高。一些有特別貢獻的人，後世以聖人視之。甲骨文的「聖」字（ 林二‧二五‧一四），像一個有大耳朵的人在一張嘴之旁，表示此人有聰明的聽力以聆聽口所發出的聲音。在以狩獵為生或野獸出沒的時代，敏銳的聽力是一種很重要的保命及獵取食物的技能，能有此特長，容易在同伴中取得信賴而被敬佩，成為眾

---

26 許進雄：《中國古代社會：文字與人類學的透視》，北京，中國人民大學出版社，2008，第561-562頁。

27 〔英〕J.G.弗雷澤：《金枝》上冊，徐育新、汪培基、張澤石譯，北京，新世界出版社，2006，第64-65頁。

28 〔英〕J.G.弗雷澤：《金枝》上冊，徐育新、汪培基、張澤石譯，北京，新世界出版社，2006，第49-50頁。

人所信服的領袖人物。但在較進化的時代，所聆聽的就可能是神的指示，在到處充滿神秘感的時代，自是被視為值得信賴的領袖人選。在中國古史的第一階段，神話代表的人物是有巢氏、燧人氏、神農氏等製作器物的人，尚沒有政治權威。[29]但是正如卡爾‧雅斯貝斯說：「作為統治者和聖賢而為大眾仿效的人物出現了，廣大民眾無不目睹了他們的行動、成就和命運。這是使人們走向自我意識和不害怕神靈的第一步。」[30]這種人文基調似乎在「絕地天通」之前引起的精神危機之中，古人就敲響了。比如與古希伯來文化相比，中華遠古神話傳說中的創世主神一開始就犧牲掉了，沒有出現萬能的上帝，也沒有出現上帝恩賜的豐美的伊甸園。這「兩個沒有」決定了中華先賢的行為方式與思維方式一定不同於亞當與夏娃。人必須動手動腦，必須發明創造，才能過上好日子。沒有神，只能依靠人，依靠善於動手、善於動腦的人，依靠理性而智慧的人。中華大地上的難題，都是由人來解答的。天上的天文由人來觀測，地上的洪水由人來治理，火由人鑽木製取，巢由人構木建造。伏羲氏發明捕魚狩獵的網罟，神農氏發明農耕的耒耜等。甚至在後世的諸子百家記載中的中華先賢，個個都是用發明創造解答難題的典範。

當個體巫術發展到頂峰，迫切需要一定的舉措進行管理與規劃的時候，帝顓頊實行「絕地天通」，也就是強化了所謂「公眾巫術」的地位。在觀射父看來，巫者主持祭祀，是那個時代最有知識、技術和最具有文化意義的象徵性人物，男的叫覡，女的叫巫，他們精通各種知識（知山川之號、高祖之主、宗廟之事、昭穆之世、齊敬之勤、禮

29 許進雄：《中國古代社會：文字與人類學的透視》，北京，中國人民大學出版社，2008，第27-28頁。
30 〔德〕卡爾‧雅斯貝斯：《歷史的起源與目標》，魏楚雄、俞新天譯，北京，華夏出版社，1989，第58頁。

節之宜、威儀之則、容貌之崇、忠信之質、禋絜之服），懂得各種儀式規範（知四時之生、犧牲之物、玉帛之類、彩服之儀、彝器之量、次主之度、屏攝之位、壇場之所、上下之神、氏姓之出），漸漸地在這些巫師中就形成了種種「各司其序，不相亂」的官員，由他們負責降神，而民眾就漸漸習慣與聽從他們所轉達的神的旨意，這樣神靈能夠有靈驗也能夠有德行（神是以能有明德），而民眾則不再參與神靈世界，只是對神靈信任而且忠誠（民神異業，敬而不瀆），於是，整個秩序非常安定。當巫術成為公共職務而影響了原始社會的素質而言，它趨向於將管理權集中在最能幹的人手中。一旦一個特殊的巫師階層已經從社會中被分離出來並被委以安邦治國的重任之後，這些人便獲得日益增多的財富和權勢，直到他們從領袖們中脫穎而出、發展成為神聖的國王。[31]弗雷澤認為：

> 不論在什麼地方，只要見到這類為了公共利益而舉行的儀式，即可明顯地看出巫師已不再是一個個體巫術的執行者，而在某種程度上成了一個公務人員。這種官吏階層的形成在人類社會政治與宗教發展史上具有重大意義。當部落的福利被認為是有賴於這些巫術儀式的履行時，巫師就上升到一種更有影響和聲望的地位，而且可能很容易地取得一個首領或國王的身分和權勢。[32]

華夏人在人類史上「從巫到王」的歷史演進之中，也可就「巫」

---

31 〔英〕J.G.弗雷澤：《金枝》上冊，徐育新、汪培基、張澤石譯，北京，新世界出版社，2006，第92頁。

32 〔英〕J.G.弗雷澤：《金枝》上冊，徐育新、汪培基、張澤石譯，北京，新世界出版社，2006，第48頁。

與「帝」的字源含義進行一番文化探究。中國漢字的起源雖已可追溯至史前陶文，但現今所發現的各期史前陶文數量極少（自一字以至六十六字不等），故欲探討「巫」字之義，應自甲骨文起。甲骨文中有「十（粹一〇三六）」、「田（甲二三五六）」字是唐蘭首先認出來的，他識字的線索是受羅振玉用隸書與古文字比較的啟示，由於字形同於《詛楚文》中的「丕顯大神巫咸」之「巫」（田詛楚文）字。[33]這一考釋久已成為定論。另外根據目前所見的資料，最初對邦國首領的稱謂，只稱王，不稱帝，「帝」是後來才出現的。商王武丁之後，所謂主宰宇宙的精靈——帝，才開始同王結合在一起。[34]由此可以推論，遠古部落首領稱為「帝」，是出於後人的追述。但是後人把這個「詞」用在刻畫上古王者的神聖性與文化性等方面的追溯倒是十分準確的稱呼。「帝」是指父祖輩中最強悍有力或因其貢獻巨大而受到全社會尊崇的人物。這些帝，由於其輩分上的原因以及孔武有力或才能出眾而受到全體氏族成員的敬仰並被選舉為氏族的領袖即人王。在氏族中，帝由於其人王地位而顯得格外突出尊崇。人王是凝聚整個社會群體的核心，全體氏族成員都如眾星捧月般地環繞在王的周圍聽從於他的命令。而每一代帝，為了強化其領袖地位及其權威，不斷地突出其人王的形象並發揮其領導決斷作用。一輩輩的帝，往往同時就是一代代的人王。隨著世代的嬗遞，帝原有的父祖的意義逐漸淡出，人王的意義逐漸突顯並不斷地得到強化。在一般社會成員中開始禁止使用帝的稱號，帝逐漸成了人王的同義詞。誰被推舉到最高領袖的地位，誰才有資格被稱為帝。於是，帝作為氏族群體的父祖輩稱呼，終於演化嬗變為人王的同義詞與專用稱號。

---

33 唐蘭：《古文字學導論》，濟南，齊魯書社，1981，第166-167頁。

34 高明：《從甲骨文中所見王與帝的實質看商代社會》，見《高明論著選集》，北京，科學出版社，2001，第78頁。

　　總之，「帝」是作為對氏族群體的繁衍與增殖作出貢獻的父祖輩人物的稱號，這種文化定位與人類史上「從巫到王」的歷史脈絡遙相呼應。黃帝是這樣的人物，帝顓頊、帝堯等五帝也都是這樣的人物。按古史家的說法，「絕地天通」之後是由聖人作物的時代進入了帝王創制時代。「絕地天通」的故事說明帝顓頊不僅在宗教改革上大有作為，而且在現實的政治操作中也顯示出了高瞻遠矚的政治智慧，開啟了原始初民由「以人事神」向「神道設教」的邁進之途。現代諸家也基本認識到了這一點，他們常從重、黎分職「神、民說」來解釋這段文字，幾成學界的共識。如徐旭生在《中國古史的傳說時代》中這樣解釋「絕地天通」：

　　　　帝顓頊出來，快刀斬亂麻，使少皞氏的大巫重為南正「司天以屬神」，韋昭解「司」為主司，解「屬」為「會」，當是。「司天以屬神」是說只有他，或者說只有他同帝顓頊才管得天上的事情，把群神的命令會集起來，傳達下來，此外無論何巫全不得昇天，妄傳群神的命令。又使「火正黎司地以屬民」，就是說使他管理地上的群巫，使他們好好地給萬民治病和祈福。[35]

　　由於將屬神和屬民理解成為分管神事和民事，所以徐旭生進一步認為，重、黎分屬神、民，就是後世神職與民職分流的源頭：

　　　　從帝顓頊看來，崇高神聖的事業，只能由他和南正重、火正黎參加，或者更可以說，只能由他和重參加，就是黎也無權干與，參加其它職位的人更不必說。他們因為無權參與神聖的事

---

35 徐旭生：《中國古史的傳說時代》（增訂本），北京，文物出版社，1985，第83頁。

業，所以不能以神聖圖騰所屬的名字為名字。此後職位的名字
大約就成了司徒（土）、司馬、司空（工）一類民事的名字。[36]

　　顯然，徐旭生在這裡把「絕地天通」導致的對神人交通的壟斷看
成了是顓頊和重的專利，而黎作為治民之職則被排除在外，所以他才
會接著說：「把宗教的事業變成了限於少數人的事業，這也是一種進
步的現象。」[37]可以如是說，帝顓頊「絕地天通」所開創的神事和民
事分割而治的舉措最終鞏固了並奠定了華夏初民重視人間世界與現世
的文化風貌。從帝顓頊「絕地天通」傳說中也可以看出，中國人敬
神、祭神或拜神，卻從來沒有把神絕對化，當他們一走出原始宗教的
懵懂時期，就有意識地使神為現世服務。這種觀念顯然與古希臘英雄
神話所表達的主題大有出入：在古希臘英雄神話中，英雄在某些條件
下，可以在人的世界和神的世界之間建立起一個通道，可以通過考驗
來顯示神的威力就表現在他身上，也就是說英雄的業績不是個人的德
行造就的，它是神之恩典，是超自然力量協助人的表現。[38]希臘人認
為美、高貴、力量、靈活、優雅、魅力的光彩等形體的諸多價值，也
只有神才能如此飽滿地擁有它們。[39]德爾斐神廟有句格言「認識你自
身」，最初也並不是柏拉圖筆下的蘇格拉底所謂「認識心中的自身與
靈魂」的意思，而是意味著：弄明白你的局限，要知道你是一個終有
一死的凡人，不要逞能與神明去媲美。[40]這更不像後世基督教（或者

---

36 徐旭生：《中國古史的傳說時代》（增訂本），北京，文物出版社，1985，第84頁。

37 徐旭生：《中國古史的傳說時代》（增訂本），北京，文物出版社，1985，第84頁。

38 〔法〕讓・皮埃爾・維爾南：《希臘人的神話和思想——歷史心理分析研究》，黃
　艷紅譯，北京，中國人民大學出版社，2007，第380頁。

39 〔法〕讓・皮埃爾・韋爾南：《神話與政治之間》，余中先譯，北京，生活・讀
　書・新知三聯書店，2001，第377頁。

40 〔法〕讓・皮埃爾・韋爾南：《神話與政治之間》，余中先譯，北京，生活・讀
　書・新知三聯書店，2001，第204-205頁。

早期的猶太教）都是從多神信仰走向一神信仰，把上帝絕對神化，所有的教民都匍匐在上帝的腳下。中國人在神化天帝、四方神祇的同時也使人間的王公大臣的地位權威合理化、自然化。這種文化精神在中國的「英雄時代」的表現，也只有放在上述巫術文化的大格局、大走向中才能明曉。

第三節　「五帝傳說」的世界

　　華夏初民的混沌初開，由巫到王的文化演進，使初民由此邁入了「英雄時代」，這以古史家津津樂道的「五帝時代」為標誌。到目前為止，關於「五帝時代」方方面面的研究，小及一個字詞如「黃」字考、「帝」字考等都眾說紛紜；大到「五帝」之中的任何一位帝王史實的推論也是撲朔迷離，更有甚者馳騁想像遠至異域他鄉去找尋「黃帝」諸人的來龍去脈。[41]諸多問題與爭議產生的癥結在於古典文獻對於三代以前的歷史記載渺茫難求。在西漢司馬遷的時代還流傳著許多遠古的神話與傳說，但據他自己說：「其文不雅馴，薦紳先生難言之」，刪除太半，只「擇其言尤雅者」著為《史記》的書首，從《五帝本紀》談起。到了近代富有懷疑精神的學者猶以為不足。二十世紀初期，顧頡剛拋出「大禹是一條蟲」的問題，[42]不啻於在現代學術界

41　此說與「中國人種西來說」緊密相連，關係複雜，諸家論述頗多，暫不贅述。

42　顧頡剛：《與錢玄同先生論古史書》，見顧頡剛編著：《古史辨》第一冊，上海，上海古籍出版社，1982，影印本，第63頁。在《討論古史答劉胡二先生》一文中顧氏已改論，見顧頡剛編著：《古史辨》第一冊，上海，上海古籍出版社，1982，影印本，第121頁。一九二三年，顧頡剛根據《說文》「禹，蟲也」，猜測「禹或是九鼎上鑄的一種動物」，魯迅於一九三五年在小說《理水》中將作為動物之名的「蟲」偷換為蠕蟲，顧頡剛的假說被訛傳為「禹是一條蟲」，極大地醜化了顧氏之說。吳銳先生多為之申辯，參見吳銳：《從魚族、黿族到夏族》，見《慶祝何炳棣先生九十華誕論文集》編輯委員會編：《慶祝何炳棣先生九十華誕論文集》，西安，

的天空爆響了一陣驚天動地般的春雷，但是直到現在大禹的「真正面目」還沒有誰能搞個水清米白。如此一來，連夏朝都不敢肯定，遑論更早的「五帝時代」？故此，「黃帝子孫」「五千年文明史」等傳統的基本歷史觀念也都發生了動搖，而中國文化的根源問題仍然陷入荒邈迷濛之中。[43]近人童書業、徐旭生、顧頡剛、傅斯年、楊向奎諸人都對「五帝傳說」的問題有所研究且多有心得，他們採用「文」與「獻」結合考證的方法，這種功夫也正是司馬遷早已做過的，而太史公所見的原始資料應該更多。以上諸家的研究旨趣都想去確立可信的史實。

一　問題與困境：「五帝」與「黃帝」考論

　　在先秦典籍中，言「五帝」一詞者，有《周禮》《莊子》《管子》《慎子》《魯連子》《戰國策》《韓非子》與《呂氏春秋》等。其中《大戴禮記》《禮記》雖為漢人所編，實出先秦所作。然《國語》《左傳》純為記載歷史人物，均不見「五帝」合稱之詞。抄寫於戰國中期的郭店簡本《唐虞之道》：「堯舜之行，愛親尊賢……六帝興於古，皆由此也。」[44]此「六帝」究竟所指何許人，「難以落實」。[45]總之，一

三秦出版社，2008，第210-215頁。另外見吳銳：《中國思想的起源·社稷守時代》第二卷，濟南，山東教育出版社，2003，第490-512頁。關於說禹的本義為蟲，並不始於顧頡剛，是其老師崔適首先提出來的，見吳銳：《中國思想的起源·社稷守時代》第二卷，濟南，山東教育出版社，2003，第500頁。

43 吳銳猛烈抨擊中國人「帝系情結」、「純種情結」與「五千年情結」等三大情結。吳銳：《中國思想的起源·前神守──神守時代》第一卷，濟南，山東教育出版社，2003，第98、109頁。

44 裘錫圭認為「該文對禪讓制的推崇到了無以復加的地步」，而前三一八年燕王噲效仿遠古聖王禪讓之制，把王位讓給其相國子之，到前三一五年至前三一四年終於釀成國破君亡的悲劇。有學者指出，該文一定寫成於這一事件之前，是很合理的。參見裘錫圭：《中國出土古文獻十講》，上海，復旦大學出版社，2004，第18-19頁。

般學術界認為「五帝」一說，當出現在春秋以後，唯其個別人物則應早已存在。[46]《大戴禮記‧武王踐阼》有「黃帝、顓頊」說，《大戴禮記》《呂氏春秋》《國語》等連稱黃帝、顓頊、堯、舜的事實，同樣抄寫於戰國中期的楚簡本《武王踐阼》有「黃帝、顓頊、堯、舜」的稱號，[47]證明這類古帝王的名號已存在且按連續性排列的事實至少在戰國中期應該已經存在。「黃帝」傳說見之於文獻記載的最早年代比較難確定，春秋時期一些可靠的典籍，例如《論語》《詩經》《春秋》《墨子》均不提及黃帝。戰國以後，黃帝傳說開始出現，並且日漸豐富，大部分戰國時期的典籍均提及黃帝，其中年代較早的應數《左傳》《國語》。《左傳‧僖公二十五年》載秦晉交戰，晉文公請卜官卜之曰：「吉，遇黃帝戰於阪泉之兆。」《昭公十七年》載：「秋，郯子來朝，公與之宴。昭子問焉，曰：『少皞氏鳥名官，何故也？』郯子曰：『吾祖也，我知之。昔者黃帝氏以雲紀，故為雲師而雲名；炎帝氏以火紀，故為火師而火名；共工氏以水紀，故為水師而水名；太皞氏以龍紀，故為龍師而龍名。我高祖少皞氏摯之立也，鳳鳥適至，故紀於鳥，為鳥師而鳥名。鳳鳥氏，歷正也……』」就此處而言，黃帝只是許多部族首領之一，代表統治一個部族或一世代的帝王。而《國語‧魯語上》載：「黃帝能成命百物，以明民共財，顓頊能修之，帝嚳能序三辰以固民……故有虞氏禘黃帝而祖顓頊，郊堯而宗舜；夏后氏禘黃帝而祖顓頊，郊鯀而宗禹；商人禘舜而祖契，郊冥而宗湯；周人禘嚳而郊稷，祖文王而宗武王。」這是直接以黃帝作為虞、夏、

45 裘錫圭：《中國出土古文獻十講》，上海，復旦大學出版社，2004，第32頁；郭永秉：《帝系新研——楚地出土戰國文獻中的傳說時代古帝王系統研究》，北京，北京大學出版社，2008，第149頁。

46 王爾敏：《先民的智慧：中國古代天人合一的經驗》，桂林，廣西師範大學出版社，2008，第118頁。

47 裘錫圭：《中國出土古文獻十講》，上海，復旦大學出版社，2004，第20頁。

商、周祖先的祖先了。目前所見最早談及「黃帝」的出土文獻是戰國中期的齊威王因齊（齊）所作的「陳侯因齊敦」銘中自述「高祖黃帝（帝）」。[48]由此也可以看出，從戰國中期開始，已經把「黃帝」的名號排在顓頊之前，且顓頊比堯、舜的時代更早。黃帝的漸漸被廣泛提及，逐漸成為古史傳說中的重要人物甚至中心人物。黃帝如何在戰國到漢初之間，由眾帝王之間脫穎而出，是一個值得探究的問題。有學者認為，黃帝傳說在春秋時期湮沒無聞，主要原因在於一些直接祭祀黃帝的後代姓族在當時的政治舞臺上並沒有重要地位，其宗教文化不可能得到廣泛的傳播。戰國中期之後，黃帝傳說日漸豐富且有很多黃帝傳說出自於齊國，這取決於陳氏在齊國的崛起。《國語‧魯語上》載有虞氏禘祭黃帝，陳氏是有虞氏之後，所以視黃帝為遠祖。陳氏在取得齊國君主位置後，黃帝即代替姜姓祖先而成為齊國的遠祖，並且在齊國享有至高無上的地位。隨著齊國文化的日漸擴展與稷下黃老學說的流傳並散布於全國各地，黃帝逐漸開始有了全國性的影響，而傳說便也日漸繁盛起來。[49]

先秦典籍中關於「五帝說」的具體所指也都說法不一。劉起釪將中國自古以來的五帝說進行了六種編組，其中影響最久、傳布最廣且最有勢力的五帝說有兩組。第一種五帝說是：黃帝、顓頊、帝嚳、堯、舜。其源出《五帝德》，載於《大戴禮記》。此說為司馬遷所祖述，寫入《史記》；另一種五帝說是：太昊、炎帝、黃帝、少昊、顓頊，其源出《呂氏春秋‧十二紀》，又見之於《淮南子‧天文訓》及

---

48 郭永秉：《帝系新研——楚地出土戰國文獻中的傳說時代古帝王系統研究》，北京，北京大學出版社，2008，第152頁。
49 顧頡剛：《黃帝》，見《史林雜識初編》，北京，中華書局，1963，第177-180頁。此說多為諸家認同，論者也無異議。

同書《時則訓》。[50]徐旭生對五帝說加以澄清，認為前說為東派五帝說，出於齊魯儒家孔子門人所造，宰予一派所為。後一種是西派五帝說，以秦為主，完全創生於西方秦國的五方崇祀信仰。[51]印順法師也有一個與之相似的說法可以對觀：他認為五帝的敘列在一起是在春秋時代已經成立的傳說，但是第一種說法是時間先後繼起的五帝說，黃帝居首，是對華夏族有重要貢獻的，成為崇功報德的祭祀對象，也就因此闡明了「民族同源論」；後一說是空間的平面分布的五帝，主要是就方位而言的，在戰國時代也可以說是各地區公認。所謂五方五帝說的真正意義，是為了實現多民族的互相尊重，平等融合的理想。[52]印順的說法能兼顧時間與空間兩個角度看「五帝說」，不啻為一種慧見與神悟，其高妙之處在現今考古資料的映照之下即可顯現。弗雷澤對於「各不相同的神並列在全民族的眾神殿」的情況進行過研究，倒與印順的看法頗有幾分相近。弗雷澤認為隨著文化的慢慢進步，當長期的野蠻與互相隔絕的狀態逐漸消失、單一的強大社會的新興政治力量開始將其軟弱的鄰族吸引或強行融為一個民族的時候，那些融會在一起的各族人民便把自己的神祇，跟自己的方言一樣，都融於一堂，於是就可能出現各不相同的神並列在全民族的眾神殿裡。[53]最早提到有血親關係的五帝說是《大戴禮記·五帝德》，該篇假託宰我問五帝

---

50 劉起釪：《古史續辨》，北京，中國社會科學出版社，1991，第97-100頁。或參王爾敏：《先民的智慧：中國古代天人合一的經驗》，桂林，廣西師範大學出版社，2008，第122、139頁。

51 徐旭生：《中國古史的傳說時代》（增訂本），北京，文物出版社，1985，第204-208頁。

52 印順：《中國古代民族神話與文化之研究》，臺北，正聞出版社，1975，第3版，第237-251頁。

53 〔英〕J.G.弗雷澤：《金枝》上冊，徐育新、汪培基、張澤石譯，北京，新世界出版社，2006，第168頁。

於孔子，孔子的答覆是：

> 黃帝，少典之子也，曰軒轅……顓頊，黃帝之孫，昌意子也，
> 曰高陽……（帝嚳），玄囂之孫，蹻極之子也，曰高辛……
> （帝堯），高辛之子也，曰放勳……（帝舜），蹻牛之孫，瞽叟
> 之子也，曰重華……（禹），高陽之孫，鯀之子也，曰文命。

雖說五帝，實則六人，以黃帝為祖先，通過血緣紐帶組合成黃帝、顓頊、帝嚳、堯、舜、禹五帝譜。另外《大戴禮記・帝系》也有類似的說法：

> 黃帝產昌意，昌意產高陽，是為帝顓頊。顓頊產窮蟬，窮蟬產
> 敬康，敬康產句芒，句芒產蹻牛，蹻牛產瞽叟，瞽叟產重華，
> 是為帝舜。

又曰：

> 黃帝產玄囂，玄囂產蹻極，蹻極產高辛，是為帝嚳，帝嚳產放
> 勳，是為帝堯。

展現在我們眼前的是排列緊密的血親五帝譜。從上面的古籍內容可以看出，到戰國後期五帝說已經形成，但是五帝的具體數目和名目還未能達成一致，五帝說還沒有定型。到目前的研究階段為止，仍然只能證明在先秦時代早期階段，黃帝與伏羲、共工等一樣，還僅僅是一位古帝王，並未有各個氏族或部族共同祖先之意。即便《國語・魯語上》說及黃帝與夏、商、周三王的血脈關係，但是還沒有形成如同

《大戴禮記‧五帝德》及《帝系》中硬將五帝和夏、商、周三代之王一起按血緣關係排列出一個源出黃帝的大一統世系來。[54]再根據新出土的抄寫於戰國中期的《子羔》篇中子羔對於三王降生神話的懷疑，說明此時「五帝」與三王的血緣關係還沒有形成，即「三王同出一源」的系統還沒有形成，不然子羔不會在已有既定的血緣事實面前提出疑問。[55]對於《五帝德》《帝系》篇中大一統帝王世系中的五帝系統的出現原因，顧頡剛認為這是「戰國時代民族大團結運動與天帝降為人王運動下之產物，本不可信」。[56]就目前的出土資料和古典文獻的研究結論來說，一般學者公認顧說還是不易之論，也就是說「炎黃同源論」、「三代一元論」的傳統史觀的確發生了動搖，我們只能說「黃帝共祖」現象只能作為一種歷史記憶，是後起的說法。[57]用王明珂的研究結論就是華夏人主觀建構與民族認同的結果。[58]但是如此一來，也就給歷史研究帶來了無限的虛空：「五帝」似乎真是「飄在雲端」的眾神了，那裡似乎一片模糊。我們該從何處去認識「五帝傳說」的真面目呢？

---

54 顧頡剛：《中國上古史講義》，北京：中華書局，1963，第102-109頁。

55 郭永秉：《帝系新研——楚地出土戰國文獻中的傳說時代古帝王系統研究》，北京，北京大學出版社，2008，第113-114頁。

56 顧頡剛：《顧頡剛讀書筆記》第8冊，臺北，聯經出版事業公司，1990，第5839頁。或參顧頡剛：《答劉胡兩先生書》，見顧頡剛編著：《古史辨》第一冊，上海，上海古籍出版社，1982，影印本，第99-100頁。顧氏認為「借了這種帝王系統的謊話來收拾人心，號召統一，確是一種極有力的政治作用。」顧頡剛：《顧序》，見羅根澤編著：《古史辨》第四冊，上海，上海古籍出版社，1982，影印本，第4頁。郭永秉認為大一統帝王世系的出現是基於對各族祖先降生神話的懷疑而產生的，可備一說。郭永秉：《帝系新研——楚地出土戰國文獻中的傳說時代古帝王系統研究》，北京，北京大學出版社，2008，第122頁。

57 裘錫圭：《中國出土古文獻十講》，上海，復旦大學出版社，2004，第28-30頁。

58 王明珂：《英雄祖先與弟兄民族——根基歷史的文本與語境》，北京，中華書局，2009，第224頁；王明珂：《華夏邊緣——歷史記憶與族群認同》，北京，社會科學文獻出版社，2006，第253頁。

二 根與花：五帝傳說的「文化之源」

　　傳統史家和現代諸家都公認為「五帝時代」是處於從神話到信史的轉捩點上，徐旭生著《中國古史的傳說時代》正是立足於此。所謂「傳說時代」是指世界上任何一個民族最初的歷史總是用「口耳相傳」的方法流傳下來，在古文獻中保存有古代傳說，而在當時尚未能用文字把它直接記錄下來的史料，用這種史料所記述的時代，就叫做「傳說時代」。[59]正是這種「傳說時代」的文化特質，使我們具備了可以在某種具體的歷史時空去理解五帝傳說的「歷史素地」的可能性。[60]借助於現代考古學的若干發現與研究結論，可以初步嘗試著去加以辨識與論證。考古學家在墓葬和聚落遺址上復原原始氏族社會的努力曾給予歷史學家極大的啟示，而傑出的歷史研究總是要從社會的表象穿透到社會的深層，他們認為社會發展具有遺傳性，「後之視今，亦猶今之視昔」，根據去古未遠的一些議論和傳統文獻，配合新出材料，古代社會史也許可能適度還原，這種方法被杜正勝稱之為「歷史學索隱」。[61]今天，論者試著對「五帝時代」神話傳說所展現出的文化風貌做若干切實性的考察和分析，主要從中原早期文明的產生、早期國家形態的萌芽、禮制文明的初建與血緣性文明的強固等四個議題入手，打算對五帝時代進行適當的「歷史還原」，當然進行這種工作的本旨除了找尋其「歷史素地」之外，更重要的是充分地展現華夏初民的文化進程，以揭示出華夏初民走出遠古神話世界的艱難步伐。

　　追溯的歷史線索仍從司馬遷的「五帝說」入手，司馬遷著史將三代斷自黃帝。根據傳世世系《史記・五帝本紀》來推測：

59　徐旭生：《中國古史的傳說時代》（增訂本），北京，文物出版社，1985，第19-21頁。
60　楊向奎：《宗周社會與禮樂文明》，北京，人民出版社，1992，第29頁。
61　杜正勝：《古代社會與國家》，臺北，允晨文化實業公司，1992，第15頁。

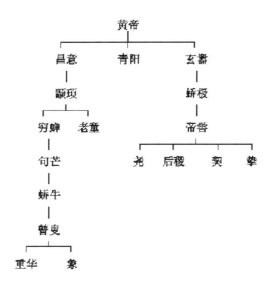

　　上譜與今本《大戴禮記‧帝系》有異，而且系譜本身也有矛盾，
堯與舜差四代，不可能相及。然而《帝系》太史公是看過的，他也讀
過《五帝譜牒》及其它牒記、曆數之書，在沒有更有力的新資料出土
以前，我們只好暫時相信這是世界第一流史學家為我們刪除百家言
後，所整理出來的最合理的系譜。[62]據最保守的估計，夏朝之開始約
稍早於西元前二千年，夏之前有五帝。以每代三十年計，黃帝至帝堯
大概有一五〇年以上，至禹約三百年，那麼黃帝的時代大約在西元前
二四〇〇年左右。[63]另外晉人皇甫謐《帝王世紀》記載，五帝及帝摯
在位年數共三八四年，這種情況和以系譜估計的年代差距不大，也和
考古資料顯示的社會演變頗能吻合。[64]

　　中國古代的全部思想，本質上都是農業文明的產物。英國著名考

62　杜正勝：《古代社會與國家》，臺北，允晨文化實業公司，1992，第126頁。

63　杜正勝：《古代社會與國家》，臺北，允晨文化實業公司，1992，第126頁。

64　近來學者認為古史傳說的時代大約距今5500-4500年，即仰韶文化晚期到龍山文化
　　早期。參王明達的發言，見《中國文明起源研討會紀要》，《考古》1992年第6期。

古學家柴爾德提出「新石器革命」（Neolithic Revolution）的文化命題，至今在學界影響深遠。新石器時代以新石器為工具，以開始農業生產及出現農莊聚落為主要標誌。據最近的考古學家發掘，在距今一萬三千到一萬年，山西下川文化已經從以細石器為特徵的高級狩獵向中國農業的聚落文化過渡，這種生產狀況直接啟迪了北方原始農業的產生。繼之而起的中國新石器時代的文化，學界一般把它分成早、中、晚三期，早期或稱作「前仰韶」、中晚兩期即習知的「仰韶」與「龍山」。目前關於「前仰韶文化」（距今9000-8000年）的資料不夠細緻，在此初級農業文化階段，開始農業聚落文化時代，聚落規模小，人們處於鬆散的氏族群體中。早期氏族部落文化發展期為仰韶文化的半坡期（距今8000-7000年），聚落布局有規律和規劃觀念，根據某些墓葬和房屋架構，推知部落全為內聚式的布局，呈圓形向心分布，是氏族制下的家族集體所有制時代，家族有族長，氏族部落有酋長，按傳統應是以中心氏族的首領為酋長，統率全部落。聚落中不論幾個氏族，有一個權力中心，即酋長兼巫師，以協調生產、生活與宗教祭儀活動。到了聚落文化的繁榮階段，即仰韶文化廟底溝類型時期（距今6500-5500年），形成了空前龐大的部落聯盟。不僅出現了中心聚落而且形成宗邑性的大聚落，有大的中心殿堂與祭祀性的建築，甚至具有中國古代廟堂建築的雛形。考古學家推測此種聚落應該是諸多同姓的「宗族」相聚的宗邑所在，應是「宗族」出現和萌發時期。宗族是近親的聯合組織，是由家族發展、氏族蛻化而形成的，血緣關係較氏族為親密。廟底溝時代是仰韶文化之光的強輻射時代，相鄰地區之間的氏族聚落相互接觸、交往並伴隨著融合的進程，也形成了較大的文化共同體。在所有的氏族部落文化中，仰韶文化以其歷史悠久、幅員廣袤及強固的凝聚模式，而成為中華原始共同體的主體和核心，也是後來產生文明的中樞部分。此即為中原地區的仰韶文化（彩陶）

時期，時間為西元前五千至前三千年；西元前三千至前二千年是龍山文化（黑陶）時期，而傳說中的「五帝」時代基本屬於典型的龍山文化時期，此後即是三代文明的開始。

　　杜正勝將關於中國新石器時代文化的討論大抵分成三個階段：從二十世紀三〇年代開始根據彩陶與黑陶的文化樣式推論東西二元對立，經二十世紀中期前後論證「仰韶」與「龍山」一脈相承，到二十世紀末期承認各有傳統的多元存在。多元說是現階段比較有說服力的觀點，也與傳說中的史料比較吻合。[65]這其中以張光直的「相互作用圈」和蘇秉琦「區系類型學說」最為著名。[66]上述的理論模式基本上都否定了傳統史家對「中國」形成模式中的中原——漢族中心一元論。權以蘇秉琦的區系類型理論為例，他將新石器考古文化分為六大區系：以燕山南北與長城地帶為重心的北方區系，以山東為中心的東方區系，以陝西、山西南部、河南西部為中心的中原區系，以環太湖

65　中國國家的形成與孕育階段和早期，相當於考古學上的仰韶文化末期到龍山文化晚期，至於西方仰韶文化（彩陶）與東方龍山文化（黑陶）的關係，發現不久，梁思永、傅斯年、劉燿等堅持「夷夏東西」二元論看法，隨後諸家認為龍山文化承續仰韶文化並先後跟進，現在看來兩者並沒有必然的關係，而是獨立發展的多元論起源，多元說是現階段比較有說服力的觀點，也與傳說史料比較容易兜合。參見杜正勝：《古代社會與國家》，臺北，允晨文化實業公司，1992，第63-65頁。

66　張光直：《中國相互作用圈與文明的形成》，見《慶祝蘇秉琦考古五十五年論文集》編輯組編：《慶祝蘇秉琦考古五十五年論文集》，北京，文物出版社，1989，第23頁。張光直將龍山文化形成期的石器文化分成八個文化圈，見張光直：《新石器時代的臺灣海峽》，《考古》1992年第6期；該文收錄於張光直：《中國考古學論文集》，臺北，聯經出版事業公司，1995，第189-206頁。而張光直的「相互作用圈」是借取葛德偉的說法，見張光直：《中國考古學論文集》，臺北，聯經出版事業公司，1995，第132、282頁。另外著名社會學家費孝通於一九八八年提出的「中華民族的多元一體格局」的說法其實與張光直和蘇秉琦的說法遙相呼應。參見費孝通：《中華民族的多元一體格局》，見《文化的生與死》，上海，上海人民出版社，2009，第285-315頁。

地區為中心的東南區系，以環洞庭湖與四川盆地為中心的西南區系，以珠江三角洲一線為中軸的南方區系。[67]蘇秉琦認為這六大區系中的每一種，都經歷了多種文化系統互動融合的過程，而且各大區系之間也經歷了互動融合的歷程。從文化傳統、民族融合、影響社會進程的重大歷史事件諸方面考察，應當說，從舊石器時代以來，發展的重心常在北部。龍山時代是六大區系的一次重要重組。蘇秉琦把最初的「中國文化」的形成過程總結如下：

> 距今七千至五千年間，源於華山腳下的仰韶文化廟底溝類型，通過一條呈「S」形的西南──東北向通道，沿黃河、汾河和太行山山麓上溯，在山西、河北北部桑乾河上游至內蒙古河曲地帶，同源於燕山北側的大凌河的紅山文化碰撞，實現了花與龍的結合，又同河曲文化結合產生三袋足器，這一系列新文化因素在距今五千至四千年間又沿汾河南下，在晉南同來自四方（主要是東方、東南方）的其它文化再次結合，這就是陶寺。或者說，華山一個根，泰山一個根，北方一個根，三個根在晉南結合。這很像車輻聚於車轂，而不像光、熱等向四周放射。……（陶寺類型）已具備從燕山以北到長江以南廣大地域的綜合體性質。史書記載，夏代以前有堯舜禹，他們的活動中心在晉南一帶。「中國」一詞的出現也正在此時，所以稱舜即位要「之（到）中國」。後人解釋：「帝王所都曰中，故曰中

---

67 蘇秉琦：《中國文明起源新探》，瀋陽，遼寧人民出版社，2009，第29-30頁；蘇秉琦：《華人・龍的傳人・中國人──考古尋根記》，瀋陽，遼寧大學出版社，1994，第6-10、15、114-123、206、209、252頁等；蘇秉琦：《蘇秉琦考古學論述選集》，北京，文物出版社，1984，第225-234、302頁。蘇秉琦最早提出「區系類型學說」是在1975年非正式方式提出，見蘇秉琦：《中國文明起源新探》，瀋陽，遼寧人民出版社，2009，第32頁。

國」。由此可見，「中國」一詞最初指的是「晉南」一塊地方，
即「帝王所都」⋯⋯這樣，我們講晉南一帶的「中國」一詞就
把「華、龍」等都包攬到一處了。[68]

他把此一最初「中國文化」的形成過程編為四句歌訣：

華山玫瑰燕山龍（指仰韶玫瑰花圖案和紅山文化龍紋的撞
擊），
大青山下斝與甕（指仰韶文化尖底瓶和內蒙古地區三袋足器的
融合），
汾河灣旁磬和鼓（指晉南陶寺遺址融合了各大區系的文化因
素，是最初的「中國文化」），
夏商周及晉文公（指堯、舜、禹夏、商、周、春秋晉都以山西
南部為中心，此一地區是「中華民族總根系」中非常重要的
「直根系」）。[69]

蘇秉琦表示，最初「中國文化」的形成過程，是在中原區系和北
方區系之間的一個「Y 字形文化帶」（即從關中西部起，由渭河入黃
河，經汾水通過山西全境，在晉北分叉，向西與內蒙古河曲地區連
接，向東北與遼西老哈河、大凌河流域連接）中發生的。他認為此一

---

68 蘇秉琦：《中國文明起源新探》，瀋陽，遼寧人民出版社，2009，第135-137頁。相
　近的提法同見於第11、22、23、107頁。
69 此四句歌訣及「華與龍」的問題廣見於蘇秉琦各類著作，稍舉幾例：蘇秉琦：《中
　國文明起源新探》，瀋陽，遼寧人民出版社，2009，第22、23、81、107、136頁；
　蘇秉琦：《華人·龍的傳人·中國人──考古尋根記》，瀋陽，遼寧大學出版社，
　1994，第37、38、40、85、93、98、101頁等。

地帶在史前「曾是一個最活躍的民族大熔爐」。[70]換言之，最初的「中國文化」，乃是在史前中原地區與北方地區之間的一個「Y 字形文化帶」（圖8-1），經由不同文化與族群的接觸和融合而形成，而不是由中原區系的文化類型獨立演化出來。

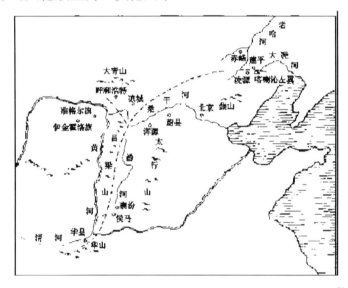

圖8-1　北方──中原文化連接示意圖（Y 字形文化帶）[71]

蘇秉琦從不同角度論述了「五帝時代」的文化成因，強調了中原地區與各地區的影響是相互的，文化面貌中你中有我，我中有你。但是蘇秉琦也特別強調在文明時期，黃河流域常常居於主導地位。至於中原文明後來居上的發展結果，近來有不少的學者都表示了他們的卓越之見。如嚴文明：

70 蘇秉琦：《中國文明起源新探》，瀋陽，遼寧人民出版社，2009，第53-54頁。

71 圖摘自蘇秉琦：《華人・龍的傳人・中國人──考古尋根記》，瀋陽，遼寧大學出版社，1994，第85頁。

> 仰韶文化……它所占有的地理位置比較適中，使它得以同很多
> 新石器文化發生這樣或那樣的關係；而它分布的主要區域，後
> 來又成了中國古代文明的發祥地。[72]

如高煒：

> 以華夏族為主體的中原地區，占有優越的地理位置和地理環
> 境，並且具有極強的開放性和凝聚力，能博採眾長，納四方之
> 精華，從而造就出蓬勃生機，並最後在西元前三千世紀後半葉
> 形成高於周鄰的中心地位，奠定了三代文明的根基。形象地
> 說，陶寺是站在仰韶、紅山、大汶口、良渚諸文化的肩膀上向
> 上攀登的，倘若沒有紅山、大汶口、良渚的成就，就難說有今
> 天看到的陶寺，也就難說有燦爛的三代文明。[73]

　　因為「地理位置比較適中」的看法，說明中原地區新石器時代的
文化是一直不斷地吸收四周文化的精神而融合為一，從而奠定了中國
古文明的基礎，這與蘇秉琦的結論基本相似，現代考古學家也基本贊
同此說。有學者從生態學的交會帶（ecotone）、邊緣效應（edge
effect）論史前中原核心文明的形成，認為中原文化區系是處在各地
文化的中心地帶，能從四面八方吸收各地優良文化因素與本身文化融
合為一，從而產生了雜種優勢文化。這種優勢首先出現於文化交匯區
（交會帶）並且漸漸推向中原核心區。如中原文化區可能從長江中游
和江浙文化區吸收水稻和玉器文化，從甘青文化區引進大麥、小麥

---

72 嚴文明：《仰韶文化研究》，北京，文物出版社，1989，第161頁。

73 高煒的發言，見《中國文明起源研討會紀要》，《考古》1992年第6期。

等。中原文化區系獨佔「雜種優勢文化」而脫穎而出，從某些方面說，紅山、大汶口、良渚文化都是逐鹿中原的光榮失敗者。

湯因比曾提出過人類文明的發展是挑戰與反應（challenge-and-response）產生的結果，所以人類最早的文明，都出現在自然條件較差的地區。[74]華夏黃河流域與長江流域歷史發展的實際情況是與這一推測略相符合。就中國北方與南方的發展軌跡來說，當時黃河流域的氣候比較乾旱寒冷，比之於南方動植物種類均較缺乏。較嚴酷的自然條件要求人們致力於生產經濟，主動地調整自己的社會組織，發展自己的文化以適應生產的需要。根據考古資料的顯示，中國史前人民締造早期農業文明，他們所擁有的只是極其簡陋的木石工具和不屈不撓的意識，新石器時代工具之簡陋，使我們緬懷先人創造文明的艱辛，體驗雙手萬能的道理。因此，我們也可以理解「精衛填海」「愚公移山」之類的神話是有現實基礎的。[75]就地表的天然生活資料而言，長江流域比黃河流域豐富，所以這地區的漁獵採集經濟也維持得較久。晚至司馬遷《史記・貨殖列傳》猶說：「楚越之地，地廣人希，飯稻羹魚，或火耕而水耨，果隋贏蛤，不待賈而足……」正是由於生活資料的易得與太充足使人不易進取，反而成為文明進步的阻力，引起了文化與社會發展的停滯，如司馬遷所說：「地埶饒食，無飢饉之患，以故呰窳偷生，無積聚而多貧。是故，江、淮以南，無凍餓之人，亦無千金之家。」（《史記・貨殖列傳》）中國農業文明的重心出現在黃河流域而不在長江流域，與長江流域地表生活資源豐富，使人不易進取，恐怕也是一大原因所在。另外華夏以仰韶農業為基礎，並建築在粟類糧食作物之上，而不是像若干熱帶地區的農業，最初是建立在芋

---

74 〔英〕阿諾德・湯因比：《歷史研究》（插圖本），劉北成、郭小凌譯，上海，上海人民出版社，2005。參見第二部分「文明的起源」，特別是第十三、十四、十五章。

75 杜正勝：《古代社會與國家》，臺北，允晨文化實業公司，1992，第121頁。

薯這類根塊植物和香蕉、麵包果這類富於澱粉的果實之上。人類史上沒有例外，唯有建築在糧食作物基礎上的農業才會產生高等文化。原因有二：其一，營養遠較根塊植物平衡完備；其二，糧食作物的播種、耕耘和收穫都需要一定的時節，遵守一定的生活規律，不得不觀察四季、氣候、日月、星辰等自然現象。世界上天文、曆法、算術、符號等發明無不由於糧食作物的耕種。[76]人類只有種植糧食定居之後，食糧來源不斷，才不必終日淒淒惶惶謀果實充饑，又時時擔心飢餓。人類只有有了物質剩餘和閒暇時間，才能產生高等的文化，社群乃擴大，而且趨於複雜，國家、城市才可能誕生。同樣，中國先民豐富多彩的新石器時代藝術、思想的創造，正是以閒暇時間為前提的。[77]

三　衣服與禮制：黃帝的「垂衣而治」

史載黃帝時代的文物「鼎盛」，如《周易·繫辭傳》曰：

> 黃帝堯舜垂衣裳而天下治……刳木為舟，剡木為楫，舟楫之利，以濟不通，致遠以利天下……服牛乘馬，引重致遠，以利天下……重門擊柝，以待暴客……斷木為杵，掘地為臼，臼杵之利，萬民以濟……弦木為弧，剡木為矢，弧矢之利，以威天下……

今天知道這些發明多在傳說的黃帝以前。仰韶文化遺址經常發現石、陶製的紡輪和骨針，說明那時已從事紡織和縫紉了。裴李崗、磁

---

76 何炳棣：《黃土與中國農業的起源》，香港，香港中文大學，1969，第122頁。
77 杜正勝：《古代社會與國家》，臺北，允晨文化實業公司，1992，第101頁。

山和半坡有石磨棒，用來加工穀物，似沒有木杵地臼原始。獨木舟也是很早就發明的，至於弓箭，人類先經過極其漫長的漁獵時代才開發農業，弓箭之作應該更早。正如杜正勝所說《周易・繫辭傳》作者羅列這些文明並不是說到黃帝時才有，而是強調這時候文物始臻完備。清人秦嘉謨輯補《世本・作篇》，屬於黃帝時代的製作有火食、文字、圖像、衣裳、服牛、乘馬等。所謂「作」應是製作，而非發明。這些文物成為文明進展的表徵，具有顯明的統治意義，《繫辭傳》曰「治」、「利」、「濟」、「威」，是很有見地的。[78]而地下的發掘材料也證實，起碼六千多年以前便已有麻布。所以黃帝的「垂衣裳而天下治，蓋取諸乾坤」，其意義應不只是裁剪衣帛、縫製衣服以遮身。對於「垂衣而治」，古有兩說：其一是說黃帝、堯、舜依照《周易》乾、坤兩卦「乾尊坤卑之義」來區別貴賤，使社會等差有序；其二是說黃帝、堯、舜無為而治，那時民風淳正，只要「垂衣而治」就可以了。葛兆光認為古人的傳說不必當真，但是這個傳說中隱含的一層意義卻很重要，就是古人相信，在象徵的符號與被象徵的事實之間，有某種神秘的聯繫使他們彼此感應，象徵就是通過這種感應，可以起到整理秩序的作用。所謂「衣裳」即上衣下裳，象徵的是男尊女卑，因為上下不同，就昭示著陽尊陰卑，這一蘊涵著等級秩序的象徵在人們的心目中被確認的心理過程，就是確認事實的天然合理性的過程。[79]《尚

---

78 杜正勝：《古代社會與國家》，臺北，允晨文化實業公司，1992，第124-125頁。另參葉適批觀象製器說，轉引自顧頡剛：《顧序》，見羅根澤編著：《古史辨》第四冊，上海，上海古籍出版社，1982，影印本，第20頁。齊思和懷疑觀象製器說，齊思和：《黃帝之製器故事》，見呂思勉、童書業編著：《古史辨》第七冊中編，上海，上海古籍出版社，1982，影印本，第387頁。

79 葛兆光：《中國思想史・七世紀前中國的知識、思想與信仰世界》第一卷，上海，復旦大學出版社，2001，第57-58頁。

書・益稷》載：「予欲觀古人之象，日、月、星辰、山、龍、華蟲、作會；宗彝、藻、火、粉、米、黼、黻、絺、繡。以五采彰施於五色，作服，汝明。」帝舜致力於要求大臣把古人所觀察到的象服顯示出來，用各種不同的物事、花紋與顏色做成衣服，把這些象徵畫在衣服上，就是對人一種暗示，暗示著秩序的存在，暗示著等級的存在。所以一般認為黃帝「垂衣而治」主要還是在規定不同形式的衣裳或服色去區分階級，以達到政治上的目的。[80]「垂衣而治」就充分體現了中國古代「貴賤之別，望而知之」[81]的政治文化內涵和等級社會的模式。《白虎通・衣裳》說：「聖人所以製衣服何？以為絺蔽形，表德勸善，別尊卑也。」中華衣冠文明從一開始就與道德、法權和政治聯繫在一起，社會各階層成員服飾的色彩、質料、紋飾、形制、佩飾等無不成為政治、法權與道德、信念的象徵。[82]傳說黃帝始作帶以束緊衣服，並以之作為不同階級的標記。《禮記・玉藻》說「凡帶必有佩玉」，玉佩是帶上的懸掛物，很可能黃帝所創的衣制就是以璜佩增飾、並用以表示階級。懸掛貴重而成組的玉佩於腰際，顯然會妨礙勞動的進行，也不利於激烈的軍事行動，是只有不事勞動、悠閒的人才用得著的服飾。《孔子家語・五帝德》載：「黃帝……與炎帝戰……克之，始垂衣裳，作為黼黻。」即強調創制不便於作戰跳躍的垂地長衣，以及表現高階級的費工刺繡，其時機就是在戰後。黃帝於戰後創衣制，於帶上懸弔玉佩增飾，以顯示其悠閒與地位的舉動，也符合那

80　許進雄：《中國古代社會：文字與人類學的透視》，北京，中國人民大學出版社，2008，第32頁。
81　〔清〕葉夢珠：《閱世編》，卷八。
82　馬福貞：《論中國古代「垂衣而治」的政治文化內涵》，《河南大學學報（社會科學版）》2006年第2期。

個時代階級已經建立的背景。[83]黃帝「垂衣裳而天下治」的問題，其實關涉中國禮樂制度的形成問題。《禮記・禮運》篇說「禮義以為紀」，作為甄別國家階段的一項要素。芸芸之眾要能分出尊卑輕重，便靠禮來運行，而其基礎則在於身分。身分無形，須藉有形的媒介才能體現，這種媒介物即習稱「禮器」。也許禮器之別於一般器物，除其物質方面的昂貴性外，更重要的是它能表現社會的價值，能標識個人的階段與角色，也就是它能作為身分的象徵。[84]個人的威儀之禮多賴衣冠裝飾以及其它排場而顯現。而在考古學家看來，證據莫過於墓葬殉葬品。從隨葬品來看由少而豐，由均平而懸殊，是一般的趨勢。半坡期的墓葬一般隨葬品甚少，質與量也相當平均。[85]但到了龍山文化時期或稍早，殉葬品之差異就不可以道里計，社會發展進程改變的跡象相當明顯。其中，大汶口晚期墓十隨葬品之精美和豐富尤為龍山時期的墓葬之冠。[86]山東諸呈子二期大型墓葬最顯著的隨葬品莫過於薄胎高柄杯，俗稱「蛋殼陶」，其火候高，製作精細，色澤烏潤，不是明器，也非日用器皿，當有特殊的目的和用途。蛋殼陶通常極少見於遺址，多在墓葬中發現，而且與豐富的隨葬品並出，顯然具有特殊身分意義，當係貴與富的象徵，大概就是後世所謂的「禮器」。[87]不過，「蛋殼陶」的盛行時間維持並不長久，新禮器就逐漸取代這種難制易碎的器皿，這就是「禮玉」文化的盛行。山西陶寺即是一個典型的例子，陶寺的大型墓葬不但隨葬品數量多，還出土龍盤、鼉鼓、特

83 許進雄：《中國古代社會：文字與人類學的透視》，北京，中國人民大學出版社，2008，第31-33頁。

84 杜正勝：《古代社會與國家》，臺北，允晨文化實業公司，1992，第732頁。

85 杜正勝：《古代社會與國家》，臺北，允晨文化實業公司，1992，第121頁。

86 杜正勝：《古代社會與國家》，臺北，允晨文化實業公司，1992，第122頁。

87 杜正勝：《古代社會與國家》，臺北，允晨文化實業公司，1992，第187-188頁。

磬、玉鉞等禮樂之器。[88]以上諸多跡象表明個人或家族財富之分化，其背後當蘊涵政治社會的身分意義。故此，中國禮樂制度的形成，則無疑是在龍山文化之中。這種財富分化與統治階級確立的時間，與上文所討論的城垣的起源時間雖略有先後，但大抵是相近的。這樣的吻合絕非偶然，當是整體社會發生巨變的不同表現，此巨變就是早期國家的誕生。

司馬遷《史記・五帝本紀》說黃帝：「生而神靈，弱而能言，幼而徇齊，長而敦敏，成而聰明。」隨之，被群民擁戴當上軒轅部落酋長；一生歷經五十三戰，打敗了榆罔，降服了炎帝，誅殺蚩尤，結束了戰爭，象徵著華夏文明的開始，後世人尊稱軒轅黃帝是「人文初祖」「文明之祖」。另外《大戴禮記・五帝德》說他：「乘龍而至四海」，盤踞在空桑之丘，神通廣大。帝舜在登上天子位之前也接受「納於大麓，烈風雷雨弗迷」的考驗。總之，在五帝身上都充滿了各種各樣的神性。至於為什麼傳統或傳說喜歡把對社會造成衝擊的卓越功績和光輝行為都單獨賦予類似「黃帝」這樣的單獨一個人？莫里斯・哈布瓦赫認為這是在宗教歷史中經常出現的典型的歷史心態：不管怎樣，如果有多個創立者，最終都會落得這些人中每一位都只了解真理的一個方面。他們只會彼此消耗，相互限制，結果就不會把異常豐富的恩寵和超自然的美德都賦予單獨一個人，從而也就不可能用一個無限超越一般人性的存在的理念去充分地啟示人們。[89]這也正符合

---

88 杜正勝：《古代社會與國家》，臺北，允晨文化實業公司，1992，第146-147、191-192頁。錢鍾書例舉後來的先秦典籍中稱「玉聲」、「玉貌」，還有稱尊汗腳為「玉趾」的，顯然還保留著當時禮節套語的。見錢鍾書：《管錐編》第一冊，北京，生活・讀書・新知三聯書店，2001，第316頁。

89 〔法〕莫里斯・哈布瓦赫：《論集體記憶》，畢然、郭金華譯，上海，上海人民出版社，2002，第187-188頁。

德國社會學家馬克斯・韋伯所說的在中國遠古的政治實體實行的是
「卡理斯瑪（Charisma）支配」。韋伯用「卡理斯瑪」的概念表示某
種人格特徵：某種人因具有這個特質而被認為是超凡的，稟賦著超自
然以及超人的，或至少是特殊的力量或品質，具有把一些人吸引在其
周圍成為追隨者、信徒的能力，後者以赤誠的態度看待這些「領袖」
人物。[90]韋伯認為在較為原始的社會，這些特質來自巫術，這正如五
帝的一些超凡的英雄壯舉。以韋伯的說法，「五帝時代」還是以一個
臣服於卡理斯瑪的支配團體，或稱之為「卡理斯瑪共同體」，以感情
性的「共同體關係」為基礎。「卡理斯瑪」完全是建立在個人的特殊
稟賦上並且其個人的才能被跟隨者和信徒承認「足堪重任」。[91]這種類
型的政治統治所依賴的權威是最高統治者的特殊魅力和超凡品質。其
合法性來自於服從者作為信徒的虔誠態度或產生於激情、困頓和希望
而致的信仰上的獻身精神。因而，它是一種最不穩固的政治統治形
態，往往隨領袖人物生命的完結而終結，或者隨最高統治者的改變而
改變。故此，韋伯說：「卡理斯瑪支配只能存在於初始階段，它無法
長久維持穩定。」[92]而改變這種情況的辦法也有多種，如選擇新的卡
理斯瑪領袖、指定繼承人、世襲性卡理斯瑪、職業性卡理斯瑪等。[93]
具體應用於說明堯舜禹「禪讓制」的具體情形，可以說「禪讓制」最
符合如下的一種辦法：由具有卡理斯瑪特質的領袖推舉繼承者，並由

---

90 〔德〕韋伯：《韋伯作品集Ⅱ・支配的類型》，康樂等譯，桂林，廣西師範大學出
　　版社，2004，第353頁。
91 〔德〕韋伯：《韋伯作品集Ⅱ・支配的類型》，康樂等譯，桂林，廣西師範大學出
　　版社，2004，第353、361頁。
92 〔德〕韋伯：《韋伯作品集Ⅱ・支配的類型》，康樂等譯，桂林，廣西師範大學出
　　版社，2004，第363頁。
93 〔德〕韋伯：《韋伯作品集Ⅱ・支配的類型》，康樂等譯，桂林，廣西師範大學出
　　版社，2004，第363-370頁。

共同體加以承認。在這種情況下，正當性容易具有「獲得的權利」的
特性，此種權利可以獲得該地位的過程而得以合法化。[94]「禪讓制」
是中國上古「大同時代」的一幅光輝的圖景，也是最為後人所傳誦的
故事。回想大同世界，國君之位大家遜讓，而今想不到還要制定法規
防範別人覬覦僭越。其實從歷史演化角度看，古代的天子生活很艱
苦，無利可圖，根本沒有人想當天子，我們從《尚書·周誥》數篇反
覆叮囑帝王修身行事的事情也可推知一二。故此，禪讓只是把手中燙
手的芋頭扔掉，也不是什麼大事，《莊子》中講述的許多古帝王遜讓
帝位的故事也許不是空穴來風的說法。當然，在現代人看來，堯舜禪
讓只是古代部落聯盟推選共主的辦法，並不如儒家所說的那般聖德。
如錢穆所說的「君位推選制」，[95]堯舜都是當時部落酋長，後來被推選
為部落聯盟的大酋長，當時大部落聯盟叫「有虞氏」，堯舜分別屬於
這個大部落中的小部落，後被相續推選為共主即是。這也比較符合韋
伯所說的那種替換「卡理斯瑪」的辦法。

　　傳統史家所稱的「五帝時代」，也被當今學者稱之為「傳說時
代」。既然是傳說時代，就蘊涵有一定的「歷史素地」，本文主要想借
用當今考古學家的一些研究材料和結論，對「五帝時代」的某些具體
的歷史時空進行「適度的歷史還原」，以便給「五帝時代」型塑一個
具體可感的文化世界。經過一番探索，我們大致得出若干結論：遠古
「神的時代」的精神危機促使了先秦「英雄時代」的文化誕生，此即
中國古史家所津津樂道的「五帝時代」。在此，也不妨把「帝系傳
說」的產生當做先秦神話傳說發展到一定歷史階段所作出的痛苦的抉
擇與轉型。在此階段，遠古神話精神的遺留仍在「五帝時代」遍地開

---

94 〔德〕韋伯：《韋伯作品集Ⅱ·支配的類型》，康樂等譯，桂林，廣西師範大學出
　　版社，2004年，第366-367頁。
95 錢穆：《國史大綱》，北京，商務印書館，1994，修訂本，第11頁。

花，「以人事神」依然是其文化主調並且綿延了很長的時間；但在此時，五帝時代的聖君賢相們也在人間大地上開始播下了「立足現世」的精神種子，開啟了政治與宗教分割而治的胎萌，也啟迪了以王權政治制御或改造巫術力量的漫漫長路。這主要表現在早期國家形態的萌芽及現實政治的演進，禮制文明的創闢與氏族血緣力量的強化與轉化等。上述精神集中表現在華夏文明起源的最初階段中，遠古文化中巫術力量的大幅度削弱，而政治生活中血緣性文明未曾隨著國家形態的萌生而逐步消滅，反而得到大幅度的強固，顯示出氏族血緣的頑強性，這在三代文明的政治生活中表現尤其明顯。「帝系神話」作為中國神話傳說的新形態接替或改造了遠古神話傳說的文化使命並反映出了華夏人在新的歷史時期的文化理念和歷史經驗。從遠古原生性神話到帝系神話的轉變是華夏歷史文化的產物與人文理性的選擇，遠古原生性神話的消亡根源於此，而帝系神話的勃興也根源於此，這是神話傳說在文化精神上的大變遷、大走向。也可以如是說，也許在從「帝系傳說」的轉化之中，華夏初民孕育著痛徹地抗爭與艱難地抉擇。但是最終，中國神話傳說又改頭換面以另一種新形式新風貌注入了新歷史與新文化的歷史長河，繼續向未來奔流而去。

第三編
禮樂制度與藝術精神

第九章
商周禮樂文化概覽

　　中華民族經過了漫長的原始社會的摸索和積累階段，大約在西元前二十一世紀進入中國歷史上的夏、商、周「三代」時期。這一時期是中華文化和中華藝術確立基調、奠定根基，也是取得階段性輝煌成就的時期，這一點尤為突出地表現在中國的禮樂文化取得的輝煌成就上。中國的禮樂文化早在原始初民社會就已萌芽，經過了夏、商二代的發展，特別是殷商時期以樂為治的發展階段，到了周代，禮樂文化已經達到了鼎盛時期。從現存的歷史典籍來看，周代是中國歷史上禮樂文化最發達、最興盛的時期，特別是西周時期，周人建立了以宗法制為依託的禮樂制度，使禮樂文化達到了鼎盛階段，為後世中華民族的禮樂文化奠定了堅實基礎。不過到了春秋戰國時期，隨著諸侯爭霸，戰爭頻仍，王室衰微，禮樂教化和禮樂制度難以繼續實行下去，於是出現了所謂「禮崩樂壞」的局面。儘管如此，禮樂文化還是在各諸侯國繼續存在著，只是到了戰國末期才逐漸衰退。不過衰退的只是禮樂文化政治、制度層面上的規範儀制，禮樂文化的內在精神卻得以長久地保存了下來，成為中華民族歷史上永遠長存的民族精神之一。所以，從狹義上說，禮樂文化是指宗周這一歷史時期的禮樂文化；從廣義上說，中華民族的文化就是禮樂文化，因為世界上沒有哪個國家能夠像中國這樣稱得上是「禮儀之邦」。周代的禮樂文化包括禮和樂兩個方面，禮是指體現在周代的政治、經濟、軍事、外交、刑法、文化教育、人倫事物等方面的各種制度和儀式；樂是配合禮的，是指以

音樂、詩歌、舞蹈三位一體的一種綜合藝術。周代的禮樂文化內容豐富多彩，思想博大精深，是中華民族文化的元文化；周代的文化藝術絢麗多姿，輝煌燦爛，是中華文化藝術的元藝術。體現於周代禮樂文化和藝術中的早期藝術精神也是中國藝術精神的元藝術精神，是中國藝術精神的濫觴。這些早期的藝術精神為中國的藝術精神和藝術發展奠定了根基和走向，具有特別重要的意義和作用。發掘出蘊涵於周代禮樂文化中的這些早期藝術精神，研究其特有的價值和意義，也就顯得尤為重要了。近些年來，隨著人們對中華傳統文化的重新認識和回歸，學界對先秦禮樂文化的研究和對中國藝術精神的研究，也形成了一股熱潮，成果頗豐。不過在對先秦禮樂文化的研究中，大多數研究者是從宗教、政治、文化、社會、倫理、哲學等角度進行研究的；在對中國藝術精神的研究中，也較少關涉先秦禮樂文化。把先秦禮樂文化限定在周代禮樂文化範圍內，並把它與中國藝術精神結合起來，進行周代禮樂文化中的中國早期藝術精神的研究，更是零星瑣碎的。目前還沒有人系統地這麼研究過，這一領域還有許多學術空白點。

　　周代禮樂文化的思想內容博大精深，蘊涵著豐富的審美藝術精神，這些審美藝術精神是典型的中國早期藝術精神，滲透或體現在周代禮樂文化的藝術本質觀、藝術創作、藝術風格、藝術表現之中。在周代，周人承續了周代以前的先民們的思維方式，主體和客體觀念在他們那裡還沒有發展到完全分離的地步，客體並沒有獨立地成為主體審美觀照的對象。周人一方面認為藝術表達思想、情感，是主體心靈的一種表現和外化，而不是對客體的再現和模仿；另一方面，他們又認為藝術成其為藝術，不只在其外在的視、聽形式，而是蘊涵著或承載著精神性的內容，和倫理、道德、政治是相通的。周人把藝術作為心靈的主觀表現，這種藝術本質觀體現在藝術創作上，就會出現創作主體情感的強烈投入，這在周初的藝術創作中尤為明顯；西周中期至

春秋中後期，禮樂文化的文化精神深深地影響著其時的藝術精神，這一時期的藝術創作體現出一種情理相濟和美善相樂的藝術精神；春秋末葉以後，周代禮樂文化賴以生存的政治文化土壤流失殆盡，出現「禮崩樂壞」的局面，情感進一步放縱和愛美風尚流行，在藝術創作上就體現出趨情至美的藝術精神。周代禮樂文化中的藝術創作上的特點影響著它的藝術風格特徵。西周初期的藝術風格表現為一種神秘、猙獰之美；西周中期至春秋中後期的藝術風格又有所改變，中和之美和素樸之美是它的典型特徵；春秋末葉至戰國末期又表現出清新絢麗之美。在藝術表現上，由於周人受到象徵性思維的影響，禮樂文化中表現出一種象徵性文化精神，這種文化精神又深深地影響著這一時期的藝術精神，周代禮樂文化中的青銅藝術、樂舞藝術都表現為一種象徵，象徵性藝術精神也是一種典型的中國早期藝術精神。周代禮樂文化中蘊涵著豐富的藝術精神，這些中國早期的藝術精神對後世的中國藝術精神的發展和文藝理論的發展及實際創作，都產生了重要影響。比如，中國的文學藝術與政治緊密地聯繫在一起，藝術政治化和政治藝術化，它的根源可以追溯到周代禮樂文化中的藝德合化的藝術觀和藝術與政治密切聯繫的現象；象徵性藝術精神對後來儒家的象徵性藝術觀的形成也產生重要的影響和作用；中國古代的文學藝術家表現為雙重人格，一方面超脫於政治、社會之外，走藝術獨立的道路。另一方面，又不得不依賴於政治、權勢，走上藝術依附的道路，究其根源，這種現象的產生與周代禮樂文化中的藝術精神及周代的藝術與政治的密切聯繫不無關係。

第一節　多元起源說
——禮樂文化的起源[1]

　　世界上每一個民族、每一個國家都有自己的禮樂文化，但是沒有哪個民族能夠像中華民族這樣崇尚禮樂。從一定意義上說，中華民族就是禮樂的民族，中華的文化就是禮樂文化。中華民族歷史上的禮樂文化源遠流長，內容豐富，思想博大精深，要想全面深刻地了解它，首先就需要弄清楚它的起源問題。考古學資料表明，禮樂文化的起源時間大致可以追溯到原始先民社會。但究竟是如何起源的，歷來說法不一。下面我們先對禮的起源做初步的探討，然後再探討樂的起源及禮樂文化的起源。關於禮的起源，比較有代表性的說法有以下幾種。

　　（一）宗教祭祀說。這種觀點認為禮起源於原始氏族社會的鬼神崇拜、巫術占卜、宗教祭祀等。首先，原始先民們對自然界和人類自身的認識極其有限和淺陋，他們的生產力水準極其低下，防範和抵禦自然災害的能力極弱，自然就會對自然力產生畏懼感和崇拜感；他們還對一些自然現象和自身的夢境不能做出合理的解釋，只好將其歸因於冥冥之中神靈的支配。他們置身於自己編織的神話世界中，認為萬事萬物都有神靈。其次，當原始先民們把自己以血緣關係為紐帶組成的氏族和家庭區別於動物群體時，他們便朦朧地認識到每個氏族成員

1　「起源」一詞本來是用來描述河流形成之初的狀態。將「起源」一詞用於描述音樂的發生，是詞語意義上的借用。所謂「起源」所描述的，就是「事物產生之前的某種相關狀態」或是「直接孕育了某一新生事物或其構成要素特徵的事物總和」。如果我們說「A 起源於 B」，則 B 事物應與 A 事物有著從形式到內容上的千絲萬縷的聯繫，B 的進一步演變，或多種 B 的有機結合即成為 A。若 A 與 B 是兩個風馬牛不相及的、性質截然不同的事物，則二者之間就不能構成所謂的「起源」關係。參見江海燕：《對「音樂起源」問題的幾點認識》，《中國音樂學》2006年第1期。我們在這裡使用「起源」一詞來描述禮樂文化的發生，也是在這個意義上使用它。

在這個氏族中的作用，因而在後人的觀念中出現對死去祖先的崇拜感。於是對天地自然的崇拜和對祖先的崇拜結合起來，就會有神鬼和祖先神靈的意志左右著活著的生人的意志，因此祈求神鬼和祖先神靈的禳災、庇祐和賜福的活動就產生了，這就是宗教祭祀，而祭祀活動總伴有一套禮儀或儀式，這就產生了禮。據此人們認為禮起源於宗教祭祀。從考古材料來看，在遼寧喀左發現的距今約五千多年前的紅山文化遺址中，就有大型的祭壇、神廟等，這些祭壇、神廟可能就是原始先民們舉行宗教祭祀的地方。這就從實物上證明了中國遠古時期就有宗教祭祀活動和相應的禮俗儀式，因此，禮樂活動很可能起源於此時。宗教祭祀活動與巫術活動常常緊密地聯繫在一起，原始先民們認識自然、征服自然的能力有限，出於對天地自然的敬畏、崇拜和占有的欲望，常舉行巫術活動，而巫術活動常常有一定的儀式，並伴隨有一定的樂舞表演，禮樂就在巫術活動中產生了。由於「宗教祭祀說」和「巫術活動說」屬於類似的禮的起源說，在此就只對「宗教祭祀說」作討論了。

禮起源於宗教祭祀，這種觀點並非今有，早在漢代就已出現，許慎的《說文解字》就是持此觀點，又經近現代學術大家王國維、劉師培、郭沫若等人的論證，在學術界影響頗大。許慎在《說文解字》示部中說：「禮，履也，所以事神致福也。從示、從豊，声亦聲。」示，《說文》曰：「示，天垂象見吉凶，所以示人也。從二、三，垂日月星也，觀乎天文以察時變，示神事也。」豊，《說文》曰：「豊，行禮之器也。從豆，象形。」可見，「豊（禮）」與事神致福密切相關。《荀子・大略》中說：「禮者，人之所履也，失所履，必顛蹶陷溺。」段玉裁《說文解字注》云：「『履，足所依也。』……又引申之訓禮。」凡所依皆曰履，履者足所依，禮者，人之所履，為人所依也，可見，「禮」對人來說是多麼的重要。不過甲骨文、金文中都沒

有「禮」字，但是有「豊」字。王國維在《觀堂集林・釋禮》中就他
所看到的卜辭中的「豊」字作了如下分析：

> 《說文》示部云：「禮，履也，所以事神致福也。從示、從
> 豊，豊亦聲。」又豊部：「豊，行禮之器也。從豆，象形。」
> 案：殷虛卜辭有豊字，其文曰：「癸未卜貞醴豊。」……豊又
> 其繁文，此諸字皆象二玉在器之形。古者行禮以玉，故《說
> 文》曰：「豊，行禮之器。」其說古矣……盛玉以奉神人之器
> 謂之曲、若豊，推之而奉神人之酒醴亦謂之醴，又推之而奉神
> 人之事通謂之禮。其初，當皆用曲若豊二字，其分化為醴、禮
> 二字，蓋稍後矣。[2]

王國維認為，「禮」字最初是指在器皿中盛放兩串玉來敬獻鬼神，後
來也指以酒醴獻祭鬼神，再後來指一切獻祭鬼神之事。他的解釋和許
慎的解釋基本一致。

　　許慎和王國維都是從字源學上推斷出「禮」最初的意思是「奉神
人之事」，這就說明了禮可能起源於宗教祭祀活動。對此，我們也能
在《禮記・禮運》中找到佐證：「夫禮之初，始諸飲食，其燔黍捭
豚，污尊而抔飲，蕢桴而土鼓，猶若可以致其敬於鬼神。及其死也，
升屋而號，告曰：『皋！某復。』然後飯腥而苴孰。故天望而地藏
也，體魄則降，知氣在上，故死者北首，生者南鄉，皆從其初。」孔
穎達《疏》云：「……諸，於也。始於飲食者，欲行吉禮，先以飲食
為本。」這就是說，禮是伴隨著「燔黍捭豚」「抔飲土鼓」等原始的
生存活動而「致其敬於鬼神」的活動。就是在人死後，也還「升屋而

2　王國維：《釋禮》，見《觀堂集林》卷六，北京，中華書局，1959，第290-291頁。

號」，希望能把他的靈魂呼喚回來，以便能使他起死回生，直到確認
這一切不能實現時，才按照習俗下葬，而後世之禮「皆從其初」。這
一切都說明「禮」最初的起源與宗教祭祀一類的活動有著密切的關
係。《大戴禮記・禮三本》中也有類似的觀點：「禮有三本：天地者，
性之本也；先祖者，類之本也；君師者，治之本也。無天地焉生？無
先祖焉出？無君師焉治？三者偏亡，無安之人。故禮，上事天，下事
地，宗事先祖而寵君師，是禮之三本也。」《荀子・禮論》中也有與
《大戴禮記・禮三本》幾乎相同的論述[3]。這裡的事天、事地、宗事
先祖當然是出於宗教心理，「事」即祭祀之意。可見，《大戴禮記》和
荀子都認為禮起源於宗教祭祀。郭沫若也持這樣的觀點，他說：「後
來的字，在金文裡面我們偶而看見有用字的，從字的結構上來說，是
在一個器皿裡面盛兩串玉具以奉事於神，《盤庚篇》裡面所說的『具
乃貝玉』，就是這個意思。大概禮之起於祀神，故其字後來從示，其
後擴展而為對人，更其後擴展而為吉、凶、軍、賓、嘉的各種儀制。
這都是時代進展的成果。」[4]人類社會大概最初只有祭禮，而祭禮產
生於宗教祭祀之中。不過隨著原始社會的發展，母系氏族、父系氏族
的產生，社會分工和交換的出現，禮的種類就會越來越多，不止一類
祭禮了。

　　（二）抑制人欲說。這種觀點認為禮起源於原始先民的主觀欲望
與客觀環境的矛盾。在原始先民生活的洪荒時代，自然條件惡劣，生
產力極其低下，人們過著群體的生活，一起勞作，一起休憩，平均分
配生活資料，共同維持著生活。但是那時的人類剛剛從動物界脫離出

3　《荀子・禮論》：「禮有三本：天地者，生之本也；先祖者，類之本也；君師者，
　　治之本也。無天地惡生？無先祖惡出？無君師惡治？三者偏亡焉，無安人。故禮
　　上事天，下事地，尊先祖而隆君師，是禮之三本也。」
4　郭沫若：《十批判書》，北京，東方出版社，1996，第96頁。

來，必然帶有動物的某些本能欲望，比如希圖對食物的全部占有，對性事的強制進行等，然而這些本能欲望在那時不可能全部實現，人們並不能隨心所欲。這就需要有一種特有的方式來節制人類的自然欲求，協調人與人之間的關係，否則人類生活就無法繼續下去。這種特有的方式就是禮。於是人類開始有男女老幼的倫理秩序；有互尊互重的社會群體意識；有互相合作的協作精神，這就是禮的產生。

荀子即持這種觀點。《荀子・禮論》說：「禮起於何也？曰：人生而有欲，欲而不得，則不能無求；求而無度量分界，則不能不爭；爭則亂，亂則窮。先王惡其亂也，故制禮義以分之，以養人之欲，給人之求，使欲必不窮乎物，物必不屈於欲，兩者相持而長，是禮之所起也。」荀子的這段話清楚地說明了，禮之所起是用來制約人的行為，禮可以調節原始先民們的主觀欲求與當時現實環境不能滿足人類的欲求之間的矛盾，從而維持著原始社會的存在和延續的平衡。因此，在那時，漸漸地生出一些人們彼此可以接受的規矩和儀節，那就是一些禮節的萌芽。不過荀子在這裡卻又把禮節的產生完全歸為先王的製作，這是不正確的，雖然先王可能在禮節的產生中起過重要的作用。《禮記・樂記》和荀子幾乎持相同的觀點：「人生而靜，天之性也。感於物而動，性之欲也。物至知知，然後好惡形焉。好惡無節於內，知誘於外，不能反躬，天理滅矣。夫物之感人無窮，而人之好惡無節，則是物至而人化物也。人化物也者，滅天理而窮人欲者也。於是有悖逆詐偽之心，有淫泆作亂之事。是故強者脅弱，眾者暴寡，知者詐愚，勇者苦怯，疾病不養，老幼孤獨不得其所，此大亂之道也。是故先王之制禮樂，人為之節。」《樂記》作者認為，人的本性原是寧靜的，但是受到外物的影響，就會產生欲求，欲求得不到節制，而又不能反躬自身，人就會被外物所化，天理就會泯滅，就會一味地對欲望進行追求，於是「悖逆詐偽之心」「淫泆作亂之事」就會出現，社

會上就會以大欺小，以眾暴寡，出現混亂的局面。這時聖人就出來制禮作樂，用禮樂來節制人欲，維持社會的平衡和穩定，禮樂就是這樣產生的。同樣，這裡也把禮樂的產生歸為先王聖人的製作，當然這是不完全正確的，對此我們姑且不論。

（三）風俗習慣說。這種觀點認為禮起源於原始氏族的風俗習慣。持這種觀點的學者主要是楊寬。他在《古史新探》中說：「『禮』的起源很早，遠在原始氏族公社中，人們已慣於把重要行動加上特殊的禮儀。原始人常以具有象徵意義的物品，連同一系列的象徵性動作，構成種種儀式，用來表達自己的感情和願望。這些禮儀，不僅長期成為社會生活的傳統習慣，而且常被用作維護社會秩序、鞏固社會組織和加強部落之間聯繫的手段。進入階級社會後，許多禮儀還被大家沿用著，其中部分禮儀往往被統治階級所利用和改變，作為鞏固統治階級內部組織和統治人民的一種手段。中國西周以後貴族所推行的『周禮』，就是屬於這樣的性質。」[5]楊寬認為，禮儀起源於原始氏族社會末期的風俗習慣，這些風俗習慣在當時人們的生活、生產中成為全體氏族成員共同遵守的規範，[6]等到階級社會和國家產生後，貴族統治階級就對其中的某些風俗習慣加以改造和發展，並逐漸形成各種禮儀，用它來維護整個統治秩序和社會穩定。楊寬還具體探討了某些禮儀的起源和形成，如鄉飲酒禮就是起源於原始氏族聚落的會食習慣，在這種會食活動中，長老者和有德者得到氏族成員的尊重和敬養，長老者享有的威信在活動中也得到顯示。鄉飲酒禮就是周族在氏族末期的這種會食風俗習慣基礎上形成的，以顯示長老者享有的威信

5　楊寬：《古史新探》，北京，中華書局，1965，第234頁。

6　鄒昌林也持此說，他認為，禮原本是人類原始時代的習俗體系，當時人們的生產、生活、習慣、信仰、經驗、知識的積累，無不混而為一地保留在這個稱為禮的文化體系中。鄒昌林：《中國禮文化》，北京，社會科學文獻出版社，2000，第18頁。

和為人所尊重。到周王朝建立後，它也就成了貴族統治階級禮治的一種方式。[7]再如，籍禮是源於氏族社會時期由族長或長老所組織的鼓勵成員們進行集體勞動的儀式，[8]大禮是源於軍事民主制時期的武裝『人民大會』，[9]冠禮是源於氏族社會的成丁禮。」[10]

　　楊寬認為禮是由原始氏族末期的風俗習慣演變而來的，他主要是就周禮來探討這一問題的。如果我們繼續追問一下，這些氏族末期的風俗習慣又為什麼會形成？它的作用又是什麼？我們就會發現，這些風俗習慣在很大程度上是用來調節人們的行為、維護原始社會的穩定和平衡的。它們之所以會形成，也是由於節制人的欲望的需要。因此，認為禮起源於原始氏族的風俗習慣，歸根到底還是可以追溯到禮起源於調節原始先民的主觀欲望與客觀環境的矛盾上來。

　　（四）禮尚往來說。這種觀點認為禮起源於原始社會的物品交易行為。《禮記・曲禮上》中說：「禮尚往來：往而不來，非禮也；來而不往，亦非禮也。」在原始社會，人們的生活資料和生產資料都非常匱乏，為了能繼續生產、生活下去，物品必須互通有無，有贈有報，有來有往，否則人們就不能生存下去，社會就不能延續發展。所以說，「禮尚往來：往而不來，非禮也；來而不往，亦非禮也。」在這種帶有商業性質的「禮尚往來」中，一些禮節也就應運而生了。楊向奎就是持這種觀點的。他說：「在生產領域內，自原始社會末到奴隸社會，封建社會都曾有過祭祀土、谷神的典禮。在交換領域內，更可以看出自奴隸社會到封建社會初期，許多人世間的禮儀交往都和原始社會的物品交易有關，在原始社會中所謂禮品交換實際是商業交易行

7　楊寬：《古史新探》，北京，中華書局，1965，第291頁。
8　楊寬：《古史新探》，北京，中華書局，1965，第231頁。
9　楊寬：《古史新探》，北京，中華書局，1965，第268頁。
10　楊寬：《古史新探》，北京，中華書局，1965，第235頁。

為；或者我們說當時的交易行為是用禮品贈與和酬報的方式進行，即
《禮記・曲禮》所謂：『禮尚往來，往而不來非禮也，來而不往亦非
禮也。』其實這也可以追溯到物品交易的對等原則。這種交換的事實
可以幫助我們理解中國古代禮儀的起源、演變和發展中的若干問題，
禮品和商品在當時只是不同時間的不同稱謂罷了。」[11]楊向奎認為，
在原始社會中，本沒有今天意義上的商品交易行為，當時的交易行為
是用禮品贈與和酬報，或是一種強迫的贈給制度，他還引用了法國莫
斯教授解釋的「potlatch」現象來說明中國古人的「禮尚往來」的含
義，並認為禮的起源可能追溯到此。楊向奎的觀點在《禮記》中可以
找到佐證。《禮記》中就有多處關於禮之往來必有「報」的論述，
「報」就是有來有往的意思。《禮記・樂記》曰：「樂也者，施也；禮
也者，報也。」《禮記・祭義》曰：「禮得其報則樂，樂得其反則安。
禮之報，樂之反，其義一也。」《禮記・中庸》曰：「體群臣則士之報
禮重，子庶民則百姓勸，來百工則財用足，柔遠人則四方歸之，懷諸
侯則天下畏之。」這些論述都是在強調有禮必有報，給予的越多，回
報的也會越多，這就是「禮尚往來」，先民們在一來二往中，也就產
生了禮。汪延也持類似的觀點。他說：「從歷史上看，『禮』發源於原
始部落社會，中外學者普遍認為，『禮』最初來自原始部落間的物質
交換，所謂『來而不往，非禮也』，正是『禮』的初義。」[12]

　　以上所述是關於禮的起源較有代表性的四種說法，此外還有其它
說法，如「禮以情起」說。《禮記・喪服四制》曰：「凡禮之大體，體
天地，法四時，則陰陽，順人情，故謂之禮。訾之者，是不知禮之所
由生也。」人們認為，原始人類從蒙昧、野蠻進入文明，慢慢地感情

11 楊向奎：《宗周社會與禮樂文明》，北京，人民出版社，1997，第2版，第244頁。
12 汪延：《先秦兩漢文化傳承述略》，西安，陝西人民教育出版社，1998，第79頁。

就會發生變化，豐富起來，最後情動於中而發於外，一些禮節就會自然產生。因此說，禮是因情而起的。再如「禮以義起」說。《禮記·禮運》說：「故禮也者，義之實也。協諸義而協，則禮雖先王未之有，可以義起也。」持這種觀點的人就認為禮是因義而起的。

上述關於禮的起源的各種說法，從各自的角度來看，都有各自的道理，但是在探討一般禮的起源時，往往又顯得理論不足。比如，從「禮」字的字源學上探討出禮起源於宗教祭祀，就有一定的問題。「禮」字取義於祭祀禮儀，只能說明「禮」字這種字體產生的當時所依據的情形，能否說在「禮」字字體產生之前，在更遠古的時代就沒有其它不同於祭祀禮儀的禮俗形式呢？這顯然是有問題的。再如，禮起源於原始氏族的風俗習慣的觀點，也是有一定問題的。因為由原始氏族社會的禮俗演變而來的禮儀，畢竟還是很小的一部分，除此之外，還有大量的其它禮儀並非由風俗習慣演變而來，對此我們又怎麼能犯以偏賅全的邏輯錯誤，籠統地說禮起源於原始氏族社會的習俗呢？這也是有問題的。總之，單說禮起源於如何如何，局限於某種狹隘的觀點，這都是有一定問題的。如今，學術界從考古學、文化人類學、民俗學、語言學、歷史學等多學科多角度考察禮的起源，發現禮的起源並不是單一的，而是多元的，禮的多元起源說已被學術界所贊同。其實，說禮的起源，我們不能武斷地說凡禮都起源於某時、某種原因。我們更應該注意到各種禮是在不同時期、不同情況下產生的，它的意義也不盡相同，有祭祀禮儀意義上的禮；有生活行為規範意義上的禮；有習俗慶典意義上的禮；等等。禮也有一個逐漸繁富，逐漸複雜的過程。夏代的禮種類較多，殷代的禮門類繁雜，而周代的禮則「郁郁乎文哉」（《論語·八佾》）了。所以清人邵懿辰說：「禮本非一時一世而成，積久服習，漸次修整而臻於大備。」[13]因此，籠統地說

---

13 〔清〕邵懿辰：《禮經通論·論孔子定禮樂》。

禮的起源如何如何，勢必要遭到較大的困難。

　　以上我們就禮的起源作了一些論述。禮的產生，也就意味著禮文化的產生，或者說一個社會群體中產生了禮，也就產生了禮文化。我們追溯禮的起源，也可以說是在追溯禮文化的起源。至於樂的產生，從時間上來說，至少不遲於禮的產生，甚至早於禮的產生。殷墟出土的甲骨文字中已有「樂」（乐）字，是一個似木架上裝有三面鼓的象形文字。許慎《說文解字》曰：「樂，五聲八音總名。象鼓。木，虡也。」「樂」這個字出現的時間很早，這從一個側面說明了「樂」在人類生活的很早時期就產生了，到了殷代它已經相當成熟，在殷代先民們的生活中起著重要的作用，所以甲骨文中就造有「樂」字[14]。那麼「樂」是如何起源的呢？歷來說法不一。就目前學界的觀點來看，大致有以下幾種：

　　（一）情感說。這種觀點認為樂起源於人的情感表達。因為在所有的高級生命中，人是最富有感情的，而人又處於豐富多彩的大自然和紛繁複雜的社會關係中，難免會被深深觸動，自然情感上要有所表達，而樂是最宜表情達意的，這樣以樂來表達情感，樂也就產生了。《禮記・樂記》說：「凡音之起，由人心生也。人心之動，物使之然也。……樂者，音之所由生也，其本在人心之感於物也。」就明確地說明了音樂是由於人心受到外物的觸動而產生，並用它來表達感情的。《呂氏春秋・音初》中記載了「四音」（東音、南音、西音、北音）產生的傳說，都說明了音樂是由於人要表達情感的需要而產生的。比如，「南音」是塗山氏之女因思念大禹而把她的情感表達出來產生的，「禹行功，見塗山之女，禹未之遇而巡省南土。塗山氏之

---

14 我們這裡所說的「樂」並不是單指「音樂」，而是指詩、歌、舞三位一體的「樂」，因為在先秦時期，詩、歌、舞是緊密聯繫在一起的，還沒有嚴格地區分開來。

女，乃令其妾，候禹於塗山之陽，女乃作歌，歌曰『候人兮猗』，實始作為南音。」荀子也肯定樂的產生是因人的感情而起，不過他是從另一個角度來說的。《荀子・樂論》說：「夫樂者，樂也，人情之所必不免也，故人不能無樂。樂則必發於聲音，形於動靜，而人之道，聲音動靜，性術之變盡是矣。故人不能不樂，樂則不能無形，形而不為道，則不能無亂。先王惡其亂也，故制《雅》《頌》之聲以道之，使其聲足以樂而不流，使其文足以辨而不諰。」和論禮的產生相類似，荀子也認為樂的產生是由於人的情感受外物的觸動，會引起惑亂，從而聖王制樂以泄導人情的結果。荀子關於聖王制樂的觀點正確與否，我們姑且不論，但他認為樂的產生與人的感情密不可分，這是有一定道理的。

（二）巫術說。又稱「宗教說」「魔法說」。這種觀點認為音樂起源於原始人的巫術宗教活動。原始人類在生產力極其低下的情況下過著群居的生活，共同勞動，共同分配勞動果實。在極為惡劣的自然環境中，為了求得生存，他們同大自然作艱苦的鬥爭。在不能戰勝大自然，也無法解釋大自然的某些現象時，他們就需要精神力量的支持並把精神力量神秘化，久而久之就演變為巫術宗教活動。原始人在舉行巫術宗教活動時，常常要取悅萬物神靈，祈求神靈的庇祐，他們認為發出動聽悅耳的聲音，做出協調的肢體動作就可以達到這一目的，因此，就盡情地酣歌漫舞，這樣樂舞藝術也就慢慢地產生了。法國考古學家雷納克、英國人類學家愛德華都持這種觀點。中國晚清學者王國維在《宋元戲曲史》中說：「歌舞之興，其始於古之巫乎？巫之興也，蓋在上古之世。」[15]也認為音樂舞蹈起源於遠古時代的巫術宗教活動。

---

15 王國維：《宋元戲曲史》，天津，百花文藝出版社，2002，第1頁。

　　（三）模仿說。這種觀點認為音樂起源於人類對大自然的模仿。大自然中有許許多多的聲響，如風怒號、雨瀟瀟、蟲鳴、鳥叫、流水叮咚等。原始人類從這些美妙的大自然的聲響中得到啟示，模仿它們，就創造了音樂。古希臘哲學家德謨克利特說：「在許多重要的事情上，我們是摹仿禽獸，作禽獸的小學生的。從蜘蛛我們學會了織布和縫補；從燕子學會了造房子；從天鵝和黃鶯等歌唱的鳥學會了唱歌。」[16]他認為藝術就是起源於人類對自然的模仿，音樂就是人類從對天鵝和黃鶯的歌聲模仿中創造出來的。其後，亞里斯多德繼承了模仿說並作了進一步闡述和發揮，自此模仿說成了西方文藝理論史上經久不衰的藝術起源說理論。

　　（四）勞動說。馬克思主義從歷史唯物主義和辯證唯物主義觀點出發，認為音樂藝術起源於人類的勞動實踐。人類在生產勞動的過程中，創造了人類自身，也創造了音樂賴以產生的一切條件。一方面，勞動使人的手變成靈巧的能夠演奏音樂的雙手，使人的咽喉變成了能夠唱出歌聲的歌喉，使人的耳朵變成能夠欣賞音樂的耳朵，使人的大腦變成了能夠進行藝術思維的大腦；另一方面，在生產勞動過程中，遠古時代的人們為了彼此協調勞動的動作，減輕勞動帶來的疲勞，鼓舞勞動的熱情，他們常常發出有節奏的勞動呼號聲，久而久之，就產生了音樂。現代民歌中的打夯歌、船夫號子、秧歌等都還可以看到音樂產生之初的影子。

　　除此之外，還有人認為音樂起源於原始人在精力剩餘時的遊戲，或起源於異性之間的求愛和人的本能等[17]，在此不再作討論。上述幾

16　〔希臘〕德謨克利特：《著作殘篇》，見伍蠡甫主編：《西方文論選》上卷，上海，上海譯文出版社，1988，第4-5頁。

17　「遊戲說」源於康德，代表人物有席勒、斯賓塞、谷魯斯。席勒在其《審美教育書簡》中認為：「藝術起源於遊戲衝動，而遊戲衝動是來源於人的過剩精力。」

種音樂起源說都各從一個側面來說明音樂的起源問題，都各有一定的道理，但也有一定的局限性。如「宗教說」就是如此。巫術宗教活動在音樂藝術的發展中起著重要的作用，但它還不是音樂藝術真正的起源，因為，巫術宗教活動並不是人類最早的活動，它是在人類歷史的一定階段上才出現的，巫術宗教活動產生時，音樂藝術可能已經產生了。總之，從人類生理、心理特點以及勞動生活對人的影響等多方面、多層次地去考察，「樂」的起源並不是單一的，而是多元的，是多種因素促成了「樂」的產生。關於這些，學界已有文章論述，在此不再贅述。

上文我們對樂的起源進行了論述，和禮的產生意味著禮文化的產生一樣，樂的產生也就意味著樂文化的產生。禮和樂的產生可能並不是同時出現的，樂的產生應該是人類歷史上很早的事情，禮相對於樂來說，大概是後起的事情。但是禮在它產生之後，就與樂聯繫在一起，禮中有樂，樂中有禮，禮樂並存。上文中為了方便起見，分別對禮和樂進行論述。實際上，禮和樂一開始時就本能自然地聯繫在一起（當然，最初的禮樂關係不可能像後來三代時期那樣聯繫緊密，禮樂的真正結合是在階級社會產生之後，是統治階級的有意為之）。那麼為什麼禮樂會聯繫和結合在一起，出現禮樂並存的現象呢？對此我們就兩個方面來討論：

第一，在原始初民社會，人們過著一種無階級壓制的詩性的生活，詩性的思維是他們主要的思維，[18]樂無論是人們寄託著情感和理想，還是起著娛悅神靈、協調勞作的作用，都是人類生活中不可缺少

「異性求愛說」是英國生物學家達爾文提出的，他認為音樂起源於鳥鳴聲，史前動物往往以鳴聲追求異性，聲音越優美就越能吸引異性，於是爭相發出動聽悅耳的聲音，原始人對其模仿求愛，就產生了音樂。

18 〔義〕維柯：《新科學》第二卷，朱光潛譯，北京，人民文學出版社，1986。

的東西，是和諧人類生活的調節劑。而那時的禮還是初級形態的禮，還沒有嚴格森嚴的等級秩序，禮和原始先民們的生活是渾融在一起的，禮也有著寄託人類情感、安頓人的靈魂的作用，甚至還可以起到傳授知識和傳遞信息的作用，人們對禮是從內心深處的認同和遵從，禮和樂一樣也是人們生活中不可缺少的調節劑，正是禮和樂具有這樣的特點，禮和樂一開始就聯繫和結合起來，不過這種聯繫和結合是自發的，不自覺的。

　　第二，到了階級社會，禮和樂開始自覺地聯繫和結合在一起，因為，在階級社會，禮和樂具有強烈的現實功用性，統治階級依靠和利用禮和樂來實行教化和統治。這時候的禮已經具有了嚴格森嚴的等級秩序，禮是作為一種對全體社會成員具有約束力和牽制力的禮法規定而存在，禮和人們的生活不再是渾融在一起的，因而人們對禮的遵從就不是從內心深處發出的。禮會使人們之間的關係出現疏離，如果「禮勝」，這種疏離就會加劇和緊張，勢必給社會造成不穩定。[19]因此就需要有一種緩解這種緊張關係的方式，樂恰好具有這種功能，它的親和力能夠解決這一問題。因此，在階級社會中禮和樂也會自覺地聯繫和結合在一起，禮樂並存，相需為用。因此，無論是原始形態的禮和樂，還是階級社會的禮和樂，都是人們社會生活中不可缺少的。禮和樂一開始就聯繫和結合在一起，只不過原始形態的禮和樂是自發地聯繫和結合在一起，而階級社會中的禮和樂是自覺地聯繫和結合在一起。有的學者從巫術祭祀的角度探討禮和樂的結合併認為：「禮儀一開始就是以帶有感官愉悅性的形式表現出來的，祭祀就是娛神、娛鬼，以求得神鬼的歡心。因此，禮與樂在它們的初始時期就結下了不

---

19 《禮記・樂記》曰：「樂者為同，禮者為異。同則相親，異則相敬。樂勝則流，禮勝則離。合情飾貌者，禮樂之事也。」即是說，樂強調過分會使人們過於隨便而不知敬，禮強調過分會造成人與人之間隔閡而不相親。

解之緣。」[20]這是很有道理的。對此我們可以從遠古時代的巫術宗教活動中得到見證。原始先民們常常舉行宗教祭祀活動，在舉行祭祀禮儀的形式時，常常伴隨著原始的歌舞，他們或敲擊著棍棒打出拍子，或應和著節奏做出各種肢體動作，或念著咒語和禱詞。他們以此方式來取悅祖先神靈和上帝鬼神，希冀得到它們的庇祐和賜福。這點也可以從《說文解字》中對「巫」字的解釋上得到佐證，「巫，祝也，女能事無形以舞降神者也，象人兩褎舞形。」巫，是古代先民們在舉行巫術活動或宗教祭祀活動時溝通人與神之間的媒靈，常為女性，巫常常伴隨著巫術儀式而起舞，以祈求神靈的降臨。所以，《說文解字》把「巫」和「舞」聯繫在一起，這是有一定道理的。巫術宗教祭祀活動的儀式中伴隨有一定的樂舞，同樣在其它的禮儀場合下，也必然有樂舞藝術的出現。因此，我們可以說，禮和樂一開始就自然地聯繫在一起，禮中有樂，樂中有禮，禮樂並存。

綜上所述，禮和樂的產生，是由多種因素促成的，禮和樂的起源應該是多元的。又由於一個社會中禮的產生意味著禮文化的產生，樂的產生意味著樂文化的產生，而禮和樂一開始時就自然地聯繫和結合在一起，因此，禮文化的產生和樂文化的產生並結合起來也就意味著禮樂文化的產生。當然，這種禮樂文化還是一種原始形態的禮樂文化，是初級形態的禮樂文化。既然禮和樂的起源是多元的，那麼禮樂文化的起源也就可以說是多元的。弄清了禮樂文化的起源問題，我們還要知道禮樂文化從產生到發展再到鼎盛，也有一個不斷演變的過程，關於這一點我們將在下一節作進一步的論述。

---

20 柳肅：《禮的精神——禮樂文化與中國政治》，長春，吉林教育出版社，1990，第7頁。

第二節　從娛神、敬鬼到重人
——先秦禮樂文化的演變

　　人類社會從原始公社制社會到奴隸制社會，再到封建制社會，其間經歷了漫長的歷史過程。在這漫長的歷史過程中，人類從自由平等的無階級社會過渡到階級社會。禮樂文化從人類社會之初就產生一直到階級社會這段時間裡，經歷了從萌芽到發展，從發展到鼎盛，又從鼎盛到衰退的變化過程；禮和樂也經歷了從無到有，從分到合，又從合到分的變化過程。而禮樂文化的這一變化過程在時間上正處於中國歷史上的遠古時期到夏、商、周三代時期，即先秦時期[21]。縱觀先秦禮樂文化的演變過程，我們可以粗略地認為，三代之前的原始社會時期是禮樂文化的發生時期；夏商時代是禮樂文化的發展時期；西周時代是禮樂文化的鼎盛時期；春秋戰國是禮樂文化的衰亡時期。先秦禮樂文化從發生、發展到鼎盛再到衰亡，其演變過程有著自己內在的規律和特點，這個規律和特點就是作為娛神敬鬼的禮樂轉變為重人娛人的禮樂，而這個轉變時期在時間上處於商周之際。因此，要想更準確、更深入地理解先秦禮樂文化特別是周代的禮樂文化，我們有必要對其特點和規律及其演變過程進行一次梳理。

一　先秦禮樂文化的發生期

　　從時間上來說，先秦禮樂文化的發生期大概處於遠古到三代之前

---

21 李澤厚在《美的歷程》中把「先秦」時期界定為「春秋戰國」時期，他說：「所謂『先秦』，一般均指春秋戰國而言。」（李澤厚：《美學三書》，合肥，安徽文藝出版社，1999，第55頁）我們這裡所說的「先秦」時期並非僅指「春秋戰國」，而是指廣義上的「先秦」時期。

的這一段歷史時期（即傳說中的三皇五帝的前後時期），這一時期的
禮樂文化我們可以稱其為原始禮樂文化。原始時代的人們生活在人類
的童年時代，他們因生產力的不發達和文明的落後，在和變化莫測的
自然現象和飛禽猛獸的鬥爭過程中，常常感到力不從心和困惑不解，
從而感到神秘和恐懼，認為冥冥之中總有某種神秘的力量在主宰著自
己的命運。於是他們就把自然萬物和自然現象人格化為神靈進行頂禮
膜拜[22]，並用音樂、舞蹈、咒語等手段來表達他們的敬畏和崇拜之
情。當這些崇拜的儀式在特定的時間，用特定的方式反覆舉行，便被
固定下來時，就成了原始先民們生活中的一種習俗和制度。《呂氏春
秋‧古樂》說：「昔葛天氏之樂，三人操牛尾投足以歌八闋：一曰
《載民》，二曰《玄鳥》，三曰《遂草木》，四曰《奮五穀》，五曰《敬
天常》，六曰《建帝功》，七曰《依地德》，八曰《總萬物之極》。」這
裡所說的「葛天氏之樂」，我們今天已無從知曉它的具體情況，但是
從所記載的文字上看，它應該是遠古時代的先民們在舉行崇拜儀式時
所表演的樂舞。從其歌頌的玄鳥、草木、五穀、天地等來看，先民們
把這些自然物都當成了神靈，企圖用崇拜儀式和歌舞表演來娛悅它
們，以祈求年成的豐收等。[23]這種現象在世界上各個民族的原始時期

---

22 恩格斯：「在遠古時代，人們還完全不知道自己身體的構造，並且受夢中景象的影
   響，於是就產生一種觀念：他們的思維和感覺不是他們身體的活動，而是一種獨
   特的、寓於這個身體之中而在人死亡時就離開身體的靈魂的活動……同由於十分
   相似的原因，通過自然力的人格化，產生了最初的神。」（《馬克思恩格斯選集》
   第4卷，北京，人民出版社，1995，第2版，第223-224頁）

23 內蒙古自治區碗口縣西北托林溝畔北山後石壁上有一幅原始社會時期的岩畫，畫面
   中間有四個連臂頓足而舞的舞者，排列整齊，飾有長長的尾飾，富有韻律感；左上
   方不遠處有一個舞者，雙手叉腰，正在跳舞，另一個舞者扮成鳥形，似乎要振臂欲
   飛。這幅畫似乎表現當時人們在巫術儀式中跳狩獵舞的情形，可以看出來，原始人
   企圖用舞蹈來娛悅神靈，以便使自己獲得好的狩獵成果。一九八四年，民俗文化學
   者在吉林省長白山區原始森林中的一個小山村裡，發現了一個完整的朝鮮原始舞蹈

都曾出現過，只有在古老的中國，它才成了後來禮樂文化的萌芽。

　　原始禮樂文化中的禮和樂結合得還不是很緊密，在大多數情況下，是只見樂，不見禮。[24]這時的禮樂還不具有等級色彩，它們是原始先民們表達理想和宣洩狂熱激情的一種方式。因此，從嚴格意義上來說，它們還不是後來那種作為等級制度和等級體系的禮樂，只是一種社會成員約定俗成的、共同遵守的、沒有等級觀念的習俗習慣。這時期的禮樂也不具有禮法的實際效用，而主要是用來娛悅神靈，達到人和神的和諧，從而祈求神靈的保祐和賜福。《尚書·舜典》中說：「帝曰：『夔！命汝典樂，教冑子，直而溫，寬而栗，剛而無虐，簡而無傲。詩言志，歌永言，聲依永，律和聲。八音克諧，無相奪倫，神人以和。』夔曰：『於！予擊石拊石，百獸率舞。』」帝舜命令樂師夔去主管音樂，並要求八類樂器奏出和諧的聲音，相互間不能亂了次序，其目的是娛悅神靈，讓神靈高興，從而使人與神和諧共樂，得到神的保祐和賜福。《呂氏春秋·古樂》中也有類似的記載：「帝顓頊生自若水，實處空桑，乃登為帝。惟天之合，正風乃行，其音若熙熙淒淒鏘鏘。帝顓頊好其音，乃令飛龍作效八風之音，命之曰《承雲》，

《手拍舞》。此舞的表演者赤身、裸腳，腰繫獸皮，肩扛獵物，走到森林邊，在樂師身旁放下獵物。樂師開始敲打樂器，發出有節奏的響聲。舞蹈者開始聳動雙肩，拍打身體跳起舞來。在打擊自己身體的過程中，穿插再現狩獵的過程，並做出種種面部表情，發出震撼人心的叫聲。和上例相比較而言，《手拍舞》的原始巫術意味減弱了，但還是可以看出，舞蹈者企圖用這種方式來祈求狩獵的豐收。（劉錫誠：《中國原始藝術》，上海，上海文藝出版社，1998，第374頁）

24 李壯鷹說：「實際上，且不要說禮、樂這兩種社會上層建築與永恆的天地精神並不沾邊，就是從發生過程來講，它們也不是同一歷史層次上的東西。『樂』產生並起作用於奴隸社會以前，而『禮』卻是封建社會的政治形式，它是伴隨著封建制的出現而產生的。」（李壯鷹：《「樂」與樂神》，見《覆瓿存稿》，天津，百花文藝出版社，1995，第10頁）這裡所說的不是一個歷史層次上的禮和樂，是就嚴格意義上的禮和樂而言，但它也從一個側面道出了原始禮樂結合不緊密的真實現象。

以祭上帝……帝堯立，乃命質為樂。質乃效山林谿谷之音以歌，乃以
麋䐗置缶而鼓之，乃拊石擊石，以象上帝玉磬之音，以致舞百獸。瞽
瞍乃拌五弦之瑟，作以為十五弦之瑟，命之曰《大章》，以祭上
帝。」從這段文字記載來看，帝顓頊命令樂師飛龍作《承雲》之樂，
並不是給自己或群臣享受，而是用其祭祀上帝，從而取悅上帝，希翼
得到上帝的保祐和恩賜。帝堯時代，帝堯命令樂師質作《大章》之
樂，和帝顓頊的用意一樣，也是用來祭祀上帝。遠古先民們認為，祭
帝祭神是為了表達對神的崇敬，而敬神最好的方式是娛神。敬神和娛
神的終極目的都是為了求治，而樂正好能夠承擔這一神學政治的重
任。所以司馬遷《史記・樂書》說：「夫上古明王舉樂者，非以娛心
自樂，快意恣欲，將欲為治也。」這就明確地說明了本是「娛心自
樂」的樂在上古時期承擔著娛神的功能和求治的目的。因此，原始時
期的禮樂文化還沒有尊卑貴賤的等級觀念和仁孝親敬的倫理觀念，它
主要是用來娛悅各種神靈，祈求神靈的保祐和賜福，從而使天下太平
大治。當然原始先民們有時也試圖通過禮樂的巫術效應來影響神靈，
改善自然。如《禮記・郊特牲》曰：「伊耆氏始為蠟。蠟也者，索
也，歲十二月，合聚萬物而索饗之也……（其蠟辭）曰：『土反其
宅，水歸其壑，昆蟲毋作，草木歸其澤。』」相傳伊耆氏是上古時代
的部落首領，在伊耆氏時代，先民們在禮饗百神的時候，希圖利用咒
語性的歌唱來影響神靈和控制自然。

對於原始禮樂文化，這裡還想說兩點：（一）無論是原始禮樂文
化中的「禮」，還是「樂」，也各自有一個發展過程，這個過程應該是
一個線性的邏輯發展過程。我們以「樂」的發展為例，原始的「樂」
在其演變過程中，先後經歷了萌發期、形成期、發展期、成熟期。在
這個過程中，原始的「樂」發生了一些重要的變化。其一，原始樂器
功能開始分化，出現樂器和禮器合二為一的現象；其二，「樂」的功

能開始分化，樂與宗教緊密聯繫，出現以樂通神、以樂娛神的觀念。這兩點變化對原始禮樂文化的形成起著重要的作用。（二）就原始禮樂文化的發展來看，在其發展過程中，還有一個現象，就是在其發展進程中，形成了多個呈動態發展的「禮」「樂」文化圈。如中原黃河流域主要形成了「樂」文化圈，東南太湖流域和東北遼河流域主要形成了「禮」文化圈。不同地區、不同性質的文化圈相互接觸、相互滲透融合，終於形成了以中原禮樂文化圈為中心的華夏原始禮樂文化。[25]

二　先秦禮樂文化的發展期

從時間上來說，先秦禮樂文化的發展期大約在夏商二代。處於發展時期的禮樂文化，比之發生期的禮樂文化來說，禮和樂開始從分離走向結合，二者的聯繫比之以前明顯地緊密了。

夏代是中國歷史上第一個奴隸制社會。「夏傳子，家天下」[26]，結束了原始社會的禪讓制和全體氏族成員之間的平等關係，以父系家長制為社會基礎的國家開始形成。夏代，階級的產生和等級觀念的出現

---

25 黃厚明：《原始禮樂文化：華夏文明形成研究的新視野》，《南通師範學院學報》2003年第2期。

26 《史記·夏本紀》：「十年，帝禹東巡狩，至於會稽而崩。以天下授益。三年之喪畢，益讓帝禹之子啟，而辟居箕山之陽。禹子啟賢，天下屬意焉。及禹崩，雖授益，益之佐禹日淺，天下未洽，故諸侯皆去益而朝啟，曰『吾君帝禹之子也』。於是啟遂即天子之位，是為夏后帝啟。夏后帝啟，禹之子……夏后帝啟崩，子帝太康立……太康崩，弟中康立，是為帝中康……中康崩，子帝相立……」這就說明從夏代開始，我國已經進入了階級社會，父死子繼的家國天下業已形成。《戰國策·燕策一》曰：「禹授益而以啟為吏，及老，而以啟為不足任天下，傳之益也。啟與支黨攻益而奪之天下。是禹名傳天下於益，其實令啟自取之。」戰國時人認為禹行禪讓制是精心設計的一個圈套，禪讓制徒具虛名，在舊傳統的範圍裡為世襲制替代禪讓制解決了關鍵問題，把「家天下」的任務留給了兒子啟去完成。（晁福林：《先秦社會形態研究》，北京，北京師範大學出版社，2003，第99頁）

使得原始意義上的「禮」、「樂」發生了嬗變，原有的建立在軍事民主制基礎上的部落聯盟被一切以王權為中心的國家形式所替代，這時的「禮」和「樂」開始以王權為中心而建立，這點可以從帝禹命皋陶作樂之事上得到見證。《呂氏春秋・古樂》曰：「禹立，勤勞天下，日夜不懈，通大川，決壅塞，鑿龍門，降通漻水以導河，疏三江五湖，注之東海，以利黔首。於是命皋陶作為《夏籥》九成，以昭其功。」帝禹治水功成之後，命令皋陶作樂舞《夏籥》九成，是以帝王的個人英雄功績為讚頌對象，作樂的目的是「以昭其功」，突出了為奴隸制王權服務的意識。《管子・輕重甲》曰：「昔者桀之時，女樂三萬人，端噪晨樂，聞於三衢，是無不服文繡衣裳者。」夏桀擁有三萬女樂，樂舞表演的規模之大，大路上都能聽到樂聲。不管這是不是史實，但夏代的禮樂開始為王權服務，這卻是事實。不過儘管夏代的禮樂文化突出了奴隸制王權意識，開始為王權和個人淫樂服務，但夏代禮樂是從原始禮樂蛻化而來，禮樂的根本性質並沒有改變，禮樂的功能主要還是用來娛悅神靈。《禮記・表記》曰：「夏道尊命，事鬼敬神而遠之，近人而忠焉，先祿而後威，先賞而後罰，親而不尊。其民之敝，蠢而愚，喬而野，樸而不文。」何謂「夏道尊命」？歷來的注解多為：夏代的治國之道是尊崇政令[27]，其實，這種解釋並不十分準確。如果從夏代人的神靈觀念來理解的話，這裡的「尊命」應當理解為「遵從神靈的旨意或遵從命運的安排」。正是因為夏人遵從神靈的旨意或命運的安排，覺得冥冥中有一種神秘的力量左右著自己，個人反抗是無效的，所以才遵從政令。「夏道尊命」是因為夏代的宗教觀念還不發

---

27 《纂圖互注禮記》注釋：「命謂四時政令，所以教民四時勤也。」（見《四部叢刊》經部）《十三經譯注・禮記譯注》注釋為：「尊上之政教。」（楊天宇：《禮記譯注》，上海，上海古籍出版社，2004，第724頁）《禮記譯解》注解為：「尊崇政令。」（王文錦：《禮記譯解》，北京，中華書局，2001，第813頁）

達，還沒有從原始巫術活動中走出來，處於原始巫術觀念的水準，其神靈觀念不是很發達，於是事鬼敬神而遠之。夏代治民的態度是「先祿」、「先賞」，人與人之間的倫理關係是「親而不尊」。[28]這說明夏代的社會矛盾、階級對立還不像後代社會那樣緊張尖銳，原始社會中那種互親互愛、講信修睦的習慣傳統還在起著作用，這時的禮樂主要不是作用於人事，而是以神事為重，禮樂主要還是用來娛悅神靈，以討得神靈的歡欣，乞得神靈的降福。

如果說夏代的禮樂可以稱之為巫術性禮樂的話，那麼殷代的禮樂則可以稱之為宗教性禮樂。殷人的宗教意識極為濃厚，整個社會意識形態都籠罩在充滿神秘氣氛的原始宗教的陰影中，原始的神學觀念在社會中佔據著絕對統治地位，神權統治是其基本特徵。殷人認為，神是至高無上的，人要受神的支配，完全聽命於神的旨意和安排。基於這樣的原始宗教思想，殷人建立了一套完備的神學政治體系。那就是殷人的一切活動都要以神為中心，其中最重要的神事活動就是祭祀典禮，祭祀鬼神成為一種制度並指導著國家所有的日常活動。[29]殷人尊神，以神為中心，還突出地表現在，殷人無論從事何事，事無大小鉅細，都要進行占卜求問於神以定決疑。這可以從有關歷史文獻和大量的殷代甲骨卜辭記錄上得到充分的證實。《尚書‧洪範》曰：「稽疑：擇建立卜筮人，乃命卜筮：曰雨，曰霽，曰蒙，曰驛，曰克，曰貞，曰悔，凡七。卜五，佔用二，衍忒，立時人作卜筮，三人占，則從二人之言。汝則有大疑，謀及乃心，謀及卿士，謀及庶人，謀及卜筮。汝則從，龜從，筮從，卿士從，庶民從，是之謂大同。身其康強，子孫其逢吉。汝則從，龜從，筮從，卿士逆，庶民逆，吉。卿士從，龜

---

28 李心峰：《中國三代藝術的歷史文化語境》，《民族藝術研究》2003年第5期。

29 王杰：《殷周至春秋時期神人關係之演進》，《中共中央黨校學報》2000年第3期。

從，筮從，汝則逆，庶民逆，吉。庶民從，龜從，筮從，汝則逆，卿
士逆，吉。汝則從，龜從，筮逆，卿士逆，庶民逆，作內吉，作外
凶。龜、筮共違於人，用靜吉，用作凶。」這段文字雖為後人對殷代
官方政治文化的追述，但大量的甲骨卜辭的出土，和它互相印證，肯
定了它的真實性。在殷代，對一件事做出最終決定，國君、卿士、庶
民、卜、筮五個方面因素中，國君、卿士、庶民的意見只起一定的參
考作用，卜、筮的結果才具有最終決定權。

殷人占卜的頻繁、占卜範圍的無所不包以及占卜在國家生活中的
重要地位是與殷人的神靈觀念的發達有著密切的關係的。在夏人的神
靈觀念裡，自然萬物都被認為是有靈的，而且是平等的，還沒有出現
等級分化，所有的神靈不分孰重孰輕地成為崇拜和祭祀的對象。這種
原始的、不發達的神靈觀念到了殷人那裡卻發生了較大的變化。從殷
人卜辭記載的占問內容、祭祀對象等來看，殷人的神靈觀念可以分為
三種：（一）天神：上帝、日、東母、西母、雲、風、雨、雪；（二）
地示：社、四方、四戈、四巫、山、川；（三）人鬼：先王、先公、
先妣、諸子、諸母、舊臣。[30]「帝」是殷人信仰和崇拜的至上神，具
有最高的權威，管理著自然並主宰著人間，其最重要的權力是管轄著
天時而影響人間年成。「帝」的出現說明殷人已經有了至上神的觀
念，而且這個「帝」也不是原始部落的部族神。上帝有帝廷，還像人
間帝王一樣發號施令。[31]這種作為至上神的「帝」在夏人神靈觀念裡
還不曾出現，卻出現在殷人的神靈觀念裡，足見殷人的神靈觀念更為

---

30 陳夢家：《殷虛卜辭綜述》，北京，中華書局，1988，第562頁。

31 張光直說：「上帝至尊神的觀念在商代已經充分發展，而商代及其子姓王朝之統治
一定在這種觀念的發展上起過很大的促進作用。商代的上帝不但是自然界的首
腦，也是人間的主宰，對水旱災害有收降的力量，影響人王禍福，並統轄一個自
然界諸神與使者所組成的帝廷。」（張光直：《中國青銅時代》，北京，生活‧讀
書‧新知三聯書店，1999，第414頁。

發達。夏人和殷人的神靈觀念還有一個重大的區別，就是在殷人的神
靈觀念裡，「人鬼」（即死去祖先化作的神靈）的觀念更為發達。夏代
以及更早的時代，先民們對生與死的認識還不甚清楚，生死觀念不發
達，「人鬼」的觀念不突出。到了殷代，殷人的生死觀發生了變化，
他們認識到先王先公生前在社會生活中起過的重大作用，死後還化為
「人鬼」，繼續護祐著生人。因此，祖先的神靈和上帝（當然也包括
其它諸神）一樣，也成為殷人崇拜和祭祀的對象。需要說明的是，在
殷人的神靈觀念裡，上帝雖主宰著人間，令風令雨，降福降禍，但生
人不能直接向他祈求，上帝也不享受人間祭祀的犧牲，溝通生人和上
帝之間的中介是祖先的神靈。去世祖先的神靈既可以上達於上帝之
廷，轉達人間對上帝的祈求，又可以下臨凡界，把上帝對生人的降福
降禍帶到人間。對此用一個簡單的圖示來表示就是：生人→人鬼→上
帝→人鬼→生人。既然人鬼在生人和上帝之間起著重要的橋梁溝通作
用，殷人就極為重視和崇拜「人鬼」，祭祀活動中的主要對象也是
「人鬼」。殷人認為，只要經常舉行祭祀活動，用犧牲、樂舞等來娛
悅人鬼，讓他們高興，人鬼就會樂意向上帝轉達生人的祈求，從而使
上帝降福於人間。《禮記・表記》說：「殷人尊神，率民以事神，先鬼
而後禮，先罰而後賞，尊而不親。其民之敝，蕩而不靜，勝而無
恥。」「殷人尊神」，就是殷人極為尊崇神靈，所以「率民以事神」。
與「夏代尊命」只尊崇天神不同，殷人除了尊崇天神外，還極為敬重
人鬼，所以「先鬼而後禮」。可見，在殷人的文化體系中，佔據著核
心地位的是鬼神祭祀觀念，[32]而作為人文之道的「禮」雖已產生，但

---

32 《呂氏春秋・順民》曰：「昔者湯克夏而正天下，天大旱五年不收，湯乃以身禱於
　桑林，……剪其髮，磨其手，以身為犧牲，用祈福於上帝。」商代最高統治者湯
　王親自禱於桑林，並以自身作為犧牲，準備為此獻身，這反映了天地鬼神在人們
　生活中佔據著多麼重要的地位。

只處於次要地位，人與人之間的倫理關係是「尊而不親」。

殷人基於這樣的鬼神祭祀觀念，殷代的禮樂文化必然表現出宗教性禮樂文化的特徵。與夏人及更早的先民們用禮樂來娛悅神靈不完全相同，殷人主要用禮樂來娛悅人鬼。這點是先秦禮樂文化演變過程中的一個顯著的變化。殷人常常舉行大規模的宗教性祭祀祖先神靈的活動，幾乎一年三百六十日每天都有。[33]在祭祀儀式上，殷人主要用樂舞來娛悅祖先神靈，使祖先神靈高興。因此，「樂」在殷代禮樂文化中佔據著主要地位，而禮只起著輔助的作用。《禮記‧郊特牲》說：「殷人尚聲，臭味未成，滌蕩其聲，樂三闋，然後出迎牲。聲音之號，所以詔告於天地之間也。」殷人崇尚借助音樂來祭祀，在殺牲之前，先奏樂而飄蕩起樂聲，待音樂演奏三段後，才出廟迎牲。演奏起音樂，是用來報告天地間的鬼神，好讓他們來享受犧牲。在舉行正式祭祀儀式中，更是樂聲飄飄，樂舞翩翩。可見，「樂」在殷人祭祀活動中起著重要作用，殷代的禮樂文化也以「樂」文化為主，禮樂的作用是娛悅神靈特別是祖先神靈。總之，在先秦禮樂文化的發展期，禮和樂初步結合，但還不是十分的密切。在禮和樂的結合中，樂佔據著主要地位，禮起著輔助作用，禮樂結合共同為娛悅神靈服務。

三　先秦禮樂文化的鼎盛期

從時間上來說，先秦禮樂文化的鼎盛期大概在西周時期。西周時期的禮和樂已經完全結合起來，而且非常緊密，禮和樂相輔相成，共同為西周的大一統的貴族政治統治服務。

---

33 據李亞農考證，殷王在一年三百六十日中幾乎無日不舉行祭祀，其中多數由殷王親自祭祀，也有不少時候讓別人代為舉行祭祀。（李亞農：《殷代社會生活》，見《欣然齋史論集》，上海，上海人民出版社，1962，第416、436-437頁）

　　殷商滅亡後，周王朝統治者面對殷商政權的頃刻間土崩瓦解，不得不心有餘悸地總結殷商滅亡的經驗教訓，他們在承襲了殷代的官方文化形態的同時，也對殷代的原始的宗教神學思想進行了改造，以適應新的統治需要。

　　小邦周為何一夜間取代了大邑商，發生了如此巨大的變化？周人需要找出一個合理的解答，為此他們提出了新的天命論思想。周人認為，「天」具有一種主持公道、明辨是非、垂青於有德之人的品格；殷人暴虐而周人積德，周人取代殷人的地位，是「天」的旨意，是正義的。這種新的天命思想已經大大區別於殷人的天命思想了，它去掉了單純的宗教迷信色彩，增加了倫理政治色彩。周人就是運用這種新的天命思想來加強其政治統治的。一方面，周族統治者面對殷商遺民，反覆宣稱自己取得政權是天意，一再強調「天命不易」、「天命不僭」[34]、「有命自天，命此文王」[35]、「昊天有成命，二後受之」[36]，肯定天命的不可動搖性和神聖性；另一方面，周族最高統治者對於周室內部，一再強調殷鑑不遠，政權獲得的不易，不斷告誡周人，「惟命不於常」[37]、「天不可信」[38]、「天命靡常」、「上天之載，無聲無臭」[39]，以引起周人珍惜來之不易的權力。周人對天命重新解釋，在對天命予以肯定的同時，更多的是對天命的懷疑和警戒，這表明周人已經開始擺脫殷人那種依賴於宗教神權來統治的思想觀念。傳統的人神關係已經被打破，人開始從依附於神的地位上升到自我存在的地位，人和人事在周人的生活中越來越受到重視。這在中國人神關係發展史

34　《尚書・大誥》。

35　《詩・大雅・文王》。

36　《詩・周頌・昊天有成命》。

37　《尚書・康誥》。

38　《尚書・君奭》。

39　《詩・大雅・文王》。

上，是一個重大的突破和轉折，具有劃時代的意義。[40]

　　西周時期，正是基於這樣的人神關係的思想認識，周人開始認識到人具有的價值和力量，在其社會生活尤其是政治生活中，開始關注人和人事，提出了一套人治的治國的策略。首先，在政治上周王朝實行了分封制，以姬姓諸侯為主，再加以姻親諸侯，試圖用血親關係來維護宗周的社會統治；其次，在意識形態領域，周朝統治者對夏、商以來的禮樂文化進行改造，使禮樂文化成為一個非常完備的體系。周代的禮樂文化以維護和鞏固宗法等級制度，區別上下貴賤等級關係為目的，以君君、臣臣、父父、子子為核心內容，並適時調整嚴格的等級制度造成的緊張關係。[41]因此，西周時期的禮樂文化已經從夏商時期用作娛悅神靈的禮樂文化轉變為作為治人治國之道的禮樂文化，這是先秦禮樂文化的又一重要演變。《禮記・表記》說：「周人尊禮尚施，事鬼敬神而遠之，近人而忠焉，其賞罰用爵列，親而不尊。其民之敝，利而巧，文而不慙，賊而蔽。」這就表明周人的文化已經由殷人的「尊神」文化轉變為「尊禮」文化，進入了新的境界。「禮」的觀念已經在文化體系中佔據著主要地位，鬼神祭祀觀念雖然還在延

---

40 王杰：《殷周至春秋時期神人關係之演進》，《中共中央黨校學報》2000年第3期。

41 這種禮是周人對宇宙萬物、自然現象中的位置次序的模仿，也是人的行為觀念的一種覺醒。《周易・序卦》說：「有天地然後有萬物，有萬物然後有男女，有男女然後有夫婦，有夫婦然後有父子，有父子然後有君臣，有君臣然後有上下，有上下然後禮義有所錯。」《禮記・喪服四制》中說：「凡禮之大體，體天地，法四時，則陰陽，順人情，故謂之禮。」《禮記・樂記》：「天高地下，萬物散殊，而禮制行矣。流而不息，合同而化，而樂興焉……故聖人作樂以應天，制禮以配地……天尊地卑，君臣定矣。卑高已陳，貴賤位矣；動靜有常，小大殊矣。方以類聚，物以群分，則性命不同矣。在天成象，在地成形，如此，則禮者天地之別也。」宇宙本身就有天然的等級秩序，人間的禮的秩序無非是宇宙秩序在人間的仿製和投射。「天尊地卑，君臣定矣」，「卑高已陳，貴賤位矣」。遵從人間的禮的秩序也就是遵從宇宙的秩序。人對禮的秩序的追究，也就成了對天命道常的追究。

續，但已經退居到幕後，成為次要的角色。所以說，「周人尊禮尚施，事鬼敬神而遠之」。統治階級的治人方式也轉變為「賞罰用爵列」，即用宗法等級秩序的禮制來統治；人與人之間的關係是「近人而忠」、「親而不尊」。需要說明的是，周人「事鬼敬神而遠之，近人而忠焉」，與夏人「事鬼敬神而遠之，近人而忠焉」，表面看來似乎完全一樣，但這絕不是一種歷史發展水準上的簡單重複，而是一種歷史的否定之否定，是周文化在更高的歷史發展水準上對夏文化的肯定。夏人遠鬼神而近人，是由於對神靈世界的無能為力和畏懼後才感覺到現實世界的親切；周人則是對神靈世界有了理性的認識後，揚棄了殷人那種占主導地位的鬼神祭祀觀念後，才更關注和重視現實世界的。因此，二者之間表面上重複，實際上是有著本質的區別。[42]總之，西周時期，周人擺脫了殷人那種宗教神權的桎梏，用理性精神來對待禮樂傳統，把禮和樂緊密結合起來形成禮樂制度，並用它來控制與親和統治階級和被統治階級以及統治階級自身內部之間的關係，使禮樂文化達到了歷史上的鼎盛時期。這是先秦禮樂文化的又一重要演變。

四　先秦禮樂文化的衰退期

從時間上來說，先秦禮樂文化的衰退期大概在春秋戰國時期。在這一時期，西周時期建立的禮樂體系遭遇到空前的破壞，禮樂制度進一步瓦解，出現了所謂的「禮崩樂壞」的局面，禮樂文化由鼎盛期走向衰退期。

當歷史進入到春秋戰國時期，中國的政治、經濟、文化發生了巨

---

42 陳來：《古代宗教與倫理──儒家思想的根源》，北京，生活・讀書・新知三聯書店，1996，第280頁。

大的變化。隨著春秋時期鐵器在農業等生產領域中廣泛使用，生產力大為提高，小農經濟得到不斷的發展，這就引起經濟關係發生深刻的變化。經濟關係的變化必然引起政治制度層面的變化以及整個社會思想觀念、意識形態、精神文化的變革。西周以來苦心營建的宗法等級政治體制和上下尊卑貴賤等級制度遭到空前的懷疑、衝擊和破壞。王權旁落，王室衰微，禮崩樂壞，諸侯崛起，戰爭頻繁，土地私有。這種大變革的社會現實促進了當時人們的理性精神進一步解放，理性能力進一步增強和對社會現實進一步認識。這時的人們已經從殷周時期的原始神學觀和天命觀中掙脫出來，開始用理性的眼光去審視社會現實，原有的天命鬼神從至高無上的人格神地位跌落下來，成為永遠的過去。

就人神關係來說，春秋時人否定了傳統的神學思想體系，開始表現出無神論的思想傾向，重視人與人事，肯定人與人事，人本主義思潮開始出現。對此我們可以從先秦歷史文獻的記載中窺見一斑。《左傳‧桓公六年》曰：「夫民，神之主也。是以聖王先成民而後致力於神。」就明確地把人的地位抬高到凌駕於神的地位之上，把顛倒了的人神關係再次顛倒過來，這簡直是「驚世駭俗」的思想言論。《左傳‧莊公三十二年》曰：「神居莘六月。虢公使祝應、宗區、史嚚享焉。神賜之土田。史嚚曰：『虢其亡乎！吾聞之，國將興，聽於民；將亡，聽於神。神，聰明正直而壹者也，依人而行。虢多涼德，其何土之能得！』」虢國的史嚚認為，統治者若聽信於人民，國家就會興旺發達，若一味地聽信於鬼神，國家就會衰亡；神是「聰明正直」的，要「依人而行」，立國要修政安民，以民為本，神才能降福於統治者。從史嚚的言論中，我們可以看到，春秋時人已經看到了人的力

量和作用，並把聽信於民作為統治階級的立國之本了。[43]可見春秋戰國時期，人的理性精神的覺醒與無神論思潮的出現，直接導致了人與神地位的重新倒置，這是人神關係的又一次重大突破。

就天命觀念來說，春秋時期也有著重大的突破。春秋時人已經不再相信天命，對一些自然現象、社會現象也不再作神秘主義的解釋，而是力求作出符合實際的解釋。《左傳‧僖公十六年》曰：「十六年，春，隕石於宋五，隕星也。六退飛過宋都，風也。周內史叔興聘於宋，宋襄公問焉，曰：『是何祥也？吉凶焉在？』對曰：『今茲魯多大喪，明年齊有亂，君將得諸侯而不終。』退而告人曰：『君失問。是陰陽之事，非吉凶所生也。吉凶由人，吾不敢逆君故也。』」宋襄公對宋國出現隕石墜落、鳥退飛的現象，感到不安，不知是凶是吉，便

---

43 春秋時期，人的地位與神的地位發生急劇的升降，並不是一蹴而就的，而是有著深刻的思想基礎。早在原始宗教氣息還很濃厚的殷商時期，人們就已經露出了對神靈懷疑的思想苗頭。《尚書‧高宗肜日》曰：「惟天監下民，典厥義。降年有永有不永，非天夭民，民中絕命。民有不若德，不聽罪，天既孚命正厥德，乃曰：『其如台。』嗚呼！王司敬民，罔非天胤，典祀無豐於昵。」這段話是說，天神監視著下界的人民，看他們是否遵循義理。下民中若有不遵循義理，又不服罪的，上天就會下令懲罰，以端正他們的德行，而下民卻有人說：「上天又能把我怎麼樣呢？」下民的這一聲細微的詰問，就已經透露出殷代後期人們開始對神靈懷疑的信息。《史記‧殷本紀》記載了「武乙射天」的歷史事件：「帝武乙無道，為偶人，謂之天神。與之博，令人為行。天神不勝，乃僇辱之。為革囊，盛血，卬而射之，命曰『射天』。」商王武乙如此大膽地做出「射天」這種時人認為大逆不道的舉動，是與他思想深處對天命的懷疑有著深刻關係的。《尚書‧微子》：「今殷民，乃攘竊神祇之犧牷牲，用以容，將食無災。」晚商時期人們敢於「攘竊」供給神享用的犧牲，可見已經失去了對神的敬畏之心了。到了西周時期，對神靈和天命的懷疑進一步加深。《尚書‧君奭》記載了周公對召公的答辭：「天不可信。我道惟寧王德延，天不庸釋於文王受命。」這裡，周公的答辭已經較清楚地表明瞭他對天命的不信任。因此，對神靈和天命的懷疑和不信任有一個發展的過程，從殷代後期的萌芽，到西周時期的進一步發展，再到春秋時期就會完全否定神靈和天命，把顛倒了的人神關係重新顛倒過來。

詢問聘於宋的周內史叔興，叔興敷衍襄公後，對別人說這是一種自然現象，哪是什麼吉凶所生。叔興的回答透露出春秋時人普遍的天命觀信息：自然界的陰陽變化與人事的吉凶禍福沒有關聯，人事的吉凶禍福要從人自身去尋找原因。這就排除了「天」對於人事的干預，也對自然現象作出了合理的解釋。可見春秋時期，天人相分觀念已經確立，這是中國古代天人觀念發展史上的一個重大突破。

正是基於這樣的社會現實和思想認識，春秋時人逐漸認識到人的力量和人的價值，隨著人的理性精神的逐步覺醒，鬼神祭祀觀念的日趨淡化，一股強勁的「民本思潮」逐漸形成，而西周以來所建立的禮樂制度正是對人的一種約束和鉗制，忽視人的價值和作用。因此，隨著王室的衰弱、諸侯的崛起，西周時代完善化、體制化的禮法秩序和禮樂制度受到衝擊和破壞，「禮崩樂壞」已成定局[44]。《左傳・莊公二十三年》曰：「秋，丹桓宮楹。」就是說，用朱紅色的漆把桓公廟塗成紅色。而據《春秋穀梁傳》，按周禮，天子諸侯之廟柱應塗成淡青黑色。可見，莊公命人用朱漆塗廟柱，顯然是非禮的舉措。如果這還不算太大的「非禮」事件，那麼「初稅畝」可不是一件小事了。《左傳・宣公十五年》曰：「初稅畝，非禮也。」初稅畝就是按照田畝徵稅，而在此之前，魯國施行井田制，有公田，也有私田，施行初稅畝就是廢除了井田制，承認私田的合法化，所以說，「非禮也」。後來魯國被大夫季孫、孟孫、叔孫三家分裂，更是一種無視周禮的舉動。魯定公五年（前505）大夫季平子還被家臣陽虎囚禁，孔子憤怒地稱這

---

44 「禮崩樂壞」一詞並不曾出現在先秦的典籍中，不過《春秋穀梁傳》序中有「禮壞樂崩」一詞，《漢書・藝文志》中也有此詞：「迄孝武世，書缺簡脫，禮壞樂崩。聖上喟然而稱曰：『朕甚閔焉！』」後來人們習慣上把西周後的春秋戰國用「禮崩樂壞」來概括，當然這並不是說禮和樂到了春秋戰國時期就完全消亡了，而是說作為制度層面的禮和樂已經遭到破壞，失去了其政治功能，但禮作為道德規範、倫理思想還繼續存在，樂作為審美的藝術也長久存在。

種現象為「陪臣執國命」[45]。魯國是西周開國功勳周公的封國，被賜予配享天子的禮樂，是保持周禮最完備的諸侯國。[46]可是春秋時期周禮在魯國都遭到了破壞，可想而知在其它諸侯國的遭遇了。到了戰國時期，晉國又出現三家分晉的事件，局勢更為混亂了，所謂「政在家門，民無所依」[47]的現象也就不足為怪了。[48]

　　以孔子為代表的儒家，繼承和發展了西周的禮樂思想，面對著「禮崩樂壞」的局面，表示出強烈的不滿。孔子說：「天下有道，則禮樂征伐自天子出；天下無道，則禮樂征伐自諸侯出。」[49]但他畢竟不是政治家，不能力挽禮樂制度大勢已去的狂瀾，只能用理性的思辨給傳統禮樂注入新的內容。為此，他提出了「克己復禮為仁」[50]的禮

---

45 《論語・季氏》。

46 《左傳・昭公二年》曰：「二年，春，晉侯使韓宣子來聘，且告為政而來見，禮也。觀書於大史氏，見《易象》與《魯春秋》，曰：『周禮盡在魯矣。吾乃今知周公之德，與周之所以王也。』公享之。」韓宣子來聘的時間是在西元前五四○年，這時魯國已經開始出現「周禮」混亂的局面，數十年後，還出現了季平子被家臣陽虎囚禁的「陪臣執國命」的現象。不過韓宣子來聘時看到的「周禮」表面上還是完備的，所以說，「周禮盡在魯矣」，這也從一個側面說明，周禮確實在魯國全面實行和非常完備。

47 《左傳・昭公三年》。

48 春秋時期，禮樂雖然遭到嚴重的破壞，但禮樂也還在一定程度上受到重視和運用。周天子和諸侯認識到禮樂在治理國家、鞏固其統治方面的重要作用，就把禮樂作為「經國家，定社稷，序人民，利後嗣」的「君之大柄」，即使那些心存僭越的諸侯，也把禮樂作為穩固自己的根基、圖謀發展的重要手段。《左傳・僖公九年》載，齊桓公會盟諸侯於葵丘，周襄王使宰孔賜胙肉，並免去齊桓公降於階下再拜稽首的「下拜」禮，而齊桓公卻說：「天威不違顏咫尺，小白余敢貪天子之命，無下拜？恐隕越於下，遺天子羞。敢不下拜？」於是「下、拜、登、受」，不顧年歲已高完成了受拜之禮。《左傳・昭公七年》記載了一則重禮學禮的事件。魯國貴族孟僖子深以自己不懂禮而羞愧和遺憾，並向他人學習，臨終前還囑咐其子向孔子學習禮，並說：「禮，人之幹也。無禮，無以立。」可見，春秋時期，禮樂文化也還在社會實踐中發揮著一定的作用。

49 《論語・季氏》。

50 《論語・顏淵》。

樂主張。「克己」就是約束自己，這是內在的心性道德要求；「復禮」就是言行符合禮制，這是外在行為的規範。約束自己的心性使自己的言行合乎禮，就是「仁」。「仁」就是禮樂的內在精神實質，「仁」就是禮樂之道，禮樂就是「仁」之器。這是孔子對禮樂作的進一步拓展，從而肯定了禮樂的精神價值。「仁」是禮樂的根本，作為人要「仁」。「人而不仁，如禮何？人而不仁，如樂何？」[51]「仁」就是仁愛之心，為君者要行仁德之政，為民者要行孝悌之情。整個社會的和諧就是要通過人的道德內省來達到。實際上，孔子是把以「仁」為核心的禮樂精神引向人的內心世界，用它來建構個人的崇高人格。這樣，就把本沒有多少支撐點的禮樂制度合情合理化了，使禮樂在倫理價值和道德規範的支持下獲得普遍的社會意義[52]，「從而也就把原來是外在的強制性的規範，改變而為主動性的內在欲求」[53]。總之，春秋戰國時期，由於人的覺醒和理性精神的進一步解放，作為治國之道的禮樂文化，在現實洪流的衝擊下，「禮崩樂壞」。但經過儒家的重新闡釋和發揚，禮樂文化卻作為道德倫理思想的學說獲得了「新生」，或者說禮樂文化「蛻脫了其政治制度外殼而變成純文化並流傳千古」[54]。

綜上所述，先秦禮樂文化從遠古時代的原始形態，到夏商時代的發展形態，再到西周時期的高級形態，直至春秋戰國時期走向衰亡，這是一個逐漸發展演變的過程。禮和樂，也有一個從無到有，從分離到結合，再從結合到分離的演變過程。就禮樂文化的性質來說，從遠古到夏代的禮樂是巫覡性禮樂，這時的禮樂文化主要是用來娛神，禮

---

51 《論語・八佾》。

52 薛藝兵：《在音樂表象的背後：薛藝兵音樂學術論文集》，上海，上海音樂學院出版社，2004，第226頁。

53 李澤厚：《美學三書》，合肥，安徽文藝出版社，1999，第56頁。

54 轟振斌：《禮樂文化與儒學藝術精神》，《江海學刊》2005年第3期。

樂的形式主要是樂舞。殷商的神靈觀念發生了變化，殷人除了繼續娛
神外，更重視敬鬼，以祈求神鬼的保祐。殷人的禮樂是宗教性禮樂，
這時的禮樂文化主要是用來娛神和娛鬼。周代的鬼神觀念發生了更大
的變化，周人把娛神敬鬼的禮樂轉變到重人重事上來了，周代的禮樂
文化也就是政教性禮樂文化。周代禮樂在娛悅臣民的禮樂儀式中達到
治理臣民、治理社會的目的。春秋戰國時期，禮樂制度賴以存在的社
會根基已經坍塌了，作為治國之道的禮樂文化也就逐漸衰亡，但是禮
樂的精神還繼續存在，並在後世發揮著重要作用。

第三節　殷人尚聲
——商代以樂為治的禮樂文化

　　歷史進入到西元前十七世紀，中國的古代社會進入到商代。
「商」本是上古時代的地名，商人的始祖契因與大禹一同治水有功，
被舜帝封於「商」，所以王國維說：「商之國號，本於地名。」[55]這在
《史記・殷本紀》中有記載：「殷契，母曰簡狄，有娀氏之女，為帝
嚳次妃。三人行浴，見玄鳥墮其卵，簡狄取吞之，因孕，生契。契長
而佐禹治水有功……封於商，賜姓子氏。」商族的歷史幾乎和夏朝的
歷史一樣長久，它早就作為方國和部落存在著，但在未建立王朝之
前，商是臣屬於夏王朝的東方的一個小方國。商族的首領還曾擔任過
夏王朝的職官，如契之孫相土就曾擔任過夏王朝的火正之官。不過在
歷史的進程中，商人不斷地開拓進取，逐步兼併了周圍的其它一些小
方國，地盤逐漸擴大，勢力逐漸增強。到商湯時期，湯王對「放而不
祀」的葛伯開徵，隨後連續征服了十一國，最後借伐昆吾之際，遂伐

---

55 王國維：《說商》，見《觀堂集林》卷十二，北京，中華書局，1959，第516頁。

夏桀，完成了滅夏的大業，建立了商王朝。商王朝在其後的五百多年
的統治中，中國的奴隸制社會由發展走向了鼎盛時期。商代的生產力
有了較大的提高，生產工具也有所改進，農業成為主要的生產部門，
這就為商代社會的穩定和發展提供了有力的保證。商王朝的統治力量
也大大加強，國家穩定，國力強盛，所轄方國數十個，王朝的統治大
權也逐漸集中在作為最高奴隸主的商王一人手中。這一切都為商王朝
的文化發展奠定了堅實的物質基礎，商代也就成為中國古代文明走向
成熟和輝煌時期的開端。

　　就商代的禮樂文化而言，在經過原始禮樂文化和夏代禮樂文化發
生、發展的基礎上，商代的禮樂文化有了更進一步的發展。這一時期
禮樂文化中的禮和樂從分離走向結合，禮和樂聯繫在一起，但還不是
十分的緊密。商代的「樂」特別發達，商代的禮樂文化也就以「樂」
文化為主，「樂」佔據著主導地位，「禮」處於輔助的地位，禮「淹
沒」在樂之中。商代的「樂」之所以發達，一方面是由於商以前就有
較發達的「樂」，商代的「樂」是在此基礎上進一步發展而成。從歷
史文獻來看，早在「三皇五帝」時期和夏代，先民們就發明了琴、
瑟、土鼓、石磬等樂器，創制了《扶犁》《雲門》《大卷》《大章》《大
夏》等樂舞；到商代，樂器的種類進一步增多，有鐘、鼓、磬、鐃、
塤、管簫、銅鈴、編鏞等，樂舞的種類也有增加，如著名的《桑林》
和《大濩》之舞就是這時期產生的。湯王即位，伐桀功成之後，就
「命伊尹作為《大濩》，歌《晨露》，修《九招》《六列》」[56]等。另一
方面，商代「樂」的發達與商人重視樂、喜愛樂密不可分。《禮記‧
郊特牲》曰：「殷人尚聲。」就是說殷（商）人崇尚音樂。在商人的
意識中，「樂」簡直成為他們賴以立族的標誌。被商人所崇拜和祭祀

---

56 《呂氏春秋‧古樂》。

的祖先神——夔，據說就是舜帝的典樂官，他教導貴族子弟學習樂
舞，使「八音克諧，無相奪倫，神人以和」[57]。夔不僅教人以樂舞，
還親自創制樂舞，《禮記·樂記》曰：「夔始制樂，以賞諸侯。」就是
為證。由此可見，商人的祖先神夔實際上就是一位教導和創制歌舞的
樂神。[58]商人重視樂，樂貫穿在商人的祭祀、朝聘、會盟、軍事、喪
葬、宴飲等活動中，這就促進了商代樂的進一步發展。《詩·商頌·
那》就描繪了商人用「樂」來祭祀商的開國君主成湯的隆重場面：

> 猗與那與，置我鞉鼓。
> 奏鼓簡簡，衎我烈祖。
> 湯孫奏假，綏我思成。
> 鞉鼓淵淵，嘒嘒管聲。
> 既和且平，依我磬聲。
> 於赫湯孫，穆穆厥聲。
> 庸鼓有斁，萬舞有奕。
> 我有嘉客，亦不夷懌。

　　這裡，各種樂器齊備，在祭祀儀式的舉行過程中，奏樂起舞，鞉
鼓咚咚，管聲嗚嗚，磬聲清脆，庸鼓洪亮，樂聲飄飄，樂舞翩翩，表
現出一片熱烈隆重的景象，足見商人對「樂」的重視和「樂」在商人
生活中的重要作用。[59]

57　《尚書·舜典》。
58　李壯鷹：《「樂」與樂神》，見《覆瓿存稿》，天津，百花文藝出版社，1995，第10頁。
59　《詩·商頌》的產生年代，歷來說法不同。一說《商頌》是殷商時期的作品，一說
　　《商頌》是周代宋國時的作品。筆者認為，《詩·商頌》的內容很可能在商代就已經
　　產生，商代後裔宋國保存了先代頌祖的樂歌，宋人再在此基礎上改寫成頌詩的。

　　商代有著比此前任何時代都要發達的「樂」，樂不但滲透在商人的日常生活中，還滲透在商代的一切政治生活中，商代的一些地名都是以樂或者樂器名來命名的。如甲骨卜辭：「王步於壴」，「壴」為地名，而「壴」即為樂器「鼓」。總之，「樂」在商代成為其政治形態，[60]「先王之為樂也，以法治也，善則行象德矣。」[61]即是說明，先王制樂的目的就是用它來作為治理人民的方法，而且「樂治」能起到很好的效果。「樂」在商人的政治生活中有著如此重要的地位和作用，在長期的實踐過程中，樂器也就慢慢地成為商王朝政權和王權的象徵，成為「不可示人」的「重器」和「神器」。商代貴族的身分、地位並不僅僅以擁有物質財富的多少來衡量，而是以擁有樂器的種類和數量的多少來作為一個重要的標誌。權力越大、身分地位越高的貴族，其擁有的樂器種類就越齊全，樂器數量就越多。商代貴族即便死後也要用樂器來陪葬，而且樂器的種類和數量的多少與墓主的身分地位的高低成正比，考古工作者從殷墟墓葬中發掘出的樂器已經證實了這一點。殷人在投誠時，也是以懷抱樂器作為見面禮或作投誠的標誌。《史記‧殷本紀》曰：「紂愈淫亂不止。微子數諫不聽，乃與太師、少師謀，遂去……殷之太師、少師乃持其祭樂器奔周。」商紂王統治後期，荒淫暴虐，眾叛親離，其樂師（太師、少師）就抱著祭樂之器去奔周，而不是帶上珍寶財富，可見樂器在商代的政治生活中的價值和意義非同尋常。[62]

　　「樂」在商代人的生活中佔據著重要的地位，其實在商以前的時代也同樣如此。在商代和商以前的時代，「樂」成為其時的政治形態，那麼為什麼會這樣呢？這主要與那一時代的先民們對人類自身和

60 李壯鷹：《古代的「樂」》，見《逸園叢錄》，濟南，齊魯書社，2005，第39-41頁。

61 《禮記‧樂記》。

62 李壯鷹：《古代的「樂」》，見《逸園叢錄》，濟南，齊魯書社，2005，第42頁。

大自然的獨特認識有著密切的關係。在商代及商以前的遠古洪荒的時
代，人類還處於童年時期，對大自然變化莫測的現象和人類自身的本
質還認識不清，認為冥冥之中總有一些神異的力量統轄或左右著自
己。因此，在和大自然進行物質交換的過程中，先民們一方面通過一
種方式來控制自然和神靈，對其施以影響，希圖實現自己的某些欲
望，實際上這是先民們在心理上實現自己現實生活中難以實現的某些
欲求，這種方式就是巫術；另一方面，先民們也希圖通過一種方式來
取悅神靈，使神靈高興，從而禳除災禍，降福於人間，這種方式就是
宗教祭祀（當然有時巫術和祭祀並不是截然分開的）。因此，在商代
及商以前的時代，舉行巫術活動和宗教祭祀活動一直是那時先民們處
理自身和大自然之間關係的主要方式和手段（這點可以從有關文獻和
甲骨卜辭得到證實，對此前文有論述），而舉行巫術活動和宗教祭祀
活動總是離不開歌樂和舞蹈。那時先民們認為，「樂」具有神奇的功
能，是他們與大自然和神靈交通的唯一方式，「聲音之號，所以詔告
於天地之間也」[63]，要想滿足或實現自己的某種願望，那就要用
「樂」來控制、命令神靈或者討好、取悅神靈。正如柴勒在《音樂四
萬年》中所說：「對原始人來說，音樂並不是一種藝術，而是一種力
量。通過音樂，世界才被創造出來。音樂是人所能獲得的唯一的一點
神賜本質，使他們能通過音樂，去規定禮儀的方式，而把自己和神聯
繫在一起，並通過音樂去控制各種神靈。」[64]這種認識是非常深刻
的。《禮記‧郊特牲》曰：「伊耆氏始為蠟……（其蠟辭）曰：土反其
宅，水歸其壑，昆蟲毋作，草木歸其澤。」這句蠟辭是先民們在舉行
蠟祭（一種祭祀）時所致的祝詞，祝詞應該是邊念邊唱出來的，並伴

63　《禮記‧郊特牲》。

64　轉引自李壯鷹：《古代的「樂」》，見《逸園叢錄》，濟南，齊魯書社，2005，第44-
　　45頁。

有音樂和舞蹈，先民們真誠地相信通過這種方式就可以向各路神靈發出命令，施以影響，就會使人間風調雨順，五穀豐收。先民們還認為，音樂具有神秘的力量，可以動天地，感鬼神，優美動聽的音樂可以使神靈降祉降福，因此，他們除了用「樂」來控制、命令神靈外，還在舉行宗教祭祀時用「樂」來娛神、樂（lè）神，使神靈高興，人神以和，神靈就會降福，人間就會風調雨順，天下太平。甲骨卜辭中就有許多用樂舞來祈雨的記錄：「舞，雨」、「舞，允從雨」、「甲午奏舞，雨」、「丁卯奏舞，屮雨」[65]，即是此事的明證。

商代先民們與大自然所處的獨特關係決定了那時還處於巫術宗教的水準上，其時的巫術、宗教祭祀氣息非常濃厚，「樂」是先民們用來控制、命令神靈或者討好、取悅神靈的唯一方式和手段。那時的「音樂在人們的眼中並不是一種藝術，而是一種神賜的力量，一種此岸與彼岸、人與神交通的橋梁，人通過樂來乞告、控制神靈，神靈也通過樂來傳達自己的意旨。」[66]實際上，「樂」不僅能交通人神，使人以和，「樂」還在現實生活中起著重要的作用，它是使現實中的人們組成社會性群體的一條強有力的紐帶，在巫術祭祀的樂聲飄飄、樂舞翩翩中，人們的社會整體感被強烈地喚起，變得關係和諧，感情融洽。商代重視「樂」，「樂」在商代的社會生活和政治生活中起著重要的作用，甚至商代「以樂為治」[67]，商代的禮樂文化也就以樂文化為主，禮文化「淹沒」在樂文化之中，但禮和樂總是相伴而存，在娛神、樂神的宗教祭祀樂舞表演中，必然伴有一定的禮儀形式，只不過這種儀式被樂舞表演的隆盛「遮蔽」和「淹沒」了。不過總體來說，

---

65 陳夢家：《殷虛卜辭綜述》，北京，中華書局，1988，第599-600頁。

66 李壯鷹：《詩歌與音樂》，見《覆瓿存稿》，天津，百花文藝出版社，1995，第38頁。

67 《史記樂書》：「夫上古明王舉樂者，非以娛心自樂，快意恣欲，將欲為治也。」也是在肯定上古時代「以樂為治」，樂具有重要的作用。

商代的巫術宗教氣息濃厚，使它的禮樂文化主要用來娛神、樂神，「率民以事神，先鬼而後禮」，它的人文之「禮」也就不發達。到了周代，人神觀和天命觀發生了巨大的改變，周人建立了宗法制，實行了分封制，「尊禮尚施」，將「禮」進一步系統化和理論化，使「禮」最終取代了「樂」在社會政治生活中的主導地位。周人以「禮」為治取代了商人以「樂」為治，「樂」的地位下降，「禮」的地位上升，原先在商代有著顯赫地位的巫祝舞師之流也淪為了樂工和史吏。商代的宗教性禮樂在周代轉變為政教性禮樂，這是中國歷史上第一次文化轉型——從樂文化轉為禮文化。[68]從此，商代那種直接用作人、神之間虛幻交流的禮樂文化在周代回到了現實人間，成為人與人之間實際交流的禮樂文化。

　　西周時期，禮樂文化經過了轉型之後，達到了鼎盛時期，禮和樂真正完全緊密地結合起來，相輔相成，相需為用，共同為西周的貴族統治服務。如果沒有商代充分發展的禮樂文化（尤其是商代的樂文化），周代的禮樂文化就很難達到鼎盛。就商代和周代禮樂文化中的藝術精神而言，隨著商代樂文化向周代禮文化的轉型，藝術精神也產生了重大的變化。商代那種處於神壇之位的禮樂文化，其樂必然發達，樂成為神的專享品，樂舞藝術中必然充滿著狂熱、幻想和神秘，商代的其它藝術也是如此；而周代的禮樂文化回到了現實人間，重視現實的人倫物理，樂也回到現實中，轉變為人的欣賞對象，樂舞藝術等也就浸透著理性和人性。商代和周代的禮樂文化不同，其蘊涵的藝術精神也有所不同，因此，我們討論周代的禮樂文化及其蘊涵的藝術精神，就不得不先了解商代的禮樂文化。

---

68 李壯鷹：《古代的「樂」》，見《逸園叢錄》，濟南，齊魯書社，2005，第47頁。

第四節　宗法制與周人制禮作樂
——周代禮樂文化的鼎盛

　　小邦周本是「大國殷」西北邊陲的一個聽命於自己的小邦國，是殷人用來對付西方戎狄侵擾的主力軍。據古本《竹書紀年》記載：「（武乙）三十四年，周王季歷來朝，武乙賜地三十里……三十五年，周王季伐西落鬼戎，俘二十翟王。」[69] 從這些記載來看，武乙時代周公季歷還曾朝見殷王並得到賞賜，並奉殷王之命去攻伐鬼方西戎。很顯然，這時周人對殷王還是俯首稱臣。但是，隨著周族自身勢力的不斷擴大，周人並不甘心永遠這樣下去。實際上，周族至太王（古公）、王季（季歷）時，已經有了較大的發展，季歷來朝，是在表面上和殷王搞好關係，暗中卻在不斷地擴大自己的實力；文王時，周族接連征服了昆夷、虞、芮、密、阮等氏族，實力大為增強，這就為武王翦商準備了內部力量。商紂王在位時期，荒淫殘暴，殺王子比干，囚禁箕子，這些倒行逆施的舉措使得舉國上下人心思散，這就為武王翦商創造了極好的外部環境。有了這樣的好時機，武王及時把握住，適時會師於商郊牧野，一場牧野之戰，周人並沒有付出多麼大的代價，就成了中原大地的領主。

　　周人一舉滅掉了殷商，建立了周王朝。殷周一夜之間就發生鼎革之變，使得周人不得不思考殷人失國、周人得國的原因所在。他們強烈地意識到發生如此巨變，就是因為殷人過分地依賴於「事神致福」，忽視人事，從而失去民心，結果反而得不到天神的青睞而造成的。在這場歷史巨變中，周人看到了民心嚮背和統治階級個人素質在殷周換代中的重大作用，殷人過分地依賴於上帝祖先鬼神的賜福，是

69　方詩銘、王修齡：《古本竹書紀年輯證》，上海，上海古籍出版社，1981，第33頁。

難以持續立國的，人為的因素更為重要。因此，周人用天命觀替代了
殷人的上帝觀，用「天」替代了「帝」。他們塑造出冥冥之中主宰著、
關心著人間下民生活的「天」。「天」總是選派那些有德行的人作為自
己在人世間的代理。周王就是因為有德行、有善心才得到「天」的恩
賜，而商王則失去了人心，眾叛親離，也就失去了「天」的庇祐，從
而失去了君王的寶座。周人用天命觀替代了殷人的上帝觀，看起來似
乎沒有什麼不同，但實際上卻發生了質的變化。在商王眼中，自己是
主宰宇宙的上帝鬼神的後裔，只要用歌舞、犧牲去取悅上帝鬼神，對
他們頂禮膜拜就會永遠得到他們的護祐。而周人卻認為，天是有理性
和判斷力的神明，它只垂青於人間那些有德行、有善心的人。天既然
對人無所偏袒，只護祐有德之人，那就要努力修行自己的德行，尤其
是君王更要積善積德，得到子民的擁護，才能永坐君王寶座。

　　周族原本的社會結構是以家族公社制為組織形式，在這種社會組
織中，父權佔據著絕對的統治地位，父系家長、族長支配著家內、族
內的其它成員。面對著剛剛建立起來的新政權，如何加強王權、政權
統治成了周族統治者的首要大事。他們以殷亡為鑑，在原有的父權制
家族公社的組織形式上進行變革，通過大舉分封，建立了一個以血緣
關係為紐帶的完備的宗法政治體系，以便「屏藩周室」，維護周天子
的統治。這種宗法政治體系是把一整套家族關係體系搬到國家政治體
系中來，它和殷代以血緣關係組織的政權形式有著質的區別。王國維
考察了殷、周制度後，一語道破天機，他說：「中國政治與文化之變
革，莫劇於殷、周之際……欲觀周之所以定天下，必自其制度始矣。
周人制度之大異於商者，一曰立子立嫡之制，由是而生宗法及喪服之
制，並由是而有封建子弟之制、君天子臣諸侯之制；二曰廟數之制；
三曰同姓不婚之制。此數者，皆周之所以綱紀天下。其旨則在納上下
於道德，而合天子、諸侯、卿、大夫、士、庶民以成一道德之團體，

周公製作之本意，實在於此。」[70]王氏所說的三點中，最重要的一點是周人實行嫡長子繼承制和餘子分封制。周天子承受著「天」的旨意，是為正宗，其嫡長子是王位的繼承者，嫡長子所生的嫡長子也是王位的繼承者，這樣代代相承，是為大宗。嫡長子稱為宗子或宗主，其它嫡子、庶子、家族成員和姻親按照親疏關係被分封到王畿以外的各地，並賜予土地和子民，成為諸侯，是為小宗。諸侯在自己的領地內又成為該諸侯國的大宗，實行嫡長子繼承制和餘子分封制，形同天子的繼承制和分封制，諸侯之下為大夫、士，也如法炮製。這樣周王朝就把天下所有人都置於一張宗法關係的巨網之中。周天子既是周王朝的君主，又是周族的最高的宗主、最大的家長。這樣周天子只需牢牢地控制住這張網，就能永遠穩坐天子的寶座。

那麼周天子如何才能牢牢地控制住這張網呢？一是如上文所述的在上層建築的政治層面上實行宗法制；二是在意識形態領域內強調尊祖敬宗的宗法觀念，維護好親疏遠近、上下尊卑、長幼有序、男女有別的倫理等級體系，即用禮樂制度來建立和維持社會秩序，維護貴族階級統治，這是周族統治者一項絕妙的發明。為此，周族統治者對夏、殷的禮樂加以損益，改變了殷人「事神致福」的宗教性禮樂儀式，由「事神致福」轉變為「事鬼敬神而遠之」，把鬼神「恭恭敬敬」地擺放在人的生活之外，強調禮樂節制在社會生活中的調節作用。這樣周人制禮作樂，建立了宗法制和禮樂制度，禮樂制度成了社會生活的主宰。[71]禮樂制度由各種典禮儀式構成，在長期的制度化、

---

70 王國維：《殷周制度論》，見《觀堂集林》卷十，上海，上海古籍出版社，1959，
　　第451-454頁。

71 這裡需要說明的是，禮樂文化和禮樂制度有一定的區別和聯繫。就禮樂文化來說，
　　它是人類群體在社會實踐活動中創造的，禮是指訴諸理智的行為規範，樂是在行為
　　規範基礎上的感情調適。禮樂文化的產生應該是很早的，在遠古時代就有原始禮樂
　　文化了，那時的禮和樂結合得還不是很緊密，但是只要有禮和樂的產生，就可以說

經常化的舉行中，就形成了嚴格意義上的禮樂文化。自此，宗教性的
禮樂文化讓位於政教性的禮樂文化，禮樂文化由神壇走向了現實人
間，達到了最鼎盛時期。

　　關於周人制禮作樂，中國古代就有「周公制禮作樂」的傳說，認
為周初的禮樂都是由周公制定而成的。如《左傳·文公十八年》記載
魯國季文子派太史克回答魯宣公的話：「先大夫臧文仲教行父事君之
禮……先君周公制周禮。」這是文獻中關於周公制禮傳說的最早記
載，它出自春秋時魯國的世家子季文子之口，而魯國又為周公後人的
封地，說此話的時間離西周也不遠，因此較為可信。伏勝的《尚書大
傳》中也有記載：「周公攝政，一年救亂，二年克殷，三年踐奄，四
年建侯衛，五年營成周，六年制禮作樂，七年致政成王。」[72]《逸周
書·明堂解》記載更為詳細：「大維商紂暴虐，脯鬼侯以享諸侯，天
下患之。四海兆民欣戴文武，是以周公相武王以伐紂，夷定天下。既
克紂六年而武王崩，成王嗣，幼弱，未能踐天子之位。周公攝政君天
下，弭亂六年而天下大治。乃會方國諸侯於宗周，大朝諸侯明堂之
位……明堂，明諸侯之尊卑也，故周公建焉，而明諸侯於明堂之位。
制禮作樂，頒度、量，而天下大服，萬國各致其方賄。七年，致政成
王。」這一記載與《禮記》中的記載極為相似，可以互證。《禮記·
明堂位》曰：「昔殷紂亂天下，脯鬼侯以饗諸侯，是以周公相武王以

禮樂文化產生了，不過嚴格意義上的禮樂文化卻是指周代的禮樂制度形成後的禮樂
文化。禮樂文化在周代達到鼎盛以後，逐漸衰退，但作為一種純文化現象卻流傳千
古。禮樂制度相對於禮樂文化來說，是後起的事，它是周人在因襲、損益夏商禮樂
制基礎上，建立的周王朝的禮樂制度。在禮樂制度中，禮是政治概念的典章制度，
樂是政治活動的「音響」和形象的外殼，其基本精神是「尊尊」「親親」，在區別尊
卑貴賤等級差別的前提下納天下於大一統，以便使建立在「封建」宗法制基礎上的
周王朝能夠長治久安。禮樂制度既然是維護宗法等級制度，也就會隨著「封建」社
會的崩潰而消亡。

72　（漢）伏勝：《尚書大傳》卷二。

伐紂。武王崩，成王幼弱，周公踐天子之位，以治天下。六年，朝諸侯於明堂，制禮作樂，頒度、量，而天下大服。七年，致政於成王。」周公制禮作樂的傳說也出現在漢代司馬遷的《史記・周本紀》中，「周公行政七年，成王長，周公反政成王，北面就群臣之位……召公為保，周公為師，東伐淮夷，殘奄，遷其君薄姑。成王自奄歸，在宗周，作《多方》。既絀殷命，襲淮夷，歸在豐，作《周官》。興正禮樂，度制於是改，而民和睦，頌聲興。」如果從這些有典有籍的記載來看，周公制禮作樂似成定論。周公是西周初期最大的開國元勳，曾經親自參加過武王伐紂的偉大鬥爭，親眼目睹了殷王朝覆滅的全過程。他作為周初最高的行政長官和政治家、思想家，能不思考殷亡周盛的原因嗎？有鑒於殷亡於「失德」的教訓，周公必然會提出一套「德政」的政治綱領，而要保證「德政」的順利實行，還要有一套系統的行為規範準則，而這二者都可統稱為「禮」。因此，我們可以斷定周公在西周初年的建國過程中，參加過一些國家政治制度、社會秩序、禮儀規範的制定，這是沒有問題的。但要說周公在周初就制定出系統周詳的「周禮」來，則是值得懷疑的。因此，上引的材料也只能說明，周公為周代的禮樂文化作出了大的構想和方向，制定了一些粗略的條文，而周代禮樂文化的細部必然是後代執政者、史官和師儒等在西周乃至春秋數百年間逐漸累積而成的，最後才以體系完備的形式出現。

一　周代禮和樂的內容與類型

（一）禮和樂的內容

夏、商時代已有較發達的禮樂文化，尤其是商代重視樂，樂相當

發達，這點可以從有關文獻和大量出土的殷商時期的樂器得到證實。
與周代的禮樂文化相比較，夏、商的禮樂文化具有濃厚的巫術、宗教
祭祀的氣息，而周代的禮樂文化則更重視人治。《禮記‧表記》中有
一段話可以清楚地說明三代禮樂文化之間的區別：

> 子曰：「夏道尊命，事鬼敬神而遠之，近人而忠焉，先祿而後
> 威，先賞而後罰，親而不尊。其民之敝，惷而愚，喬而野，樸
> 而不文。殷人尊神，率民以事神，先鬼而後禮，先罰而後賞，
> 尊而不親。其民之敝，蕩而不靜，勝而無恥。周人尊禮尚施，
> 事鬼敬神而遠之，近人而忠焉，其賞罰用爵列，親而不尊。其
> 民之敝，利而巧，文而不漸，賊而蔽。」

《禮記‧表記》中把三代文化區分為「夏道尊命」「殷人尊神」
「周人尊禮」三種不同的文化模式。夏人（以及更古的人類）「尊
命」，就是尊占卜之命、巫覡之行。[73]那時的先民們無法理解大自然中
變化莫測的現象和人類自身，從而產生畏懼感和神秘感，認為在他們
周圍的一切事物中都存在著能夠主宰人類生活命運的神靈，因此「事
鬼敬神而遠之」，「近人而忠焉」。殷人「尊神」，就是尊重鬼神。他們
「先鬼而後禮」，說明鬼神在殷人的生活中比人禮佔據著更重要的位
置。周人「尊禮」，說明周人懂得禮在社會生活中的重要作用，他們
不再把希望寄託在鬼神身上，而是寄希望於人禮，不過仍保留著對鬼
神的祭祀，卻「事鬼敬神而遠之」。
　　從上述三代禮樂文化的異同中，我們可以清楚地看到周代禮樂文

---

73 陳來：《古代宗教與倫理——儒家思想的根源》，北京，生活‧讀書‧新知三聯書
　　店，2009，第280頁。

化不再以宗教性的內容為主，而是轉向了人際關係的一面。對此我們也可以從《禮記》和《儀禮》二者所載的內容上得到見證。《禮記》中對三代或四代（虞、夏、商、周）的禮樂進行追述，其中大部分內容都與宗教祭祀有關，而關於人際關係的禮儀規範卻較少；而《儀禮》中記載的內容主要是周代的人際禮儀規範，這些禮儀規範在周代以前的禮樂文化中很難見到。這些都說明周代的禮樂文化已經發生了巨大的變化，大大不同於夏商以及更早時期的禮樂文化了。當然，這並不否認周代的禮樂文化有一部分來源於周以前的禮樂文化及其生活習俗。

既然周代禮樂文化把原本事鬼神的禮樂文化擴展到事人倫，把禮樂文化從虛幻的神鬼世界帶到現實的人際關係之中，其禮和樂的內容必然發生深刻的變化。

下面我們先來討論周代禮樂文化中的禮。《禮記・大傳》說：「聖人南面而治天下，必自人道始矣。立權度量，考文章，改正朔，易服色，殊徽號，異器械，別衣服，此其所得與民變革者也。其不可得變革者則有矣：親親也，尊尊也，長長也，男女有別，此其不可得與民變革者也。」從這段話中，我們可以清楚地看到，「親親」和「尊尊」，就是周禮的基本內容。[74]「親親」，就是親其所親，反映社會的家族血緣關係，即以自身為起點，上至高祖，下至曾孫，合為九代的親屬關係，以嫡長子為中心，親其所親，尊其所尊，由此發展為宗法制、分封制和繼承制；[75]「尊尊」，就是尊其所尊，反映社會的政治關係，即是說在政治關係方面要強調高下尊卑的等級秩序和規定。「親親」也好，「尊尊」也好，都貫徹著嚴格的等級秩序，同時「親親」

---

74 《禮記・喪服小記》中也說：「親親，尊尊，長長，男女之有別，人道之大者也。」
75 汪延：《先秦兩漢文化傳承述略》，西安，陝西人民教育出版社，1998，第80頁。

的血緣關係還要服從於「尊尊」的政治關係。這就是周人的禮。「親親」和「尊尊」的要求是周代禮樂不同於夏商禮樂的一個顯著之點。[76]所以王國維說：「嫡庶者，尊尊之統也，由是而有宗法，有服術。其效及於政治者，則為天位之前定、同姓諸侯之封建、天子之尊嚴。然周之制度，亦有用親親之統者，則祭法是已……商人繼統之法，不合尊尊之義，其祭法又無遠邇尊卑之分，則於親親、尊尊二義，皆無當也。」[77]又說：「然尊尊、親親、賢賢，此三者治天下之通義也。周人以尊尊、親親二義，上治祖禰，下治子孫，旁治昆弟，而以賢賢之義治官。故天子、諸侯世，而天子、諸侯之卿、大夫、士皆不世。」[78]王國維對殷周的禮樂考察之深入，道出了二者之間的本質區別，確實抓住了周代禮樂的本質所在。

　　周代禮樂文化中的「樂」是指以音樂、詩歌、舞蹈三位一體的綜合藝術。《禮記·樂記》說：「樂者，德之華也。金石絲竹，樂之器也。詩言其志也，歌詠其聲也，舞動其容也，三者本於心，然後樂器從之。」就是在強調詩、歌、舞的緊密聯繫，三者都是樂的表現。所以，「古代所謂『樂』是指樂曲、舞蹈和歌詞三者的統一整體而言。」[79]樂和禮相配合，培養人的內在感情，使人得以自律，以實現由禮的他律所要達到的效果。或者我們說，樂通過藝術化的形式使嚴

76　《淮南子·齊俗訓》曰：「昔太公望、周公旦受封而相見，太公問周公曰：『何以治魯？』周公曰：『尊尊親親。』太公曰：『魯從此弱矣！』周公問太公曰：『何以治齊？』太公曰：『舉賢而上功。』周公曰：『後世必有劫殺之君！』」這個記載未必是史實，但卻從一個側面說明了周代宗法社會和禮樂文化的核心內容是「尊尊、親親」。

77　王國維：《殷周制度論》，見《觀堂集林》卷十，上海，上海古籍出版社，1959，第467-468頁。

78　王國維：《殷周制度論》，見《觀堂集林》卷十，上海，上海古籍出版社，1959，第472頁。

79　陰法魯：《詩經中的舞蹈形象》，《舞蹈論叢》1982年第4期。

蕭性的禮在潛移默化中為人們所接受。《禮記・樂記》說：「樂在宗廟
之中，君臣上下同聽之，則莫不和敬；在族長鄉里之中，長幼同聽
之，則莫不和順……所以合和父子、君臣，附親萬民也。」這正說明
樂的重要性。周代的禮和樂緊密結合，其目的就是為貴族階級的統治
服務。

　　周代的樂主要指宮廷雅樂，它有嚴格的規定和體制。第一，從樂
器（鐘、磬）懸掛的方式來看，天子享配「宮縣（懸）」，諸侯享配
「軒縣」，卿大夫享配「判縣」，士享配「特縣」。《周禮・春官・小
胥》云：「小胥掌學士之徵令而比之……正樂縣之位。王宮縣，諸侯
軒縣，卿大夫判縣，士特縣。」從這段話可知，小胥的職責之一就是
端正貴族階級所懸掛的樂器的位置。所謂「宮縣」，就是鐘、磬之類
的樂器懸掛在宮室的東南西北四面，這是天子享配的樂器懸掛方式。
所謂「軒縣」，就是樂器懸掛在東西北三面，這是諸侯享配的樂器懸
掛方式。「判縣」，是卿大夫享配的樂器懸掛方式，樂器懸掛在東西兩
面。士一級的貴族只享配「特縣」，樂器懸掛在東面。從考古發掘來
看，戰國早期的曾侯乙墓中編鐘靠南面和西面墓壁立架放置，編磬靠
北面墓壁立架放置。這種三面懸掛樂器的布置和上述的「諸侯軒縣」
的說法幾乎一致。[80]第二，從樂舞的人數來看，也有嚴格的規定。《左
傳・隱公五年》：「九月，考仲子之宮，將《萬》焉。公問羽數於眾
仲。對曰：『天子用八，諸侯用六，大夫四，士二。夫舞所以節八音
而行八風，故自八以下。』公從之。於是初獻六羽，始用六佾也。」
天子的樂舞人數是六十四人，共八行，每行八人；諸侯樂舞用六行，
每行六人；大夫和士再依次減少。季氏「八佾舞於庭」，享用著天子
才能享用的樂舞，孔子對此深惡痛絕，咬牙切齒地說：「是可忍也，

80 湖北省博物館編：《曾侯乙墓》上冊，北京，文物出版社，1989，第75頁。

孰不可忍也？」⁸¹據此可以推斷，在西周禮樂等級制未被破壞時，周人是遵守樂舞等級制的。第三，以「六樂」配「六禮」。《周禮・春官・大司樂》云：「乃奏黃鐘，歌大呂，舞《雲門》，以祀天神；乃奏大蔟，歌應鐘，舞《咸池》，以祭地示；乃奏姑洗，歌南呂，舞《大磬》，以祀四望；乃奏蕤賓，歌函鐘，舞《大夏》，以祭山川；乃奏夷則，歌小呂，舞《大濩》，以享先妣；乃奏無射，歌夾鐘，舞《大武》，以享先祖。」《雲門》是黃帝之舞；《咸池》是唐堯之舞；《大磬》是虞舜之舞；《大夏》是夏禹之舞；《大濩》是商湯之舞；《大武》是周武王之舞。這六種樂舞都是歷史上的大樂舞，是周代貴族階級祭祀天地先祖時用的樂舞，與六種祭禮相配合使用。「六樂」如此重要，周代貴族階級要求他們的子弟自小就學習和熟悉它們。這在《周禮・春官・大司樂》中說得很清楚：「以樂語教國子興、道、諷、誦、言、語，以樂舞教國子舞《雲門》《大卷》《大咸》《大磬》《大夏》《大濩》《大武》。」

　　總之，周代的禮樂文化包括禮和樂兩個方面。周代禮樂文化中的「禮」以「尊尊、親親」為核心內容，周代禮樂文化中的「樂」是以詩、歌、舞三位一體的有著嚴格等級性的宮廷雅樂為主。周代禮樂文化中的禮和樂緊密結合，禮樂既是社會政治制度，又是道德規範。作為社會政治制度，禮樂是周代奴隸制社會的一項根本制度，承擔著維護貴族等級制度和社會統一秩序的重任。作為道德規範，禮樂貫穿在周代的政治、外交、祭祀、慶典、戰爭、居家生活等各個方面。禮樂互相配合，共同為周代貴族統治階級服務，並取得良好的效果，所以古代史家稱讚周代「成康之世」天下安寧，刑措數十年不用。

81　《論語・八佾》。

（二）禮和樂的類型

周代禮樂文化中具體的禮和樂的種類相當繁多。就禮來說，《禮記・禮器》曰：「經禮三百，曲禮三千」，這裡的「三百」「三千」雖可能不是準確的數字，但卻說明了周代具體的禮樂種類之多。[82] 考察「周禮」，從待賓嘉賓、預知吉凶、軍事行動到日用起居、人際交往，莫不以禮的形式予以規定；或者說，大到周代國家的各項制度，小到民間的各種禮俗，也都是由禮作出具體而嚴格的規定。但是儘管如此，我們還是可以對其作大體上的分類。

《周禮・春官・大宗伯》中說：「大宗伯之職，掌建邦之天神、人鬼、地示之禮，以佐王建保邦國。以吉禮事邦國之鬼神示……以凶禮哀邦國之憂……以賓禮親邦國……以軍禮同邦國……以嘉禮親萬民……」《大宗伯》中將周禮分為吉禮、凶禮、賓禮、軍禮、嘉禮五大類，稱為「五禮」。這五種禮是從大的方面來進行分類的，每類又可以再細分為若干種禮。（1）吉禮，「事邦國之鬼神示」，即祭祀之禮，又可以分為五小類：祀昊天上帝日月星辰、祀司中司命風師雨師、祭社稷五祀五嶽山林川澤、祭四方百物、享先王。（2）凶禮，「哀邦國之憂」，即天子、諸侯、卿、大夫、士遭受凶喪禍患時哀悼弔唁、慰問救濟的禮儀，又可以分為五種：喪禮、荒禮、弔禮、襘禮、恤禮。（3）賓禮，「親邦國」，即諸侯朝見天子之禮，又可以分為兩類：四季朝聘、時聘。（4）軍禮，「同邦國」，即與軍事行動、戰爭有關的禮制，可以分為五種：大師之禮、大均之禮、大田之禮、大役

82　《漢書・禮樂志》曰：「周監於二代，禮文尤具，事為之制，曲為之防，故稱禮經三百，威儀三千。」《禮記・中庸》曰：「優優大哉！禮儀三百，威儀三千，待其人然後行。」也都是說周代的禮樂種類之繁多，和《禮記・禮器》中所持的觀點相似。

之禮、大封之禮。（5）嘉禮，「親萬民」，即親睦父母、子女、兄弟、朋友、賓客與邦國萬民，又可以分為六種：飲食之禮、昏冠之禮、賓射之禮、饗燕之禮、脈膰之禮、賀慶之禮。

　　上述「五禮」主要是著眼於國家制度之禮，側重於國家的政治、軍事、外交等方面，是統治者統治國家的有效手段，應該說是君王之禮。如祭祀天地日月禮、祭五祀五嶽禮、大師之禮、大均之禮等都是君王之禮。而對於一般貴族來說，祭祀天地日月五祀五嶽、大師大均之類的君王之禮並不是他們生活中的主要禮儀，而那些側重於人倫道德規範的日常生活禮儀才是他們生活中的主要禮儀。這些禮就是「八禮」。「五禮」是就王朝禮儀而言的，而「八禮」是就一般貴族、士人的禮儀而言的（當然，「五禮」和「八禮」之分，只是就分類而言，二者所包括的禮也有相同的部分）。《禮記・昏義》中說：「夫禮始於冠，本於昏，重於喪、祭，尊於朝、聘，和於射、鄉：此禮之大體也。」這裡就把禮分為冠、昏、喪、祭、朝、聘、射、鄉「八禮」。《禮記・禮運》中亦有類似的分類：「是故夫禮，必本於天，殽於地，列於鬼神，達於喪、祭、射、御、冠、昏、朝、聘。故聖人以禮示之，故天下國家可得而正也。」從《昏義》《禮運》中對禮的分類可以看出周禮的主體部分已不是夏商時代那種祭祀鬼神的祭祀禮儀了，而是喪祭、冠禮、昏禮、朝聘、射御之禮等，這類禮較殷商時代明顯地發達。對於一般貴族的禮儀生活來說，除了必要時參加天子君王舉行的郊社五祀之禮外，冠禮、喪禮、昏禮、朝聘、射御之禮等才是他們生活中的「禮之大體」，這類禮在他們的生活中佔據著重要的地位。可見，從周代對禮的分類來看，關於人際交往的禮儀較之以前多了起來，周代禮儀世俗化的傾向較為鮮明。

　　上文對禮的類型作了簡要論述，下面簡要討論一下樂的類型。在周代禮樂文化中，樂和禮一樣，也極為重要，樂與禮相輔相成，相需

為用，言禮必言樂，言樂必言禮。樂有雅樂和俗樂之分。周代雅樂，主要指廟堂之樂，是周天子及其諸侯等在祭祀、朝覲、聘問、饗宴、軍事、會盟等重大儀式上所演奏或表演的詩、樂、舞的總稱。它是在前代祭祀禮儀樂舞基礎上發展起來的，主要以「六代樂舞」為主體。「六代樂舞」簡稱「六樂」、「六舞」或「六大舞」。「六代樂舞」是指黃帝的樂舞《雲門》《大卷》、唐堯的樂舞《大咸》、虞舜的樂舞《大䪘》（即《大韶》）、夏禹的樂舞《大夏》、商湯的樂舞《大濩》、周武王的樂舞《大武》。其中除《大武》是周代自創外[83]，其餘皆是此前五代的樂舞，不過這些樂舞在進入周代雅樂系統時，很可能經過周代樂師的改造、修訂。「六樂」與「六禮」相配合，用來祭祀天地、四方山川和祖先，而且分工十分明確，表演者也只能是國子、世子。除了「六大舞」之外，周初的雅樂體系還包括「六小舞」。《周禮・春官・樂師》：「樂師掌國學之政，以教國子小舞。凡舞，有帗舞，有羽舞，有皇舞，有旄舞，有干舞，有人舞。」帗舞，即持帗而舞。「帗」是指用五色繒帛做成的舞具[84]，帗舞用以祭祀社稷[85]。羽舞，即持白羽而舞，用以祭祀四方名山大川。[86]皇舞，即持皇而舞。「皇」是用五彩羽毛製成的舞具，皇舞是為除旱求雨而舉行的祭祀活動時使用的樂

---

83 《呂氏春秋・古樂》中說：「武王即位，以六師伐殷，六師未至，以銳兵克之於牧野。歸乃薦俘馘於京太室，乃命周公為作（作為）《大武》。」《周禮・春官・大司樂》鄭注：「《大武》，武王樂也，武王伐紂以除其害，言其德能成武功。」《左傳・宣公十二年》：「武王克商，作《頌》⋯⋯又作《武》，其卒章曰：『耆定爾功』。」

84 周代王室雅樂中的舞具主要有兩大類：兵器類和羽毛繒帛類。前者包括幹、戈、戚、矛等，這些舞具為武舞所用；後者包括繒帛、全羽、散羽、牛尾等，這些舞具為文舞所用。

85 《周禮・地官・舞師》曰：「教帗舞，帥而舞社稷之祭祀。」（阮元校刻：《十三經注疏・周禮注疏》第721頁）。

86 《周禮・地官・舞師》曰：「教羽舞，帥而舞四方之祭祀。」

舞。[87]旄舞，即手執旄牛尾而舞，是規格較高的一種舞蹈，只有天子學宮辟雍裡才可以用。干舞，即兵舞，手持兵器而舞，干舞用以祭祀山川之神。[88]人舞，即徒手而舞。《周禮・春官・樂師》鄭注曰：「人舞無所執，以手袖為威儀。」「六大舞」和「六小舞」組成了西周初期完整的樂舞體系，這一體系雖然沒有像後來雅樂發展得那樣複雜豐富，但已基本確定了周代禮樂制度中的雅樂的構架和發展方向。隨著周代禮樂制度的進一步發展和完善，雅樂的範圍也隨之擴大，周代詩歌中的大小《雅》詩和《頌》詩都屬於雅樂。如在大夫上鄉飲酒禮和諸侯燕禮中就頻繁使用《小雅》中的《鹿鳴》《四牡》《皇皇者華》；在兩君相見禮中使用《大雅》中的《文王》；在天子祭祀、大饗、大射之禮中使用《頌》詩中的《清廟》等。[89]這說明，周代的雅樂範圍隨著周代禮樂制度的發展也在發生變化，除了「六大舞」和「六小舞」之外，還包括《詩經》中的部分《雅》詩和《頌》詩。周代的雅樂與禮密切配合，通過藝術性的樂使等級森嚴的禮自覺地為人們所接受，從而更好地起到維護社會秩序的作用。

　　周代禮樂文化中的「樂」除了雅樂外，還包括俗樂。俗樂主要是指那些流行於民間里巷的勞動人民從生產和生活感受出發而創作出來的民歌民曲。俗樂較少受到周代禮樂規範的限制，形式與內容都比較自由活潑，在西周後期發展很快，成為周代禮樂文化中的樂的組成部分。[90]俗樂也同樣受到統治者的重視，成為他們教育後代的內容之

87　《周禮・地官・舞師》曰：「教皇舞，帥而舞旱暵之事。」

88　《周禮・地官・舞師》曰：「教兵舞，帥而舞山川之祭祀。」

89　王國維在《觀堂集林・藝林二・釋樂次》中附有一表《天子諸侯大夫士用樂表》，詳細地列出了上到天子大祭祀、視學養老的用樂，下到大夫士鄉飲酒禮、鄉射禮的用樂。（王國維：《釋樂次》，見《觀堂集林》卷二，上海，上海古籍出版社，1959，第103-104頁）

90　楊華也認為：「即使是在作為制度形態的宗周禮樂文化中，在王宮雅樂之外，也還

一。《周禮‧春官‧旄人》：「旄人掌教舞散樂，舞夷樂。凡四方之以舞仕者屬焉。」這裡所說的「散樂」即指民間音樂；所說的「夷樂」即指少數民族音樂。「旄人」的職責之一就是掌教民間音樂和少數民族音樂。《禮記‧明堂位》還記載魯國宮室用祭禮祭祀周公時，「納蠻夷之樂於大廟，言廣魯於天下也」。就是使用「蠻夷之樂」來祭祀。周代俗樂除了一些邊地蠻夷之樂外，大部分是來自王畿以外各諸侯國的地方民間音樂。今存《詩經》中的《風》詩本來基本上都是民間俗樂的歌詩的詩詞，但是這些《風》詩在傳入宮廷以後，在貴族的生活中也佔據著重要的地位。如《儀禮》所載《鄉飲酒禮》《鄉射禮》《燕禮》中就頻繁地使用《周南》中的《關雎》《葛覃》《卷耳》和《召南》中的《鵲巢》《采蘩》《採蘋》等。《左傳‧襄公二十九年》記載了「吳公子季札觀樂」一事，魯人請吳公子季札欣賞的奏樂表演除了《大武》《大夏》《韶濩》《大雅》《小雅》《頌》等「雅頌」之樂外，還有《周南》《召南》《邶風》《衛風》《齊風》《魏風》《唐風》《秦風》《陳風》等《風》詩。這就說明，在西周中期以後，部分《風》詩也進入了周人的雅樂系統，成為貴族生活中不可或缺的樂舞。[91]當然，還有許多《風》詩還是屬於民間俗樂的。因此，就周代禮樂文化中的「樂」的類型來看，主要包括宮廷雅樂和民間俗樂兩種。

二　周代禮樂文化的功能和作用

　　上文我們對周代禮樂文化中的禮和樂的內容和類型作了初步的討論，下面對周代禮樂文化的功能和作用再作一下討論。先看《禮記‧

存在著十分豐富的民間俗樂，只不過是由於歷史觀的局限，致使文獻材料極為有限而已。」（楊華：《先秦禮樂文化》，武漢，湖北教育出版社，1997，第142頁）

91　王秀臣：《周代禮制的嬗變與雅樂內涵的變化》，《社會科學輯刊》2005年第4期。

樂記》中的一段話：「樂者為同，禮者為異。同則相親，異則相敬。樂勝則流，禮勝則離。合情飾貌者，禮樂之事也。禮義立，則貴賤等矣。樂文同，則上下和矣。」這句話意思是說，「樂」起著合同的作用，「禮」起著區別的作用。[92]合同能夠使人相互親近，別異能夠使人相互尊敬。禮和樂互相配合，相輔相成，相需為用，如果樂被強調過分就會使人隨便而不知尊敬；反之，禮被強調過分就會使人隔閡而不相親。既能使人與人之間的感情相互融洽，而又能做到相互尊敬，這就是禮樂的功用。《荀子‧樂論》中亦有類似的論述：「且樂也者，和之不可變者也；禮也者，理之不可易者也。樂合同，禮別異。禮樂之統，管乎人心者矣。」可見，「樂合同」「禮別異」就是對周代禮樂文化的功能和作用及其相互關係的最好說明。所謂「禮別異」，就是用等級森嚴的禮來區別上下、尊卑、貴賤、男女、長幼之間的等級秩序，以使社會有著嚴格的等級分別，彼此不相僭越，達到穩定社會的目的；所謂「樂合同」，就是運用包括音樂、詩歌、舞蹈在內的樂的形式來溝通與調適人們因禮的等級森嚴而造成的感情隔閡與疏離，使統治階級內部及統治階級與被統治階級之間感情融和，達到和諧人際關係的目的。杜國庠說：「禮既『別異』，則地位不同的人們中間自然免不了要鬱積著不平之氣吧，因此就必須用那有『合同』作用的樂，來調和或者宣洩一下。」[93]這種認識是深有道理的。對於上述周代禮樂的這種功能和作用，《禮記》中多有論述。如《禮記‧曲禮上》說：「夫禮者，所以定親疏，決嫌疑，別同異，明是非也……道德仁義，非禮不成；教訓正俗，非禮不備；分爭辨訟，非禮不決；君臣、

---

92 《禮記‧樂記》中還有類似的話：「樂也者，情之不可變者也；禮也者，理之不可易者也。樂統同，禮辨異，禮樂之說，管乎人情矣。」「樂統同」就是樂合同人心；「禮辨異」就是禮區別尊卑。

93 杜國庠：《杜國庠文集》，北京，人民出版社，1962，第292頁。

上下、父子、兄弟，非禮不定；宦學事師，非禮不親；班朝治軍，蒞官行法，非禮威嚴不行；禱祠祭祀，供給鬼神，非禮不誠不莊。」就明確地說明了禮具有區別上下、尊卑、貴賤、長幼的「別異」的重要作用。《禮記‧樂記》中說：「是故樂在宗廟之中，君臣上下同聽之，則莫不和敬；在族長鄉里之中，長幼同聽之，則莫不和順；在閨門之內，父子兄弟同聽之，則莫不和親。故樂者，審一以定和，比物以飾節，節奏合以成文，所以合和父子、君臣，附親萬民也：是先王立樂之方也。」[94]就明確地說明了樂具有「合同」的作用。聽樂可以使君臣、父子、兄弟、長幼和敬、和親、和順。樂既然具有這麼重要的作用，也就難怪先王要「立樂」了。周代的「樂」具有合同的作用，「禮」具有別異的作用，所以「樂至則無怨，禮至則不爭。揖讓而治天下者」[95]。就會使社會既有森嚴可畏的等級秩序，而又充滿和諧歡暢。自然，周代統治階級就極為重視對貴族子弟進行禮和樂的教育和教化。《禮記‧文王世子》說：「凡三王教世子，必以禮樂。樂所以修內也，禮所以修外也。禮樂交錯於中，發形於外，是故其成也懌，恭敬而溫文。」這裡的「世子」就是太子的意思，世子必須要教以禮樂，對於其它貴族階級子弟來說，禮樂也是他們必須學習的內容。

　　總之，周代禮樂文化的功能和作用就是要使人們之間既等級分明，各有所敬，各有所尊，但又關係和順，相親相愛，使整個社會表現出一種既等級森嚴，秩序井然，彼此不相逾越，而人們又內心和諧安寧、相親相愛的局面。這正是統治階級借禮樂來維護社會和諧穩定，實行長久統治的最高目的。

---

94 《荀子‧樂論》中也有幾乎與此相同的話：「故樂在宗廟之中，君臣上下同聽之，則莫不和敬；閨門之內，父子兄弟同聽之，則莫不和親；鄉里族長之中，長少同聽之，則莫不和順。故樂者，審一以定和者也，比物以飾節者也，合奏以成文者也；足以率一道，足以治萬變。是先王立樂之術也，而墨子非之，奈何！」

95 《禮記‧樂記》。

第五節　周代禮樂文化和中國早期藝術精神的關係

　　康德曾依據傳統的分類，把人的心理功能分為知、情、意三個方面，他的《純粹理性批判》研究知的功能，推求人類知識在什麼條件下才是可能的；《實踐理性批判》研究意志的功能，研究人憑什麼最高原則去指導道德行為；《判斷力批判》研究情感的功能，尋求人心在什麼條件下才感覺到萬事萬物的美與完善。人類的心理功能如此豐富，人類的精神生活也是如此，也包括知、情、意三個方面，知表現在人有認識事物的能力，即人擁有知識；情表現在人有抒發情感方面的需要，即通過藝術來實現；意表現在人有倫理規範的自為自覺，即人有道德羞恥感。宗白華也說：「人與世界接觸，因關係的層次不同，可有五種境界：（一）為滿足生理的物質的需要，而有功利境界；（二）因人群共存互愛的關係，而有倫理境界；（三）因人群組合互制的關係，而有政治境界；（四）因窮研物理，追求智慧，而有學術境界；（五）因欲返本歸真，冥合天人，而有宗教境界。功利境界主於利，倫理境界主於愛，政治境界主於權，學術境界主於真，宗教境界主於神。但介乎後二者的中間，以宇宙人生的具體為對象，賞玩它的色相、秩序、節奏、和諧，藉以窺見自我的最深心靈的反映；化實景而為虛境，創形象以為象徵，使人類最高的心靈具體化、肉身化，這就是『藝術境界』。」[96]可見藝術是人類精神生活中不可或缺的一個重要方面，是相對於哲學、宗教而言的意識形態的一個方面。

　　可是藝術何以成立？各種藝術門類發展的基礎是什麼？一種藝術思想、藝術形式、藝術內容的產生，究竟有哪些因素在背後推動著它前進？藝術作品的生命力來自何處？這些問題，要回答它們，我們繞

---

96 宗白華：《美學散步》，上海，上海人民出版社，1981，第59頁。

不過一個名詞，那就是「藝術精神」。藝術精神是什麼？怎樣去界說它？有人說：「藝術精神是指一種藝術獨自具有的、內在的品質或氣質。譬如，中國畫不同於日本畫，中國古詩不同於日本俳句，不是它們的物質媒介不同，而是內在的精神不同。西方藝術也是如此，近代的義大利、荷蘭、俄羅斯的繪畫，人們都可以看出具有不同的精神。」[97]也有人說：「所謂藝術精神，也就是指的藝術的精神境界……藝術作品既不是純主觀的，也不是純客觀的。把主觀生命的躍動投射到某一客觀的事物上面去，借某一客觀事物的形象把生命的躍動表現出來，形成晶瑩朗澈的內在世界，這就是藝術的精神境界。」[98]徐復觀在《中國藝術精神》中論述了儒家的藝術精神和道家的藝術精神，並認為儒家真正的藝術精神，自戰國末期，已日歸湮沒了，能代表中國藝術精神的只有道家的藝術精神。他說：「他們所說的道，若通過思辨去加以展開，以建立由宇宙落向人生的系統，它固然是理論的、形上學的意義，但若通過工夫在現實人生中加以體認，則將發現他們之所謂道，實際是一種最高的藝術精神。」[99]又說：「所以老、莊的道，只是他們現實的、完整的人生，並不一定要落實而成為藝術品的創造。但此最高的藝術精神，實是藝術得以成立的最後根據。」[100]徐復觀認為老莊的「道」就是最高的藝術精神，他把藝術精神等同於「道」了，把道家的藝術精神等同於中國藝術精神了。我們姑且不論他的觀點正確與否，從實際上看，他並沒有給藝術精神下一個準確的定義。《辭海》中也沒有「藝術精神」這一概念，只有「精神」一

---

97 章啟群：《怎樣探討中國藝術精神？——評徐復觀中國藝術精神的幾個觀點》，《北京大學學報》2000年第2期。

98 李維武：《徐復觀對中國藝術精神的闡釋》，《福建論壇（人文社會科學版）》2001年第3期。

99 徐復觀：《中國藝術精神》，上海，華東師範大學出版社，2001，第29頁。

100 徐復觀：《中國藝術精神》，上海，華東師範大學出版社，2001，第30頁。

詞。《辭海》對「精神」一詞的解釋是：「精神：①哲學名詞。指人的意識、思維活動和一般心理狀態。宗教信仰者和唯心主義者所講的精神，是對意識的神化。唯物主義者常把精神當做和意識同一意義的概念來使用，認為它是物質的最高產物。②猶神態、心神。宋玉《神女賦》：『精神恍忽，若有所喜。』③猶精力、活力。李郢《上裴晉公》詩：『龍馬精神海鶴姿。』④神采、韻味。方岳《雪梅》詩：『有梅無雪不精神。』⑤內容實質。如傳達會議的精神。」[101]從這些解釋來看，「精神」是無影無形的東西，藝術精神同樣也是如此，我們很難用一些準確、恰當的概念把它明白、形象地表達出來。不過藝術精神雖然不能訴諸我們的觸覺、視覺、聽覺，但我們卻可以感覺到它的真實存在。它存在於豐富多彩的藝術作品中；存在於藝術家獨特的創作個性中；存在於運用各種手段的創作過程中；存在於不同體驗的藝術欣賞中。總之，藝術精神在藝術的領域中幾乎無處不在，但我們無法用準確的語言來定義它，否則就會有將活物說死的危險，憑我們的直覺和感悟，藝術精神只能大致地描述為：「藝術精神是民族精神在藝術中的一般表現；它是特定歷史條件下哲學思想與審美意識結合的產物，當它形成之後，便濃縮並積澱在民族文化心理結構中，長期地影響民族文化藝術的發展；它是藝術創造的動力，藝術作品的靈魂與生氣，藝術形式受其制約，藝術風格是它的體現。」[102]「藝術精神」是極其複雜豐富的，它既是藝術問題，又是哲學問題，還與民族精神、民族心理和民族傳統文化緊密相連，探討它也就具有靈活性、多向度性和多維度性。

　　上文我們對藝術精神這一概念作了一個初步的論述，從深層次上

---

101 辭海編輯委員會：《辭海》，上海，上海辭書出版社，1979，第4432頁。
102 趙明、薛敏珠編著：《道家文化及其藝術精神》，長春，吉林文史出版社，1991，第197頁。

看，藝術精神還與文化精神有著密切的關係。藝術在其獨立於其它文化類型之前，是和哲學、宗教緊密結合在一起的，甚至可以說是三位一體的。德國哲人謝林曾把藝術看做是哲學的真正的和永恆的感官，哲學的自由王國裡合規律性和合目的性的統一，是與藝術精神的自由性在最高境界中達到真善美的和諧統一是相通的；而宗教作用於人的心靈與藝術表現人的心靈深處最深刻的旨趣也是相通的。因此，黑格爾說：「（美的藝術）只有在它和宗教與哲學處在統一境界，成為認識和表現神聖性、人類的最深刻的旨趣以及心靈的最深廣的真理的一種方式和手段時，藝術才算盡了它的最高職責。在藝術作品中各民族留下了他們的最豐富的見解和思想；美的藝術對於理解哲理和宗教往往是一個鑰匙，而且對於許多民族來說，是唯一的鑰匙。」[103]黑格爾也認為藝術與宗教、哲學的關係密切。這點可以從許多藝術作品表現宗教性內容上來得到見證，如達·芬奇的繪畫《最後的晚餐》《岩間聖母》等就是如此。難怪黑格爾說：「藝術可以就神的顯現方面向觀照的意識提供一種如在目前的個別的實在的形象，還可以就基督的誕生、生活、受苦難、死亡、復活和昇天成神這類事蹟所涉及的外在細節提供一個生動鮮明的畫面。」[104]藝術和哲學、宗教等其它類型文化的關係密切，藝術精神和文化精神自然也關係密切。當然藝術又畢竟不同於哲學和宗教，藝術的精神又不同於哲學和宗教的精神。藝術是以感性的方式進入對精神追求的表達，這種感性的方式是審美的。藝術精神是對世界所提出的問題的一種感性的把握，即用感性的方式所做出的從自在到自為地對世界的把握。但不管怎麼說藝術精神與文化

---

103 〔德〕黑格爾：《美學》第1卷，朱光潛譯，北京，商務印書館，1979，第2版，第10頁。

104 〔德〕黑格爾：《美學》第2卷，朱光潛譯，北京，商務印書館，1979，第2版，第296頁。

精神是密切聯繫在一起的，藝術精神與文化精神之間呈現出多維取向形態，探討藝術精神，就不僅要從藝術本身去考察，還要從藝術所生存的文化土壤來觀照，尤其是關注其與哲學、宗教的聯繫。藝術精神雖然與文化精神關係密切，甚至還可以說藝術精神是文化精神的一部分，但它獨具審美性，卻又不同於文化精神，它的審美性使人能夠擺脫現實世界的困擾，進入到藝術審美境界中，獲得審美的享受和人格心靈的提升與淨化。

　　藝術精神的形成和發展也有一個漫長的過程，它有待於哲學的發展與自覺和人類審美心理與審美意識的形成、發展和成熟，中國藝術精神也是如此。在春秋戰國之前，中國哲學和藝術尚未發展到脫離宗教神學的地步，政治、哲學、藝術和宗教還是較緊密地聯繫在一起，但是在春秋戰國之後，隨著時代的發展和人的理性精神的覺醒與自覺，老莊哲學獲得了空前的發展，中國哲學也進入了一個嶄新的時期，伴隨著哲學的發展，民族的審美心理慢慢地走向成熟，審美意識慢慢地豐富起來，審美理想慢慢地形成，藝術也開始逐漸地脫離於其它意識形態門類而走向獨立。自然，藝術精神也在這個過程中發育、形成。所以徐復觀說：「老、莊思想當下所成就的人生，實際是藝術的人生；而中國的純藝術精神，實際係由此一思想系統所匯出。」[105]中國藝術真正獨立於其它意識形態門類，是在魏晉南北朝時期，玄學思潮帶來人的覺醒，也促成了藝術的真正自覺，從此藝術從其它意識形態門類中分離出來，走向自己獨立發展的道路。

　　那麼這樣說來，魏晉之前，中國藝術還沒有走上自為自覺的道路，是不是就沒有藝術精神的存在呢？當然不是，理由有兩點：

　　其一，中國的藝術源遠流長，早在西元前五千年至西元前三千年

---

105 徐復觀：《中國藝術精神》，上海，華東師範大學出版社，2001，28頁。

左右,中國的黃河流域就出現了仰韶文化,在這一時期,就有大量豐
富多彩的彩陶藝術。與此差不多時期,在中國的長江流域出現了河姆
渡文化,其藝術上的成就除了彩陶外,還有生動形象的雕塑藝術。其
後還有許許多多璀璨的文化留下的精美的藝術。它們是中國藝術童年
時期燦爛的花朵,以其永久的藝術魅力一直受後人的讚歎和欣賞。周
代的藝術在史前藝術和夏、商兩代藝術發展的基礎上,更是取得了極
大的成就。周代是中國歷史上禮樂文化最鼎盛的時代,周人制禮作
樂,建立了宗法制和禮樂制度,禮樂制度成了社會生活的主宰。禮樂
制度重視禮和樂,促使了「樂」藝術的發展。而「中國舊時的所謂
『樂』,它的內容包含得很廣。音樂、舞蹈、詩歌,本是三位一體可
不用說,繪畫、雕鏤、建築等造型美術也被包含著,甚至於連儀仗、
田獵、肴饌等都可以涵蓋。」[106]這就說明,那時的詩歌、舞蹈、音
樂、繪畫和雕刻等藝術都取得了極大的發展和成就。比如,我們前文
中討論的周代禮樂文化中的樂舞藝術就非常發達,不僅有「六大舞」
「六小舞」等雅頌之樂,還有許許多多民間俗樂等。《墨子・公孟》
曰:「或以不喪之間,誦《詩》三百,弦《詩》三百,歌《詩》三
百,舞《詩》三百。若用子之言,則君子何日以聽治?庶人何日以從
事?」墨子極力批評當時社會上人們普遍地縱情於聲色的審美享受以
給國家帶來危害的現象,這就恰從反面說明了墨子生活時代的詩歌、
音樂、舞蹈等藝術之繁榮和發達。周代還建立了采詩制度,有專人負
責民間歌謠的收集、整理和加工。《漢書・藝文志》曰:「故古有采詩
之官,王者所以觀風俗,知得失,自考正也。」不僅周代禮樂文化中
的詩、樂、舞等藝術取得了巨大的成就,周代的青銅藝術也同樣取得
了巨大的成就,其在中國文明史上甚至在世界文明史上都是輝煌絕倫

---

106 郭沫若:《青銅時代》,北京,中國人民大學出版社,2005,第141頁。

的。可見，周代的藝術雖然沒有走上獨立的道路，但卻取得了輝煌的成就，能說貫穿於其中的藝術精神不存在嗎？

其二，藝術是文化的一部分，藝術精神廣義上也可以說是一種文化精神，而且是文化精神中最活躍的部分。周代的禮樂文化是中國歷史上最發達的禮樂文化，其體現出的文化精神中必然蘊涵著豐富的審美的藝術精神。或者說，在周代禮樂文化如此詳盡、如此完美的禮儀規定和樂舞表演中必然蘊涵著豐富的審美的藝術精神。正如有的學者所說：「在中國古代禮儀制度如此詳盡的形式規定中，蘊涵著一種審美的藝術精神。在隆重的祭祀，盛大的朝會，哀戚的喪葬，莊重而歡快的婚冠等儀式中，無不帶有某種藝術審美的氣氛。」[107]這種審美的藝術精神正是中國早期的藝術精神的體現。比如，周代的禮和樂在形式上以其特殊的象徵方式暗示著某種內在的觀念和意義，就是中國早期的象徵性藝術精神的典型體現。因此，對周代禮樂文化中的中國早期藝術精神進行發掘、研究是可行的，也是具有重要意義和價值的。

---

107 柳肅：《禮的精神——禮樂文化與中國政治》，長春，吉林教育出版社，1990，第7頁。

中華文化思想叢書 A0100052

先秦文藝思想史　第一冊

作　　　者	李春青
版權策畫	李　鋒
責任編輯	林以邠
發 行 人	陳滿銘
總 經 理	梁錦興
總 編 輯	陳滿銘
副總編輯	張晏瑞
編 輯 所	萬卷樓圖書股份有限公司
排　　　版	林曉敏
印　　　刷	維中科技有限公司
封面設計	菩薩蠻數位文化有限公司

出　　　版　昌明文化有限公司

桃園市龜山區中原街 32 號

電話 (02)23216565

發　　　行　萬卷樓圖書股份有限公司

臺北市羅斯福路二段 41 號 6 樓之 3

電話 (02)23216565

傳真 (02)23218698

電郵 SERVICE@WANJUAN.COM.TW

大陸經銷

廈門外圖臺灣書店有限公司

　　電郵 JKB188@188.COM

ISBN 978-986-496-093-4

2018 年 1 月初版

定價：新臺幣 480 元

如何購買本書：

1. 劃撥購書，請透過以下郵政劃撥帳號：

　　帳號：15624015

　　戶名：萬卷樓圖書股份有限公司

2. 轉帳購書，請透過以下帳戶

　　合作金庫銀行 古亭分行

　　戶名：萬卷樓圖書股份有限公司

　　帳號：0877717092596

3. 網路購書，請透過萬卷樓網站

　　網址 WWW.WANJUAN.COM.TW

大量購書，請直接聯繫我們，將有專人為您

服務。客服：(02)23216565 分機 610

如有缺頁、破損或裝訂錯誤，請寄回更換

國家圖書館出版品預行編目資料

先秦文藝思想史 / 李春青著.-- 初版.-- 桃園

市：昌明文化出版；臺北市：萬卷樓發行,

2018.01

　　冊；　公分.-- (中華文化思想叢書)

ISBN 978-986-496-093-4(第 1 冊：平裝).--

1.文藝思潮 2.思想史 3.先秦

112.1　　　　　　　　　　　107001267